Manfred Seitz
Praxis des Glaubens

MANFRED SEITZ

Praxis des Glaubens

Gottesdienst, Seelsorge
und Spiritualität

VANDENHOECK & RUPRECHT
IN GÖTTINGEN

CIP-Kurztitelaufnahme der Deutschen Bibliothek

Seitz, Manfred:
[Sammlung]
Praxis des Glaubens: Gottesdienst, Seelsorge u.
Spiritualität. – Göttingen: Vandenhoeck und Rup-
recht, 1978.
    ISBN 3-525-60616-8

Vorwort

Die hier vorgelegten Aufsätze und Vorträge behandeln die Themenkreise Gottesdienst, Predigt, Seelsorge und christliches Leben. Sie entstammen einem Zeitraum von ungefähr fünfzehn Jahren, in denen die Einarbeitung in das akademische Lehramt, Universitätsunruhen und kirchliche Aufgaben die Abfassung eines zusammenhängenden Werkes verwehrten. Vielleicht war es auch das mich nie verlassende Gefühl, den verlangten wissenschaftlichen Anforderungen, je mehr die Einsicht in die Bedeutung und Probleme der Praktischen Theologie wuchs, nicht im notwendigen Maß gerecht werden zu können, die eine größere Darstellung verhinderte; denn in diesem Fach kommt die Theologie in der Gesamtheit ihrer Disziplinen zum Treffen, d. h. sowohl zur Begegnung als auch zur Bewährung. Diese im Persönlichen liegende Hemmung hinderte auch die von vielen gewünschte Herausgabe der zum Teil an entlegener Stelle veröffentlichten, daher nicht mehr greifbaren und nun hier versammelten kleineren Arbeiten. Daß sie nun doch zustande kam, ist dem geduldigen Bemühen des Herrn Verlegers Dr. Arndt Ruprecht und der unermüdlichen Unterstützung meines Assistenten Dr. Manfred Moser zu verdanken, der zusammen mit Frau Pfarrerin Brigitte Enzner auch die Korrekturen gelesen hat. Dankbar erwähne ich die mir von seiten des Verlags durch Herrn Jörg Ohlemacher zuteil gewordene Befürwortung und Entlastung. Endlich danke ich der Zantner-Busch-Stiftung in Erlangen für die Gewährung eines Druckkostenzuschusses.

Damit kann dieses Buch nun seinen Weg beginnen und als eine vergleichsweise leise Stimme wirken. Vielleicht wird sie gehört von denen, die bei mir gehört haben. Vielleicht erreicht sie neben denen, die im Dienst der Verkündigung und Seelsorge stehen, auch die Gemeindeglieder. Ihnen weiß sie sich ebenso verpflichtet und verbunden, wie der Kollegin und den Kollegen, unter denen ich gelehrt habe und jetzt lehre.

Erlangen im Juli 1978   Manfred Seitz

Inhalt

GOTTESDIENST

Brauchen wir eine neue Predigt?

I

Diese Frage wird am Beginn einer Evangelischen Woche gestellt. Ihre Formulierung läßt vermuten, daß es Angehörige der Gemeinde sind, die so fragen. Sie halten offenbar eine Erneuerung der Predigt für möglich und wollen sie nicht abschaffen. Sie denken nicht revolutionär, sondern versuchen auf dem Boden des Bestehenden und am Geländer des Vorhandenen weiterzukommen. Es könnte also eine binnenkirchliche Fragestellung sein, der die Ungeheuerlichkeit, in dieser so eindeutig von Gott verlassenen Welt von Gott zu reden, noch gar nicht aufgegangen ist.

Ich glaube, daß es sich anders verhält. Denn die Bedeutung der aufgeworfenen Frage reicht weit über die Gemeinde hinaus. In dieser Frage sollte auf jeden Fall ein Blick auf diejenigen enthalten sein, die wegen der Belanglosigkeit der Verkündigung die Kirche verlassen haben und jetzt außerhalb ihrer Reichweite leben. Aus ihrer Enttäuschung zu lernen und ihre Motive im einzelnen zu ermitteln, wäre kein nutzloses Unterfangen. Es geht aber noch um etwas anderes. Die Predigt ist eine, wenn auch an den Gottesdienst gebundene Weise Gottes, sich zu äußern. Als er damals durch den, den wir den „Sohn" nennen, zu den Menschen redete, kam ein neues Wort in eine alte Welt. Heute haben wir den Eindruck, daß dieses Wort alt geworden ist. Es vermochte nicht Schritt zu halten, vor allem nicht mit unserer Zeit. Wir stehen deshalb vor der Frage: Wie kommt das alte Wort in diese neue Welt und wie wird es dort zur neuen Kraft? Darin besteht die übergreifende Bedeutung des Themas „Erneuerung der Predigt".

II.

Diese einleitenden Überlegungen gaben uns zugleich das Stichwort, mit dem wir einsetzen müssen: „Neue Welt." Das ist nicht so zu verstehen, als ob diese neue Welt allein bestimmend wäre für die Predigt. Sie ist Adressat und Partner im Gespräch mit Gott. Aber sie hat

eben als Partner, der es ernst nimmt und ernst genommen werden
will, die Verkündigung der Kirche in ihre Unruhe mit hinein gezogen. Bisher relativ unangefochten, ist die Predigt ganz plötzlich in
den Mittelpunkt der Kritik gerückt. Oft sind es Pfarrer, Predigthörer
und Studenten, die die Argumente von allen Seiten aufnehmen und
zur Geltung bringen. Die Kirche des Wortes findet auf einmal ihre
ureigenste Aufgabe nicht mehr als selbstverständlich hingenommen,
sondern umstritten vor.

Unverkennbar hängt das Einsetzen der radikalen Predigtkritik mit
dem Entstehen der Weltunruhe zusammen. Damit tritt vor unser
Auge – wir können nur auswählen und andeuten – ein erstes Kennzeichen der Welt, in der wir leben. Zur äußeren Mobilität, an die wir
uns schon zu gewöhnen beginnen, ist eine unerhörte innere Mobilität
getreten. Nichts mehr steht fest. Was Kunst ist, zum Beispiel, erklärt
der Künstler selber und wenn es nur ein Eimer Wasser ist, den er zur
zerflossenen Eisplastik erklärt. Die Normen, die Wahrheiten, die
Übereinkünfte schwanken. Diese Unruhe ist Zeichen eines Aufbruches und zwar eines Aufbruches in eine schlechterdings bedrohliche
Zukunft hinein. Ist es verwunderlich, wenn man in einer solchen Situation die Botschaft der Kirche befragt, was sie angesichts der Bedrohung durch menschliche Willkür, durch universale Sünden und
menschliche Kollektive zu leisten vermag?

Ein zweites Kennzeichen der Welt, in der wir leben, ist die Veränderung des Bewußtseins. Sie steht jener gewaltigen geistigen Umwälzung, die am Ende des Mittelalters durch die Entdeckung Amerikas,
des Buchdrucks und durch die Reformation herbeigeführt wurde, in
nichts nach. Sie ist vielleicht noch größer, krampfartiger und folgen-
schwerer; aber wie jene ein Hinübergehen des Menschen in die Freiheit, von überkommenen zu Fesseln gewordenen oder als Fesseln
empfundenen Bindungen. Der neue Marxismus sagt, aus dem Stadium des Vorbewußten gehe die Menschheit erst jetzt in das der Bewußtheit über. „Bewußtheit ist", dem amerikanischen Psychotherapeuten E. Berne zufolge, „die Fähigkeit, auf unverwechselbar eigene
Art eine Kaffeekanne zu sehen und die Vögel singen zu hören und
nicht so, wie es einem beigebracht worden ist."[1] In diesem schlichten
Zusatz „und nicht so, wie es einem beigebracht worden ist" finden
wir die Bewußtseinsveränderung, die sich augenblicklich ereignet,
aufs einfachste und überzeugendste formuliert. Übertragen wir diesen
Satz auf den religiösen Bereich, dann tut sich uns mit einem Mal der
schwere gegenwärtige Konflikt auf: zwischen überkommener, biblisch durchsättigter, kirchlicher Tradition und dem immer stärker

---

[1] E. Berne, Spiele der Erwachsenen. Psychologie der menschlichen Beziehungen.
Hamburg 1967, S. 248.

sich durchsetzenden Bestreben, davon unabhängig, „auf unverwechselbar eigene Art" leben zu wollen.

Ein drittes Kennzeichen der Welt, in der wir leben, ist die Autorisierung der öffentlichen Meinung. Schon seit der Aufklärung bahnte sich eine Entwicklung an, die anstelle ergriffener Hinnahme kritische Distanz zur kirchlichen Verkündigung treten ließ. Sie hängt nach den Untersuchungen des Bochumer Theologen Hans-Eckehard Bahr[2] mit der Herstellung eines „Auditorium maximum", einer sich bis zum Weltklatsch erweiternden öffentlichen Meinung mit beherrschendem Charakter zusammen. Weder die Industrialisierung und Verstädterung noch die Aufteilung in eine Arbeits- und Freizeitsphäre habe in erster Linie die Zersetzung der Ortsgemeinde und die Entkirchlichung der Massen herbeigeführt, sondern diese Entwicklung. Sie kommt heute voll zum Durchbruch und wird durch die technischen Medien ins Unermeßliche gesteigert. Sie bewegt die Menschen nicht nur zur endgültigen Abwendung von der exklusiven Alleingeltung der Kanzel, sondern zwingt das Evangelium auch in eine Situation hinein, in der es als eine unter vielen möglichen Weltauslegungen und Lebensdeutungen konkurrieren muß.

Nun ist in dieser neuen Welt natürlich auch vieles alt und beim alten geblieben. Geborenwerden und Sterben, Reifwerden und Altern, Zürnen und Zagen, Lieben und Hassen, Einsamsein und keinen Menschen haben, Besitzen und Freude bereiten, die elementaren Gefühle und Phasen der menschlichen Existenz sind wie vor tausend Jahren vorhanden. Und jene Schicht, in der einer „am Sinn des Daseins verzagt, wo er aber auch seine Kinder liebt und seine Lieblingswünsche kultiviert und die Erfüllung seiner Träume erhofft"[3], gibt es wie eh und je. Das sollte kein Prediger vergessen. Auch der rabiateste Zeitgenosse hat – um mit Dostojewski zu sprechen – etwas, was weint in seiner Seele, dem mit Argumenten und Informationen nicht beizukommen ist, es sei denn mit Verstehen und Liebe. Aber auch das, was wir eben genannt haben, stellt sich heute vielfach verändert dar, teils verhüllter, teils brutaler, teils in völlig verzerrten Formen jugendlichen Protestes, der einer eingehenden Deutung bedarf. So unterstreicht es im Grunde nur die Tatsache, daß die kirchliche Verkündigung von dieser Umwälzung aller Dinge nicht unbehelligt bleiben kann und läßt unsere Ausgangsfrage noch einmal in einem anderen Licht erscheinen: Entspricht die Predigt der Kirche den Bedürfnissen der neuen Welt? Wo müßte sie es tun, und wo darf sie es nicht?

---

[2] H. E. Bahr, Verkündigung als Information. Zur öffentlichen Kommunikation in der demokratischen Gesellschaft. Hamburg 1968.

[3] H. Thielicke, Leiden an der Kirche. Ein persönliches Wort. Hamburg 1965, S. 39.

III.

Es ist gut, wenn wir nun, wo es um die Predigt geht, begrifflich ganz klar sind. Bisher haben wir die Worte „Predigt" und „Verkündigung" wechselweise für ein und dieselbe Sache gebraucht. Jetzt hilft es uns, wenn wir sie genau unterscheiden. Unter „Verkündigung" verstehen wir die prinzipielle, eine Fülle von praktischen Formen einschließende Aufgabe des bezeugenden Redens von Gott. Mit „Predigt" hingegen meinen wir die eine, in einen Gottesdienst eingeordnete Form dieses Redens, die als Schriftauslegung und Schriftanwendung von einem berufenen Gemeindeglied, in der Regel von einem Pfarrer, gehalten wird. Predigt ist also diejenige Sageweise des Evangeliums, in der wir Verkündigung bis jetzt hauptsächlich gewöhnt sind.

Nehmen wir einmal an, dieser Predigt würde der Prozeß gemacht; man säße über sie zu Gericht, wie über eine Person. Das heißt, wir brauchen es gar nicht anzunehmen. Es geschieht ja insgeheim und öffentlich unentwegt und wird ausgestrahlt und geschrieben. Es genügt also, wenn wir uns vergegenwärtigen, was im Gange ist. Als angemessene Form dafür bietet sich uns das Tribunal an. Dazu gehören ein Ankläger, ein Verteidiger, eine Reihe von Zeugen, ein Gutachter, das Publikum, darunter einige Angehörige des Angeklagten und natürlich der Beschuldigte selbst. Sie sind alle in Wahrheit vorhanden, vielleicht sogar in dieser Versammlung. Was sie vorbringen, ist zum Teil die wörtliche Wiedergabe von tatsächlich Geäußertem.

Der Ankläger (er hat sich eingehend über die Situation informiert): „Ich eröffne die Anklage gegen die Predigt, dieses alt gewordene Instrument der Kirche mit einer Stellungnahme, die in einer Versammlung der Heidelberger Universitäts-Gemeinde von einer Studentin abgegeben wurde. Sie sagte: ‚Eure Gottesdienste sind veraltet und eure Liturgien zu Formeln erstarrt. Eure Predigten sind weltabgewandte, langweilige Monologe. Wir können sie nicht mehr hören und eure Sprache verstehen wir nicht. Wir können uns in euren Gottesdiensten nicht finden.' Dieser ebenso zutreffenden wie unmißverständlichen Kundgabe einer weitverbreiteten Empfindung und Einstellung ist nur weniges hinzuzufügen. – Mag sich die Predigt in alten Domen für eine große Hörerschar als geeignetes Mittel der Kommunikation empfohlen haben, so erscheint sie uns heute in ihrer Affinität zum Autoritären als Anachronismus, als überlebt. Ihre altertümliche oder gemacht moderne Sprache, ihre dilettantische Rhetorik stempeln sie zu einem hoffnungslosen Unternehmen im Zeitalter von Fernsehen, Zeitung und Funk. Sie bindet durch ihren ständigen Rückgriff auf unverständliche Texte die Menschen an die Vergangenheit, an einen toten Gott und hält sie im Stadium der Unmündigkeit, des Vorbewußten fest. Zwischen ihrem merkwürdigen Anspruch, Wort Gottes zu sein und der Einfältigkeit ihres Inhaltes, der nicht nur Normen produziert, die für unsere Zeit gänzlich unbrauchbar sind, sondern auch keinerlei Beitrag zu ihren bedrückendsten Problemen leistet, besteht eine riesige Kluft. – Sie antwortet auf Fragen, die niemand mehr stellt, ist unpolitisch, wirklichkeitsfremd, bloßes Wort, ohne die wahrnehmbare Spur einer Tat. ‚So züchtet die sonntägliche Predigt ... innerlich ängstliche und unfreie Kreaturen: nützlich und verwertbar für die gesellschaftlichen Herrschafts-Eliten ...‘[4] Ich beantrage infolgedessen, sie abzuschaffen und durch anziehendere und wirkungsvollere Formen der Nachrichtengebung für Kirche und Gesellschaft zu ersetzen."

Der Verteidiger (das Publikum, durch das nach dem Schlußwort des Anklägers beifällige Bewegung geht, sieht ihm von vornherein mit Mißtrauen entgegen. Er hat zudem noch eine Robe an. Man kann aber nicht genau erkennen, ob es die eines Rechtsanwaltes oder eines Pfarrers ist.): „Ich muß eingestehen, daß vieles von dem, was eben gesagt wurde, der Wahrheit entspricht. Der Zustand, in dem sich die Predigt befindet, ist in der Tat bedenklich, ja besorgniserregend. Auch beunruhigt uns die Erkenntnis, daß ‚trotz grundsätzlicher und vorsätzlicher Offenheit der tatsächliche Aktionsradius der Sonntagspredigt kaum über einen ziemlich fixierten, an den Rändern noch leicht veränderlichen Kreis von Menschen hinausgeht, auch wenn sie noch immer das verhältnismäßig größte Auditorium unter allen greifbaren Gestalten kirchlichen Dienstes um sich versammelt‘. ‚Es ist auch nüchtern zuzugeben, daß die ... Aufgabe des Predigens ... in den ihr von den Verhältnissen gewiesenen relativ engen Grenzen heute schwerer geworden ist.‘[5] Soweit meine Einwilligung in die Worte des Anklägers. – Aber ich zeihe ihn der einseitigen, nicht wirklichkeitsgerechten und – was die theologische Seite der Sache betrifft – kenntnislosen Berichterstattung. Ich darf das begründen:

1. Es hat heute den Anschein, als ob das nur Nachteilige, die bloße Infragestellung am zugkräftigsten sei. Dieses Verstoßes gegen die Wahrheit hat sich der Ankläger schuldig gemacht. Er hat einseitig der Negation gedient.

2. Die Wirklichkeit ist differenziert. Zu ihr gehört, daß ebenso, wie die ‚schlechte‘ Predigt abstößt, die ‚gute‘ Predigt in nicht zu un-

---

[4] J. Kahl, Das Elend des Christentums oder Plädoyer für eine Humanität ohne Gott. Hamburg 1968 (rororo aktuell), S. 25.
[5] W. Jetter, Was wird aus der Kirche? Beobachtungen, Fragen, Vorschläge. Stuttgart 1968, S. 120.

terschätzender Weise anzieht. Dazu gehört ferner, daß die meisten, wir können sagen, fast alle Pfarrer in wachen und durchwachten, jedenfalls unsäglich mühseligen Stunden ihr Bestes für die Predigt geben. Das schließt die Frage nicht aus, ob dieses Beste angesichts des steigenden geistigen Anspruchs der Hörer und ihrer zunehmenden Individualität noch gut genug ist. Zur differenzierten Wirklichkeit gehört infolgedessen auch die Überlegung, ob nicht die Aufgabe, Sonntag für Sonntag zu predigen, für die Mehrzahl der Pfarrer, auch im Blick auf ihr übriges Arbeitspensum, eine nicht mehr länger tragbare Überforderung darstellt.

3. Es wurde weiterhin behauptet, die Predigt sei unpolitisch und rein verbal, ohne durch sie entstehende Aktion. Das ist weithin richtig. Dennoch müssen wir vermuten, daß die Anklage, sofern sie nicht das Gegenteil beweist, mit der dadurch ausgesprochenen Forderung nach Politisierung der Predigt die Parteinahme für eine ganz bestimmte Politik intendiert. Dies wiederum würde dem Wesen der Predigt widersprechen.

4. Was endlich die Tatsache betrifft, daß die Predigt als Lebensäußerung der Kirche auch eine theologische Seite besitzt, so sei festgestellt, daß diese Dimension in der Rede des Anklägers nur obenhin und ohne tiefere Einsicht erscheint. Er kritisiert den Rückgriff auf biblische Texte als Fixierung auf die Vergangenheit. Er weiß nichts davon, daß es gar nicht um die Texte als solche geht, sondern um die Person, die in ihrem zerbrechlichen Gehäuse beschlossen ist. Er begreift nicht oder hält es für absurd, daß diese Person der Kommende, also die schlechthin entscheidende Zukunft ist. Und er verkennt völlig – ich sehe hier den Ankläger als Anzuklagenden – (im Publikum entsteht Unruhe; einige rufen ‚aufhören‘!) –, er verkennt völlig: gäbe die Evangelische Kirche die biblischen Texte als Grundlage ihrer Verkündigung preis zugunsten aktueller Geschehnisse als Text, so beraubte sie sich jener fremden, kritischen Instanz, die unsere Welt nötiger braucht denn je. Dann wäre das proklamatorische Verkündigungswort zum bloßen Kommentar degradiert. Dann würde die gewaltige sprengende Thematik des in die Welt Gekommenen und zugleich auf sie Zukommenden, die Zukunft des Gekommenen verschwinden hinter der Schwerkraft sich ablösender Tagesereignisse.“

Die Zeugen (es treten jetzt nur wenige auf: ein Theologe, eine berufstätige Frau und ein Markentechniker. Die übrigen kommen nachher in der Aussprache zu Wort, wenn der Prozeß weitergeht.) Der Theologe: „Es gehört eine ziemliche Portion guten Willens dazu, angesichts des durchschnittlichen Predigtgeschehens nicht gelangweilt oder zornig, sarkastisch oder tieftraurig zu werden. Was wird landauf, landab für ein Aufwand für die Verkündigung des christlichen

Glaubens getrieben. Aber ist es nicht – von Ausnahmen abgesehen – die institutionell gesicherte Belanglosigkeit?"[6]

Die Frau: „Ich habe in meinem Beruf Anstrengung und Aufregung genug. Wenn ich in gewissen Abständen zum Gottesdienst komme, möchte ich von der Ruhe Gottes, die mir zum Beten hilft, umgeben werden. Ich lebe von den Predigten, die ich höre; deshalb wähle ich sie aus. Leider sind viele Predigten zu anspruchsvoll. Sie berücksichtigen zu wenig, wie gering der Prozentsatz unseres Volkes ist, der sich regelmäßig ein Buch kauft. Selbst der Gebildete würde dankbar sein, wenn die Predigt einfach und persönlich ist, ohne primitiv und flach zu wirken."

Der Markentechniker (er wendet sich unmittelbar an den Angeklagten): „Wenn Gott Sie verlassen hat, was sollen wir armen Werbefachleute Ihnen raten? Die Menschen werden nicht aufhören, Gott zu suchen, aber sie werden sich andere Vermittler wählen. Weil Sie selbst nicht mehr die Influenzkraft des Glaubens verspüren, geben Sie sich Mühe, die fehlende suggestive Hilfe einer starken Seele durch taktische Klugheit zu ersetzen. Damit sinken Sie immer tiefer in den Bereich der Resonanzlosigkeit herab."[7]

Der Gutachter (es handelt sich um einen Psychiater, der sich aus der Sicht der Tiefenpsychologie mit dem Angeklagten befaßt hat[8].): „Es gibt eine unreife, tiefenpsychologisch gesprochen regressive Form der Verkündigung. Sie hält aus Angst vor Veränderungen formalistisch, fundamentalistisch und biblizistisch am Althergebrachten fest. Das Ich der Hörer wird dann zwischen dem Über-Ich des Predigers und den Wünschen des Es zerrieben. Es wird sich der Suggestion dieser oft sprachgewaltig vorgetragenen Predigt unterwerfen oder sich dagegen auflehnen. Nicht minder bedenklich und infantilen Glauben fördernd sind Predigten ‚voll schwindsüchtiger Erbaulichkeit und Weltfremdheit, die, tot und leer, überhaupt niemanden ansprechen . . .'. In diesem Zusammenhang gehören aber auch diejenigen Kanzelreden, in denen jüngere Prediger die neuesten, morgen schon durch allerneueste überholten Erkenntnisse der Theologie als Wissenschaft referieren. Und – seit etwa zwei Jahren – eine Art sozialistischer Bußpredigt, die die Gemeinde mit sämtlichen längst bekannten ideologischen Klamotten traktiert! ‚Was man hört, ist gewöhnlich recht wahr und richtig; nur wenn man genauer hinhört, entdeckt man eine tief verborgene unchristliche Grundverwirrung und Miß-

---

[6] G. Ebeling, Das Wesen des christlichen Glaubens. Tübingen 1959, S. 9.
[7] H. Domizlaff; zit. nach H. Thielicke, aaO., S. 5.
[8] H. Kretz, Die destruktive Predigt; in: Wege zum Menschen 20 (1968), S. 202–210.

lichkeit.' Das Zeugesein des Predigers ist entscheidend, ,wo es mißlingt, ist das Predigen abgeschafft'[9]."

Die Angehörigen (unter dem Publikum befinden sich einige Angehörige des Angeklagten. Sie sind häufig, einige Sonntag für Sonntag,
um ihn. Es handelt sich meist um einfache und alte Leute. Sie schweigen. Sie können sich nicht so gut ausdrücken).

Der Angeklagte (er hatte bisher geschwiegen „und tat seinen Mund
nicht auf". [Jes. 53,7] Da fragte ihn der Ankläger: „Antwortest du
nichts? Siehe, wie hart sie dich verklagen!" [Mark. 15,4] „Er aber
schwieg stille und antwortete nicht." [Mark. 14,61] Da fragte ihn der
Ankläger abermals und sprach zu ihm: „Antwortest du nichts zu
dem, was diese wider dich zeugen?" [Matth. 26,62] Da endlich öffnete der Angeklagte seinen Mund und seine Worte trugen noch etwas
von seinem langen Schweigen an sich.): „Mein Mißlingen und das
Zerbrechen des Dialogs zwischen mir und meinen Hörern muß nicht
immer in meinem Versagen begründet sein. Es kann auch von einer
Krise des Hörers ausgehen. Sein Ohr kann durch die Überlautstärke
der Botschaften, die ihn unentwegt bedrängen, und durch das Wortgeräusch, das ihn ständig umgibt, vollständig verschüttet, verschlossen werden. Er willigt dann in einen anderen Weg ein, als in den,
,dafür offen zu sein, daß das Wirken Gottes am Menschen durch Anrede geschieht'[10]; durch sein Eingehen in menschliche Sprache und
durch sein Sich-Verbergen – auch in meiner Gestalt."

In diesem Augenblick erhob sich ein ungeheurer Tumult. Das Publikum sprang auf, zischte und schrie durcheinander. Vor allem die
anwesenden Theologen schüttelten die Köpfe und sprachen mit einem
verächtlichen Blick auf den Angeklagten: „Sein Alter macht ihn un-
zurechnungsfähig! Er will Gottes Wort sein." Und ohne daß es jemand gemerkt hatte, war auf einmal ein toller Mensch unter der zum
Ausgang wogenden Menge, stellte sich ihr entgegen – er war sicher
irr – und schrie dazwischen: „Ihr wollt richten und habt doch das
Gesetzbuch vergessen. Ich will euch lesen: ,Er hatte keine Gestalt
noch Schöne; wir sahen ihn; aber da war keine Gestalt, die uns gefallen hätte . . . Darum haben wir ihn für nichts geachtet.' [Jes. 53,2 f]"
Er war sicher irr!

Das Tribunal löste sich auf. Seine Mitglieder gingen auseinander
und verloren sich unter den Menschen. Dort aber vertreten sie ihre
Argumente weiter. Der Prozeß, der der Predigt gemacht wird, hält
an.

---

[9] AaO., S. 206, 207.
[10] AaO., S. 208 (E. Brunner).

IV.

Der Prozeß — er war nur ein Ausschnitt aus der Tatsache, „daß nach dem Zusammenbruch der deutschen Universität in ihrer überkommenen Gestalt die Kirchen den nächsten Kampfplatz bilden werden und es schon sind"[11], — der Prozeß hält also an. Damit hängt es zusammen, daß die Evangelische Kirche, was ihre Verkündigung betrifft, im Augenblick durch eine Phase der tiefen Ratlosigkeit geht.

Ratlosigkeit entsteht immer dann, wenn man den Überblick über eine Sache verliert oder einer Situation begegnet, die sich in gewohnte Vorstellungen und bisherige Erfahrungen nicht einordnen läßt. Dieser der Arbeit von Seelsorge und Beratung entnommene Grundsatz kann unmittelbar auf das Predigtproblem übertragen werden. Da greifen Fragen der gottesdienstlichen Räume, Zeiten und Ordnungen, der persönlichen Begabung der Prediger, der Unsicherheit gegenüber der Bibel, der Soziologie der Hörer, der Entfernungen, der Konkurrenz der technischen Medien und der Beharrlichkeit volkskirchlicher Verhältnisse so ineinander, daß man nicht mehr weiß, wo man anfangen soll. Da erscheinen konstantinischem Denken, das bisher von der öffentlichen Anerkennung der Kirche, ihrer Einrichtungen und Ordnungen ausging, Störungen von Gottesdiensten, Zwischenrufe in die Predigt, Flugblätter auf den Bänken, Aufforderungen zum Kirchenaustritt und persönliche und kollektive Aggressionen gegen das Evangelium so ungewöhnlich und so unerhört, daß es zu unkontrollierten Reaktionen kommt. Diese wiederum werden von kritischen Gemeindegliedern und Jugendlichen nicht verstanden, da sie ihre berechtigten Forderungen nach Konkretion und Verstehbarkeit der Verkündigung, nach Durchsichtigkeit kirchlicher Entscheidungen und Mitsprache in der Gemeinde zurückgewiesen oder nur ungenügend erfüllt sehen. So entsteht Ratlosigkeit auf beiden Seiten, die vielfach den Charakter der Anfechtung, als habe Gott seine Verheißungen zurückgezogen, hat. Gemessen daran fällt das bisherige Reden von einer Krise der Predigt kaum ins Gewicht. Die Krise im elementaren Sinn beginnt erst jetzt.

V.

Man versucht infolgedessen eine Reihe von neuen Wegen, um aus dieser Krise heraus zu gelangen. Man entdeckte das Experiment, das in der Kirche lange als unangemessen galt, als einen legitimen Weg, der in die Zukunft weist. Da Predigt und Gottesdienst zusammen ge-

---

[11] E. Käsemann, Geistesgegenwart, in: EvKomm 2 (1969), S. 141.

hören, begann die Junge Gemeinde zunächst mit Gottesdiensten in neuer Gestalt. In ihrem Rahmen kam es, man kann eigentlich sagen, in ganz natürlicher Weise zu einer Veränderung der Verkündigungsform.

An die Stelle der monologischen trat die dialogische Form. Wir nennen hier 1. die sogenannte Dialogpredigt, eine von zwei Sprechern ausgearbeitete und wechselweise vorgetragene Art der Verkündigung; 2. die Predigtgemeinschaft, die Aufteilung der Predigt auf mehrere Sprecher, vor allem nichttheologische Gemeindeglieder, die von ihrem Wissens- und Erfahrungshorizont her Stellung nehmen zum Text oder zu einem Gegenwartsproblem; 3. das Verkündigungsgespräch, bei dem zwei oder mehrere Partner anstelle einer Predigt einen biblischen Text auslegen oder ein Thema biblisch behandeln; eine Form, die dem echten Dialog am nächsten kommt[12]. Daneben gibt es die Sprechmotette, die Bildinterpretation und das szenisch gespielte Wort.

Mit dem Versuch einer Erneuerung der Gestalt ergab sich auch eine Erneuerung beziehungsweise Veränderung in bezug auf den Gehalt. Man drehte die „Einbahnstraße" vom Text zur Gegenwart um, und begann mit gegenwärtigen Ereignissen als Text. Das Bestreben war, sowohl zur ausgesprochenen Lebensnähe bis hin zur politischen Konkretion des Verkündigungsinhaltes zu kommen als auch die Bedeutung der biblischen Botschaft für die Gegenwart besser aufzuzeigen. Vieles davon dürfte gelungen sein und hat inzwischen, wenn auch nicht als Regel, in die üblichen Gottesdienste hineingefunden.

Es handelt sich also in der Tat um Wege. Was die Kirche zu sagen hat, erscheint moderner, manchmal menschlicher, unmittelbarer und besser zur Mitsprache geeignet. Das der Welt so fremde kirchliche Wort rückt näher und wirkt akzeptabler als im traditionellen Gewand. Dennoch stellen wir die Frage, ob es sich nicht doch um Auswege handelt. „Auswege" ist hier nicht als negatives Urteil zu verstehen, sondern im Sinne der Überwindung von Ratlosigkeit, als noch nicht zu Ende gelangte Experimente, als noch nicht ans Ziel gelangte Wege.

Denn: die bloße Veränderung der Form kann ohne Erneuerung der Substanz geschehen. Der Schritt vom Text gegenwärtiger Ereignisse zum Alten oder Neuen Testament kann ebenso mißglücken wie der umgekehrte reguläre Brauch. Und was das Kernproblem betrifft, ob der Dialog, das Gespräch der Verkündigung als Proklamation vorzuordnen sei, so sollte man die Akten über diese Frage nicht vorschnell schließen. Nicht vorschnell, da Christus der Gemeinde vorge-

---

[12] H.-W. Heidland, Das Verkündigungsgespräch. Stuttgart 1969.

ordnet bleibt und das mit seinem Namen bezeichnete Geschehen dialogisch nicht ermittelt, höchstens nachgedacht werden kann.

Gemeint ist damit: wir sollten nicht darüber streiten, wem der erste Platz gebührt, dem Monolog der bisherigen Form der Predigt oder dem Dialog, den die neuen Wege wählen. Im Neuen Testament begegnen uns viele Sageweisen für das eine Wort. Und so wenig glücklich es uns erscheint, daß die Rede eines einzelnen den Sieg davon getragen hat, so ungeschichtlich will es uns scheinen, sie wegen ihrer Mängel, die offenkundig sind, im umgekehrten Vefahren, einfach dem Gespräch zu unterwerfen; denn wir haben drastische Wege zu ihrer Erneuerung noch nicht beschritten.

Sie bestehen in einer durchgreifenden Neuordnung des Predigtdienstes. In ihr geht es weder darum, den Vorrang der Predigt als Rede zu erhalten, noch darum, die übrigen Versuche, die Verkündigung zu erneuern, zu verdrängen; eher sie in der Richtung auf das, was von ihnen selbst intendiert ist, zu fördern: Anrede Gottes an heutige Menschen zu sein. In der Neuordnung des Predigtdienstes geht es vielmehr darum, bisher ungenutzte Möglichkeiten auszuschöpfen; denn wir haben bis zur Stunde der im Gottesdienst geschehenden Auslegung damals ergangener Gottesrede in unsere eigene Gegenwart hinein nichts Gleichwertiges entgegenzusetzen. Was für eine Neuordnung des Predigtdienstes notwendig erscheint, sei in gebotener Kürze nun als Thesen formuliert. Die Problematik und Vorläufigkeit dieser Thesen wird niemandem verborgen bleiben. Die Notwendigkeit, ihnen ins Auge zu sehen, wird manchem vielleicht einleuchten.

Zur äußeren Neuordnung würde gehören: 1. Die Veränderung der Gottesdienstzeiten, und zwar nicht aufgrund von Annahmen, sondern aufgrund von empirischen Untersuchungen und Befragungen. – 2. Die Einsicht in die nicht durch fromme Beschwichtigung zu beseitigende Ineffektivität von 16 000 Predigten der Evangelischen Kirche in Deutschland zur gleichen Zeit und Stunde. – 3. Die daraus folgende Verringerung der Sonntagshauptgottesdienste auf eine ihrem Besucherquotienten und dem Arbeitspensum der Pfarrer angemessene Zahl. – 4. Das muß in der Stadt anders aussehen als auf dem Lande. In der Stadt kann es durch die Bezeichnung bestimmter Kirchen geschehen, in denen Haupt- und Abendmahlsgottesdienste gehalten werden. Auf dem Lande werden sich Pfarrer in kleineren Regionen zusammenschließen müssen, um in einer Art Ringtausch sich gegenseitig zu entlasten. – 5. Nicht jedem Pfarrer ist das Charisma, die Gnadengabe der Predigt, verliehen. Deshalb muß von ihnen der Verzicht auf Gaben, die sie nicht besitzen, gefordert werden; was in keiner Weise den Verzicht auf übrige Verkündigungsformen bedeutet; wohl aber, daß die bezeichneten Hauptgottesdienste von eigens dazu

Berufenen gehalten werden. – 6. Um diese Hauptgottesdienste ist zur gleichen Zeit, in den Städten jetzt schon, auf dem Lande später, ein Ring von stärker dialogisch und gemeinschaftlich bestimmten gottesdienstlichen Versammlungsformen zu legen, in denen alte und junge Menschen, um nur diese zu nennen, in der Verschiedenheit ihrer gottesdienstlichen Vorstellungen zu ihrem Recht kommen. – 7. Was an Entsetzen über diese einschneidende Zurücknahme beziehungsweise Veränderung des gottesdienstlichen Angebotes sich regt, könnte bald durch einen alarmierenden Pfarrermangel überrollt werden, denn die Ausfallquote im Pfarrernachwuchs beziffert sich seit einem Jahr ganz plötzlich auf ca. 46%.

Zur inneren Neuordnung gehören: 1. Die selbstverständliche Einrichtung von Predigtvorbereitungskreisen, in denen dem Prediger für die Vergegenwärtigung der alten Texte entscheidende Hilfe zukommt, den Teilnehmern das Interesse an der Predigt neu geweckt werden kann. – 2. Eine bewußte Verringerung dogmatischer Vollständigkeit in der Predigt, zugunsten von Hereinnahme lebensnaher Thematik; damit die Verkündigung angemessener, sachlicher und dadurch menschlicher werde. Man bekenne nie mehr, als man in abgekühltem Zustande noch verantworten kann. – 3. Eine Zunahme an Wesentlichem. Die Predigt hat nicht Anweisung für jedes Verhalten zu geben; aber die Menschen sollen mit Hilfe der Predigt das rechte Verhalten finden. Und sie finden es, wenn sie durch die Predigt vor die Wirklichkeit Gottes gestellt werden. – 4. Ein ungebrochenes Bekenntnis zu den biblischen Texten, die gerade in ihrer Fremdheit kritisch in unsere Zeit zu sprechen vermögen, wenn man ihnen nur zutraut, was sich Gott zugetraut hat, sich uns zugute an solch menschliches armes Wort zu binden. – 5. Eine Aufnahme des Streites! Unsere Predigten sind zu harmlos, zu weich. In ihnen müssen Auseinandersetzungen geführt werden, wie es in den Streitgesprächen Jesu geschah. Wenn jemand meint, es sei mit der „Sache Gottes" zu Ende, so muß die Predigt gegen ihn streiten, nicht mit tierischem Ernst, sondern wer es kann, mit einer gewissen Grazie dabei. – 6. Das erfordert eine neue Spiritualität. Vielen, vor allem jungen Predigern, ist im Moment der Glaube etwas abhanden gekommen. Deshalb ist es notwendig, daß Prediger und Gemeinde theologisch miteinander arbeiten und füreinander beten, aber beide und in beidem, zur Sache stehen und nicht jedem Wind neuer Theologien und Ideologien kurzschlüssig zum Opfer fallen. – 7. Endlich: eine offene Aussprache über die Predigt von Zeit zu Zeit. Die Gemeinde soll und darf sich nicht alles bieten lassen, was ihr neuerdings an Predigtinhalten vorgesetzt wird. Sie prüfe mit der Schrift in der Hand, ob das Gesagte vor diesem Wort anderer Ursprünglichkeit bestehen kann.

Zum Problem
der sogenannten Predigtmeditation

I.

Gegenstand unserer Überlegungen ist nicht die Meditation in jenem allgemeinen Sinn, der durch Tiefenpsychologie und asiatische Religion neue Beachtung findet. Es geht auch nicht um den von den „Göttinger Predigtmeditationen" nahegelegten Begriff Predigtmeditation als Predigthilfe. Wir wollen vielmehr Erwägungen anstellen über die Meditation von Bibeltexten im Rahmen der Predigtvorbereitung. Unser Blick richtet sich also auf jenen Schritt, der in der Homiletik gewöhnlich zwischen Exegese und Predigtausarbeitung angesetzt und ‚Meditation' genannt wird. An diese Bezeichnung, an die damit gemeinte Sache und an ihren homiletischen Ort sollen einige Fragen gerichtet werden.

Teilt man den Weg vom Text zur Predigt in einfacher Weise in Exegese, Meditation und Ausarbeitung ein, so bleibt unklar, ob Meditation eine methodische Stufe zwischen Exegese und Predigtniederschrift darstellt oder eine Haltung, die beides umfaßt und nur an dieser Stelle verhandelt wird. Eines ist allerdings klar: hier entscheidet es sich, ob die Predigt zur Predigt wird. Es müßten deshalb die einschlägigen Kapitel in den Lehrbüchern der Homiletik dafür hilfreich sein. Wir können, um voranzukommen, die Durchsicht der Literatur hier nicht vorlegen. Es genügt, das Ergebnis zu nennen.

Befragt man die ältere Homiletik von Schleiermacher bis Barth nach ihrem Verständnis von Meditation, so ergibt sich: Wo der Begriff vorhanden ist, wird altes Gut tradiert, das alle Zeichen des Verblassens an sich trägt. Eine methodische Beschreibung des Meditierens wird nicht gegeben. Sachlich steht es im Dienste der Invention, d. h. der Auffindung des Predigtstoffes, tendiert also in Richtung der Ausarbeitung. Die Mittelstellung zwischen Exegese und Predigt ist nicht zu halten. Das wird seine Wirkung haben.

Die neuere Homiletik, vom Ende des ersten Weltkrieges an gerechnet, zeigt folgendes Ergebnis: Bei einer ersten Gruppe von Lehrern der Predigt finden wir kein besonderes Wort zur Meditation. Sie sind entweder noch der Zeit vor dem Krieg verpflichtet oder stehen nach dem Umbruch noch ganz unter dessen Eindruck. Eine zweite Gruppe versteht Meditation vorwiegend als Nachdenken, das von den Er-

esoterisch :

trägnissen der Exegese ausgehend zur Erarbeitung und Gewinnung des Predigtinhaltes (Predigtstoffes) führt. Das Bild ist aber keineswegs eindeutig und wir begegnen mancherlei Modifikationen, die sich z. T. schon mit einer dritten Gruppe berühren. Bei ihr gewinnt die Meditation hervorgehobene Bedeutung. Sie wird auch als Predigtmeditation von ihrer sofortigen Abzweckung auf die Predigt gelöst – ihr ausgesprochener Zwischenstufencharakter tritt zurück – und als Haltung verstanden. Darüber hinaus kommt es zu regelrechten Anleitungen, die des esoterischen Charakters nicht immer entbehren.

Gehört zum Wesen einer evangelisch verstandenen Meditation von Bibeltexten, daß sie nicht ausdrücklich an die Anrede gebunden ist und die Frage nach der unmittelbaren Beziehung der Botschaft zum Betrachtenden zentrale Bedeutung besitzt, dann läßt sich zugespitzt urteilen: Abgesehen von der dritten Gruppe ist Meditation entweder nicht vorhanden oder nicht verstanden. Wo sie vorhanden ist, erschweren gewisse theologische und methodische Implikationen den Zugang zu ihr oder sie wird als Invention mißverstanden. Ihr homiletischer Ort ist daran nicht unschuldig.

II.

Mit ihm wollen wir uns deshalb jetzt befassen. Meditation im Rahmen der Predigtvorbereitung kam herkömmlicherweise zwischen Exegese und Ausarbeitung bzw. Niederschrift der Predigt zu stehen; also: E – M – P. Dabei handelt es sich um ein Spannungsfeld, dessen Pole eine erhebliche Anziehungskraft ausüben. Infolge der mit ihr verbundenen begrifflichen und sachlichen Unklarheit erwies sich die Meditation an dieser Stelle als wenig standfest. Sie geriet in den Sog von P. Dieser Vorgang wird besonders deutlich bei L. Fendt, der 1949 seine frühere Unterscheidung zwischen „subjektiver" und „objektiver Meditation" fallen läßt und unter Meditation schließlich nur noch die „praktische Verarbeitung des exegetisch Erhobenen" versteht[1]. Ähnlich bei H. Schreiner: „In der Meditation suchen wir erstens nach der Gestalt der Gliederung und geben uns Rechenschaft über die Gründe unseres Predigtaufbaues und Weges im einzelnen Falle ... In der Meditation bricht zweitens die Frage nach den Darstellungsmitteln auf."[2] So kam es, daß die Meditation zur Invention und diese wiederum methodisch nur ungenügend durchdacht wurde. Die Mittelstellung der Meditation war jedenfalls nicht zu halten.

---

[1] L. Fendt, Homiletik. Theologie und Technik der Predigt, Berlin 1949, S. 46.
[2] H. Schreiner, Die Verkündigung des Wortes Gottes, Schwerin 1936, S. 343.

Man kann den gleichen Sachverhalt noch unter einem zusätzlichen Aspekt ins Auge fassen. Wenn es in der Predigt darum geht, Gottes Wort an die Damaligen, gebunden an biblische Texte, in die Gegenwart heutiger Menschen zu verlängern, zu aktualisieren, dann müssen drei Faktoren zusammentreten: der Text, der Prediger und die Gemeinde. In dem bisher skizzierten Weg wird der Text durch die Exegese, der Prediger durch die Meditation repräsentiert, bzw. es sollte so sein. Für die Gemeinde war kein methodischer Raum vorgesehen. Das Fehlen der Gemeinde führte nun dazu, daß die ihrem Wesen nach nicht an Anrede gebundene Meditation infolge ihres homiletischen Ortes zwangsläufig zu einer Besinnung, wie die konkrete Gemeinde aufgrund des erklärten Textes anzureden sei, „umfunktioniert" wurde. Es fehlte also nun in Wirklichkeit, trotz des Begriffes „Meditation", der Prediger. Da aber Prediger und Gemeinde in dieser ungeklärten Zwischenstufe intuitiv – unklar vermischt wurden, fehlte im Grunde auch die Gemeinde und es kam zu jenem homiletischen Doketismus, der die gegenwärtige Predigt weithin kennzeichnet und unter dem wir alle leiden.

Die Realität des Spannungsfeldes E – M – P und die damit gegebenen Vorgänge führen uns deshalb zu folgender Entscheidung: Wir nehmen Begriff und Sache der Meditation hier überhaupt weg und nennen das, was hier, d. h. zwischen Exegese und Predigt zu geschehen hat, „Homiletische Reflexion" (H); d. h. Reflexion eines exegetisch erarbeiteten Textes auf Anrede hin. Die Meditation, die sich an ihrer bisherigen Stelle nur als sogenannte Meditation erwies, ziehen wir ganz nach vorne und verleihen ihr den Platz noch vor der Exegese; sie soll im tiefsten Sinn des Wortes zum Tragen kommen und sich als Leuchtspur durch das Ganze ziehen. Wir erhalten dann folgende Anordnung des Weges vom Text zur Predigt: M – E – H – P. Da uns aber der Begriff ‚Meditation' auch hier noch zu belastet erscheint, als daß er durch wenige Erläuterungen von allen Mißverständnissen und Vorurteilen, die ihn beschatten, gereinigt werden könnte, sprechen wir anstelle von Meditation mit der kirchlichen Tradition von „Betrachtung" (wohl wissend, daß auch dieser Begriff seine Problematik besitzt). Die vier Arbeitskreise, aus denen die Predigtvorbereitung besteht, lauten dann: 1. Persönliche Betrachtung; 2. Exegetische Arbeit; 3. Homiletische Besinnung; 4. Verkündigende Darlegung.

Was haben wir durch diese Maßnahme gewonnen? Die Homiletische Besinnung (H) ist von den mit dem Begriff der „Meditation" verbundenen Schwierigkeiten frei. Sie kann methodisch zur Entfaltung gelangen. Die Gemeinde bekommt ihren angemessenen Ort in der Predigtvorbereitung, an dem sich auch der Ertrag von Predigt-

vorgesprächen ansiedeln kann. Der Predigt wird – nach einem russi-
schen Sprichwort – ermöglicht, „anzuhaken am Lebendigen". Die
Persönliche Betrachtung (M) ist von der zeitlichen und räumlichen
Nähe zur pflichtmäßigen Verkündigung im Rahmen des Möglichen
gelöst. Sie mag nach mancherlei Vorschlägen vollzogen und geübt
werden, so daß es zur „Predigtvorbereitung als geistliche Übung"
kommen kann[3].

Im Folgenden soll, unserem Thema entsprechend, der Schwerpunkt
auf M und H liegen. Es wird aber notwendig sein, einiges auch über
E und P zu sagen.

III.

In der „Persönlichen Betrachtung" geht es in erster Linie um den
Prediger als Zeugen, nicht so sehr um die Gemeinde. Die Gemeinde
ist insofern mit dabei, als der Prediger ja zu den Menschen dieser
Tage und zu den Gliedern der Gemeinde zählt. Was er jetzt tut,
wirft die Frage auf, ob das Betrachten eine neue Art der Meditation
oder lediglich das Einbeziehen vorhandener Arten in die Predigt darstellt? Entgegen anderen Tendenzen kann darauf ganz einfach geantwortet werden: Zum Wesen der Meditation gehört eine gewisse
Zwecklosigkeit. Dem tragen wir durch den Ort Rechnung. Dieser
wiederum erlaubt es jedem, seine Art, zu meditieren, wenn er es
kann, in den Dienst der Predigtvorbereitung zu stellen.

Unter persönlicher Betrachtung verstehen wir eine unmittelbare
Begegnung mit dem biblischen Text und die Bereitschaft, sich von
ihm ergreifen zu lassen. Sie geschieht nicht logisch-diskursiv, sondern
meditativ-kreisend an Hand des deutschen Textes, zweckfrei, d. h.
ohne bewußte Einstellung auf die Verkündigung. – Im Gegensatz
zum bloßen Lesen einerseits und zum streng historisch-kritischen Prozeß andererseits handelt es sich dabei um eine den Text gleichsam
spielerisch umkreisende Begegnung, um ein Anschauen und Verweilen, das Wirklichkeit wahrzunehmen versucht; nicht im einseitig rationalen Zugriff, sondern in einem unbefangenen und unbewaffneten
Sichaussetzen; denn ebenfalls zum Wesen der Meditation gehört die
Bereitschaft zur Hingabe und zum Rezeptiven, die Bereitschaft, sich
ergreifen zu lassen. „Sie verlangt nach einer rezeptiven, empfangen-
den Haltung. Sie ist ein Akt des Glaubens, der als Rechtfertigungs-
glaube ja nicht aktiv, sondern empfangend ist."[4] Dann wird Betrach-

---

[3] E. Steinwand, in: Verkündigung, Seelsorge und gelebter Glaube, Göttingen
1964, S. 11 ff.
[4] O. Hanssen/R. Deichgräber, Leben heißt Sehen. Anleitung zur Meditation,
Göttingen [4]1976, S. 16.

ten als eine neue Art zu sehen erkenntlich oder besser als das Entbergen einer in uns vorhandenen, nur verschütteten Art zu sehen. Das Neue wäre also „nicht die meditative Betrachtung als solche ... sondern die geordnete Übung einer solchen Betrachtung"[5].

Wie sehr verschüttet dieses Sehen ist, das die Erscheinungen und Dinge in ihrem über sich hinausweisenden Charakter zu sehen vermag, zeigt eine Situation aus dem Homiletischen Seminar: Aus Anlaß einer Adventspredigt über Luk. 1,78–79 wurde die Frage gestellt: „Was heißt Finsternis?" Die erste Antwort lautete: „Finsternis bei Jesaja, zu dem unser Text eine Beziehung hat, heißt ..." Die zweite Antwort lautete: „Finsternis bei Lukas heißt ..." Beide Antworten waren sehr gut. Sie reproduzierten Gewußtes. Nun aber wurde die Frage gestellt: „Was heißt Finsternis nach Ihrer Meinung? Wie würden Sie dieses Phänomen beschreiben?" Darauf erfolgte keine Antwort. Auch die Ermutigung „Schildern Sie doch einmal Ihr Erlebnis von Finsternis, wenn Sie sich in stockdunkler Nacht befinden!" blieb ohne Echo. Eduard Steinwand äußerte einmal: „Wir Menschen sind nicht nur den Dingen des Glaubens gegenüber blind. Wir müssen auch lernen, die alltäglichsten Dinge unseres Lebens neu zu sehen; denn wenn wir sie beschreiben sollen, erweisen sie sich auf einmal als unendlich schwer, beinahe, als hätten wir sie nie gesehen." Das Seminar versuchte dann nach einigen Anstößen gemeinsam, Finsternis zu beschreiben, und es ergab sich ungefähr (in äußerster Kürze referiert) diese Sicht: Wer sich in großer Finsternis befindet, hat kein Licht. Auch das geringe Licht der Himmelskörper ist durch Wolken verhüllt. Er kann zwar nach jeder Richtung sich bewegen, ist aber überall gefährdet; denn er sieht keinen Weg. Im selben Augenblick aber, in dem auch nur ein winziger Morgenstreifen am Horizont erscheint – die Finsternis hält weiter an; es ist noch längst nicht Tag –, sind seine Füße ausgerichtet. Die Nacht, die auch sein Inneres nicht ohne Schatten ließ, beginnt zu weichen.

Dieses Sehen wird nun – je mehr geübt, desto stärker – zur Haltung, zur Leuchtspur, die den ganzen Weg zur Predigt durchzieht, stützt, trägt und in jedem Arbeitskreis aufleuchtet, ohne ihm den Charakter der Methode zu nehmen. Es wird vor allem innerhalb der homiletischen Besinnung, speziell bei der Predigtinvention, sowie bei der verkündigenden Darlegung ganz stark zum Einsatz kommen. Jedenfalls: predigen kann nur, wer etwas gesehen hat. Dieses Sehen als Durchsehen, als Wahrnehmen der Transparenz und als Erkennen des den Worten, Erscheinungen und Dingen innewohnenden Sinnes zu erneuern und zu üben, ist das Eigentümliche der in den Dienst der Predigt gestellten Betrachtung, der Predigtmeditation.

[5] O. Hanssen/R. Deichgräber, aaO., S. 20.

Da aber so wenig Übung und so viel Unbeholfenheit an diesem Punkt vorhanden ist, sei der Versuch gewagt, eine Hilfe zum Sehen, Betrachten und Verweilen mit unbewaffnetem Auge zu geben. Es geschieht zögernd, da die Unmittelbarkeit der Begegnung keinen Eingriff verträgt, und es geschieht doch im Bewußtsein einer vorhandenen Notwendigkeit, da das Verweilen über biblischen Texten ohne Geleit auch seine besonderen Schwierigkeiten besitzt. Es sind drei Schritte, mit deren Hilfe wir den Text umschreiten, um ihn auf uns wirken zu lassen, um uns ihm auszusetzen: 1. Wir versuchen den ersten Eindruck, den Aufbau und das Geschehen bzw. den Sinnzusammenhang des Textes zu erfassen und fragen: Was geht hier vor? (Vorgang!). 2. Wir versuchen das Evangelium, die wesentlichen Aussagen, den kerygmatischen Gehalt und den theologischen Anspruch, den der Text erhebt, aufzunehmen und fragen: Was tut Gott (Christus, der Hl. Geist) zum Heil der Menschen? (Heilsgeschehen!). 3. Wir versuchen das Wort an uns, unsere Widerstände und Einwände, deren Überwindung, sowie die Beziehung zur Gegenwart zu finden und fragen: Was geht mich unbedingt an? (Betroffenheit!). – Und, um wieder zum Einfachen zurückzukehren, wir verweilen, ohne etwas zu erzwingen, bei Worten, Sätzen und Bildern des Textes, die sich uns aufdrängen; verweilen, um zu sehen, um zu entdecken, um durchzusehen.

IV.

Von der „Exegetischen Arbeit", die wir uns aus „Historischer Erklärung" und „Theologischer Zusammenfassung" bestehend denken, soll nur kurz die Rede sein. Sie korrigiert und präzisiert das in der „Persönlichen Betrachtung" zutage getretene Vorverständnis, d. h. das, was an Verständnis vor der Exegese da war. Auf diese Weise gewinnt die historische Erklärung dialogischen Charakter. Sie selbst verfremdet; denn sie fragt historisch und dringt auf intensives, methodisches Erkennen und Verstehen des Einzelnen wie des Ganzen.

Besondere Bedeutung möchten wir der „Theologischen Zusammenfassung" beimessen. In der vorgeschlagenen Form geht sie auf Wilhelm Hahn zurück. Wir befinden uns immer noch im Bereich der historischen Erklärung, sind aber nun bestrebt, zu einer thesenartigen Zusammenfassung des bisher Erarbeiteten zu gelangen. Es soll der Ertrag der Exegese, die oft erheblichen Aufwand und Umfang beansprucht, gesichert und abschließend bewußt gemacht werden, worauf es ankommt. Manche Homiletiker verlangen an dieser Stelle eine Paraphrase des Textes, ein Nachsprechen nach geleisteter Exegese mit eigenen Worten. Wir möchten stattdessen einen genaueren und die exegetischen Ergebnisse stärker berücksichtigenden Vorgang setzen. Aus diesem Grunde fragen wir nach Intention, Kerygma und Idion des Textes.

a) Intention: Was will der Text bei den damaligen Hörern erreichen? (Gedacht ist an einen normalen, nicht zu langen, eher kurzen Aussagesatz. Er soll keine Inhaltsangabe darstellen, sondern den Hauptgedanken, die Glaubensneuheit, das organisierende Prinzip, die geheime Mitte, das Verkündigungsziel oder wie man es nennen will, zum Ausdruck bringen.)

b) Kerygma: Wie lauten die theologischen Aussagen des Textes in logischer Verknüpfung? (Gedacht ist an eine in Form von mehreren sorgfältig formulierten Thesen erscheinende Inhaltsangabe des Textes. Sie kann sich an eine genaue, ins Detail gehende Gliederung anlehnen, hat erklärenden Charakter und verhindert, was von jeher als Gefahr der Skopusmethode angesehen wurde, die Reduktion des Textes auf eine allgemeine Wahrheit.)

c) Idion: Worin besteht nach Inhalt und Form die Eigenart des Textes? (Gedacht ist an wenige Sätze, die das Besondere oder Einzigartige des Textes hervorheben. Dieses Proprium bzw. das, was dem Alten, dem Neuen Testament oder dem jeweiligen biblischen Buch fehlen würde, wenn es diesen Text nicht gäbe, soll sowohl nach der inhaltlichen, als auch nach der formalen Seite beschrieben werden.)

Die Zusammenfassung der exegetischen Arbeit soll am Beispiel eines äußerst kurzen Textes verdeutlicht werden. Wir wählen dazu Mt 24,13 „Wer beharret bis ans Ende, der wird selig", wobei die erklärende Aufgabe sich besonders der Begriffe „beharren", „Ende" und „selig" anzunehmen hat. – Die Intention lautet: Die angefochtene Gemeinde soll bestärkt werden, am Bekenntnis zu Jesus Christus festzuhalten. Die Kerygmasätze lauten: a) Die Situation der Gemeinde besteht im öffentlichen Gegensatz gegen sie mit innergemeindlichen Konsequenzen (Liebe erkaltet!). b) In dieser Situation gibt es für die Gemeinde keinen Ausweg; nur hören, befolgen und festhalten des Rufes Gottes. c) Aber es lohnt sich; denn Gott steht am Ende des Bekenners. Dadurch wird sein Lebensende zum Ziel. Das Idion lautet: Ein vermutlich einzeln tradiertes Logion, in dem der Begriff der Geduld in Richtung einer von Gott stammenden Festigkeit zugespitzt wird.

Die theologische Zusammenfassung der exegetischen Arbeit bildet zusammen mit dem Text die Grundlage für die homiletische Besinnung. Zum Ur-Text tritt also sozusagen ein zweiter, „neuer", exegetisch verantworteter Text, der – obgleich noch in den Bereich der Erklärung gehörend – bereits den Beginn des Umsprechens darstellt und insofern eine Brücke zum nächsten Arbeitskreis schlägt. Dabei ist die Intention für das Predigtziel, das Kerygma für den theologischen Stoff der Predigt und das Idion für die Predigteigenart von Bedeutung.

V.

Def.

Homiletik ist dem zugrunde liegenden Wortsinn gemäß die Lehre vom zutreffenden Umgehen eines vom biblischen Zeugnis herkommenden Verkündigers mit den als Adressaten ins Auge gefaßten Menschen. Dementsprechend verstehen wir unter „Homiletischer Besinnung" die Reflexion eines exegetisch erarbeiteten Textes auf Anrede hin. Ging es im ersten Arbeitskreis (Persönliche Betrachtung) vorzüglich um den Prediger, im zweiten (Exegetische Arbeit) um den Text, so liegt der Hauptakzent jetzt auf der Gemeinde. Jetzt wird die Erklärung zur Auslegung, Verlängerung, damit sie in der Predigt zur Vergegenwärtigung werde. Erreicht werden soll eine ähnliche oder doch wenigstens annähernde Genauigkeit wie im zweiten Arbeitskreis. Die Notwendigkeit dessen ist unmittelbar gegeben; denn fortgehende Zeit und sich weiter entwickelndes Wirklichkeitsverständnis haben zur Folge, daß der Aussagegehalt eines Textes auf heutige Probleme hin durchdacht werden muß. Die Homiletische Besinnung faßt also die Gemeinde von heute ins Auge und bedenkt die Vergegenwärtigung der biblischen Botschaft innerhalb der Fragen, Gedanken und Worte der vorfindlichen Welt. – Daraus ergibt sich folgende dreifache Aufgabe: 1. ich muß das anzuredende Gegenüber möglichst genau erkennen; 2. ich muß seine Fragen an den Text herantragen und von ihm her auf sie eingehen; 3. ich muß den so gewonnenen Stoff auf die konkrete Gemeinde beziehen.

1. Gemeindesituation. Auf keinen Fall geht es hier um eine vom Text gelöste „Theorie des gegenwärtigen Zeitalters". Sie kann oder sollte dahinterstehen, und wir stoßen hier auf die für die Verkündigungsarbeit notwendige Bildung. Wer predigen will, muß die Zeitlage kennen, in der die Gemeinde mit ihren Boten lebt; er muß etwas oder am besten sogar sehr viel wissen über die gesellschaftliche Problematik, die seine Hörer bedingt; er muß der Mobilität, der Problemgeschwindigkeit und der grundsätzlichen Ratbedürftigkeit ihres Daseins ansichtig geworden sein und nicht zuletzt jener auch ihn selbst schicksalhaft betreffenden Tatsache, daß sie in „voller Säkularität" leben[6]. Aber primär geht es darum jetzt nicht, so sehr es sich unter Umständen in der Predigt bemerkbar machen wird; es geht vielmehr um die Situation der Gemeinde im Angesicht des auszulegenden Tex-

---

[6] E. Thurneysen, Seelsorge im Vollzug, Zürich 1968, S. 13.

tes. D. h. wenn ich beispielsweise 1. Thess 5,17 „Betet ohne Unterlaß"
auszulegen habe, frage ich: wie wirkt vermutlich dieser Aufruf; wie
hört man ihn? wie ist die Lage der Gemeindeglieder in bezug darauf;
welche Hindernisse stehen seiner Verwirklichung entgegen? wie war
doch kürzlich die Äußerung eines Schülers oder Kranken über das
Gebet; wo finde ich ähnliches ausgedrückt? Ich blicke also in strenger
Textbezogenheit auf die Gemeinde und erschließe von ihr her ihr
Verständnis, ihre Lage und vergesse auch Beispiele nicht, in denen
beides zum Ausdruck kommt. – Zusammenfassend gesagt: Wir versuchen, soweit es möglich ist, das Textverständnis der Gemeinde zu
ermitteln, stellen uns ihre Lage sowie einzelne Situationen und Personen vor und lassen auch exemplarisches Textverständnis nicht außer
acht.

a) Textverständnis der Gemeinde. Es ist uns zunächst um das zu
tun, was an Verständnis bzw. Mißverständnis des Textes mutmaßlich
in der Gemeinde vorhanden ist, bevor sie ihm in der Verkündigung
begegnet. Unter Umständen erscheinen hier Eindrücke und Urteile,
auf die wir bereits im Rahmen der persönlichen Betrachtung gestoßen
sind – nur reflektierter. Wir fragen deshalb, welchen Verständnis-
möglichkeiten bestimmte Begriffe und Aussagen des Textes begegnen
und welche Einwände auftreten. Der Prediger führt hier also ein Pre-
digtvorgespräch mit der Gemeinde, falls er es nicht – wozu unbedingt zu raten ist – realiter schon getan hat. In diesem Fall wird er
es jetzt verwerten.

b) Situationsbericht. Von Situationsanalyse zu reden scheint mir zu
hoch gegriffen, gemessen an dem, was jeder unter uns zustande
bringt. Wir geben uns Rechenschaft darüber, in welcher Lage sich die
Gemeinde im Hinblick auf den Text befindet. Von der Soziologie bis
zur Seelsorge kann jetzt alles wichtig werden, was wir wissen. Wir
denken an das, was die Hörer individuell und überindividuell bewegt; z. B. an ein politisches Geschehen, das in aller Munde, oder an
ein jähes Sterben, das in eine Familie eingebrochen ist. Wir wandern
mit dem Text im Geist durch manches Haus, bedenken unsern Ort in
Jahr und Kirchenjahr und wissen Prediger und Gemeinde durch
manche Strömungen bedingt.

c) Exemplarisches Textverständnis. Das biblische Zeugnis tritt uns
als solches oder entstellt auch außerhalb der aktuellen Verkündigung
entgegen. Wir treffen in Presse, Literatur und Kunst, in Liturgie, Geschichte und im Film darauf und nicht zuletzt im Fernsehen und im
Funk. An ausgewählten, fruchtbaren Beispielen läßt sich von der
Verkündigung gelöstes oder von ihr getragenes Verständnis gut aufweisen; z. B. wie „man" in der ersten Nummer der Schülerzeitschrift
„Underground" (die zum Go-in in Friedhöfe am Totensonntag auf-

rief) den Ewigkeitssonntag versteht, gehört in die Dokumentations-
mappe eines Predigers hinein.

2. *Systematisch-theologische Reflexion.* Halten wir an dieser Stelle
der Predigtvorbereitung inne und geben uns Rechenschaft, dann werden wir einer Fülle von dogmatischen und ethischen Fragen gewahr,
vor der wir jetzt stehen. Zunächst einmal sind es über den engen
Raum des Textes hinaus- und in die Biblische Theologie hineinwei-
sende Fragen, die uns die Erklärung selbst bescherte. Nehmen wir
z. B. den Schluß des Lukas-Evangeliums (24,50–53). Die Tatsache,
daß der Scheidende die Jünger segnet, macht es notwendig, über Sinn
und Funktion des Segens in der Bibel überhaupt nachzudenken[7]. Der
interpretierende spätere Zusatz „und fuhr auf gen Himmel" legt
nahe, über Himmel und Himmelfahrt nach neutestamentlichem Verständnis sich Gedanken zu machen, und verweist uns zugleich an das,
was die Kirche darüber lehrt. – Dann aber sind es Fragen, die uns
das Bemühen um die Situation der Gemeinde in nicht geringer Anzahl auf die Seele legte, die aus der Begegnung mit dem Text entstan-
den sind oder noch entstehen. Nehmen wir z. B. aus dem Jakobus-
brief den Abschnitt über die Gemeinde und ihre Kranken (5,13–
18). Da werden Themen wie die Krankenölung bzw. letzte Ölung,
der Zusammenhang zwischen Krankheit und Sünde, Gebet und Heilung, Arzt, unheilbare Krankheit und nicht zuletzt Krankheit und
Seelsorge insgesamt zu bedenken sein; also Probleme, die die Theologie in der Gesamtheit ihrer Disziplinen angehen und betreffen. So
weit ist hier „systematisch-theologische Reflexion" zu fassen. – Zusammenfassend gesagt: Wir nehmen die im Text vorhandenen und
die aufgrund der Gemeindesituation an ihn herangetragenen Fragen
auf und suchen mit Hilfe der systematischen Theologie eine Antwort
zu finden.

a) *Vom Hörer zum Text.* Die erste, wenn auch vielleicht nur kurze
Bewegung, verläuft vom Hörer (Prediger miteingeschlossen) zum
Text. So entsteht eine Konfrontation. Werden die gegenwärtigen Fragen an die theologischen Aussagen des Textes herangebracht, dann
kommt es zur Distanzerfahrung, zur Erfahrung unserer Abständigkeit
vom Text. Diesen Schwierigkeiten, die sich aus der Spannung zwischen damals und heute, zwischen unserem Leben und dem Anspruch
des Textes ergeben, gilt es zunächst einmal standzuhalten. Der seelsorgerliche Charakter einer Predigt, der man anmerkt, daß sich der
Prediger in einer Solidarität der Ratlosigkeit mit der Gemeinde befindet, entsteht hier.

---

[7] Vgl. dazu: C. Westermann, Der Segen in der Bibel und im Handeln der Kirche, München 1968.

b) Vom Text zum Hörer. Die zweite, längere Bewegung verläuft vom Text zum Hörer. So entsteht eine Kommunikation. Vom Text her erwarten die aufgeworfenen Fragen nun eine Antwort. (Die Aussonderung inadäquater und homiletisch nicht ökonomischer Probleme ist selbstverständlich Aufgabe dieser Vorarbeit.) Wir gewinnen sie, indem wir von der Mitte der Schrift ausgehend das, was einer Antwort bedarf, in Beziehung setzen zum Bekenntnis der Kirche. Im Horizont von Schriftmitte, Geschichte und Lehre der Kirche bemühen wir uns, aus den Aussagen des Textes in Auseinandersetzung mit unserem heutigen Denken und Erfahren Antworten zu erarbeiten. Bei diesem Tun erfahren wir die Möglichkeit (aber auch immer wieder das Mißlingen) der Überwindung der zwischen dem biblischen Zeugnis und uns bestehenden Distanz. Aus dem Erleben der Möglichkeit und des Mißlingens wagen wir das Neusprechen des uns aufgetragenen Wortes im Blick auf den sich im Wandel der Geschichte selbst treu bleibenden Herrn. – Wenn man hier einen kurzen Ratschlag noch geben darf, so hilft das Studium einschlägiger, d. h. den Text und die Fragen betreffender dogmatischer und ethischer Loci, Lexica-Artikel und spezieller Kapitel und Aufsätze an dieser Stelle viel. Dieses wenige muß genügen, obgleich das Einbeziehen der dogmatischen Arbeit in die Predigtvorbereitung ein methodisch und praktisch weithin vernachlässigtes Kapitel darstellt.

3. Predigtinvention. Jochen Klepper sagte einmal: „Das Material ist gesammelt. Nun kommt die unbarmherzige Not der Konstruktion." Das Material ist gesammelt! Es geschah auf dem ganzen Weg von der ersten Begegnung mit dem Text bis hierher, besonders aber bei der Zusammenfassung der Exegese und im Vollzug der letzten Schritte. Das Vielfache dessen, was in der kurzen für die Verkündigung zur Verfügung stehenden Zeit gesagt werden kann, wurde durchdacht und liegt vor. Nun kommt die unbarmherzige Not der Konstruktion! Es muß ausgeschieden werden. An manchen, im Verlauf der Arbeit uns vielleicht nahegetretenen oder sogar liebgewordenen Gedanken ist die Frage zu stellen, ob es möglich, sinnvoll oder notwendig ist, ihn aufzunehmen in die Predigt. Das gleiche gilt in bezug auf Beispiele, Bilder, Einwände und Assoziationen. Auch der Textbestand, besonders wenn er von einigem Umfang oder großer inhaltlicher Gedrängtheit ist, kann nicht Aussage für Aussage ausgelegt werden. Wir müssen Schwerpunkte bilden; nicht nach Gutdünken, sondern vor der Exegese verantwortet. Das alles ist für den, der inzwischen mit und in diesem Text lebt, nicht einfach. Aber es muß sein um der Klarheit und Faßlichkeit des uns Aufgetragenen willen. „Konstruktion" ist ein etwas technischer Ausdruck für den Aufbau einer Predigt. Doch da das „Herüberverlegen" dessen, was den Damaligen zu sagen war, ins Heute in Form einer An-Rede geschehen soll, sind ohne Zweifel die dafür geltenden Gesetze zu berücksichtigen, und das heißt nicht zuletzt: das Ganze muß einen Aufbau haben.

a) Predigtziel. Das Ziel der Predigt, und zwar das besondere aufgrund dieses Textes, formulieren wir in unmittelbarer Anlehnung an die in der Exegese erhobene Intention. In ihm soll das zum Ausdruck kommen, was Gott in der Bindung an diesen Text bei der Gemeinde von heute unbedingt erreichen will.

b) Predigtstoff. Der Stoff der Predigt ist vorgezeichnet durch das „Kerygma" der Exegese. Durch die homiletische Reflexion hindurchgegangen, fragen wir nach dem, was aufgrund der Nötigung des Umdenkens und Umsprechens nun wirklich gesagt werden soll. Vor allem wird zu überlegen sein, welche Aussagen des Textes schwerpunktmäßig interpretiert werden müssen, um das ins Auge gefaßte Predigtziel zu erreichen.

c) Predigteigenart. Die Eigenart der Predigt wird bestimmt durch eine dem Gehalt des Textes angemessene Gestalt. Deshalb gilt es jetzt, Aufbau, Auswahl, Einsatz, Vorgehen, Veranschaulichung und Sprache zu bedenken und dies alles womöglich in einer ersten Skizze zu entwerfen.

VI

Die Niederschrift folgt eigenen Gesetzen. Sie stehen hier nicht mehr zur Debatte. Nur sei abschließend noch erwähnt, daß die Intensität, mit der der erste Arbeitskreis „Persönliche Betrachtung" wahrgenommen wird, bis hinein in die Abfassung der Predigt ihre Wirkung hat. Das, was dort gesehen wurde, wird hier beschrieben. Die Leuchtspur, die eine Predigt zum Geschehen für den Hörer macht, entspringt in der Meditation des Textes.

Der Weg vom Text zur Predigt — gepredigt

Joh. 20, 19–23

Auf dem Hesselberg im südlichen Franken findet jährlich am Pfingstmontag ein Kirchentag statt. Tausende von Gemeindegliedern aus den umliegenden Dörfern, aber auch aus den entfernteren Städten, ja selbst aus dem nahegelegenen Württemberg versammeln sich zum Gottesdienst am Vormittag im Freien und zu einer Nachmittagsveranstaltung. Bis zum heutigen Tag ist dieser Kirchentag eine lebendige Veranstaltung und ein für das kirchliche Bewußtsein der evangelischen Gemeinden in Franken und Bayern bedeutsames Ereignis.

Da inzwischen auch im ländlichen Raum die Christen immer stärker vom Weitergehen der wissenschaftlichen Theologie und von den Ergebnissen der exegetischen Forschung hörten, entstand in manchen Kreisen Unruhe. Es wurde nötig, eine Hilfe zur besseren Beurteilung der modernen Bibelforschung und zu einer angstfreien Begegnung mit diesem Fragenkreis zu geben. Die mir zuteil gewordene Aufgabe bestand darin, im Gottesdienst mit der Gemeinde den Weg vom Bibeltext bis zur Predigt zu gehen und ihr zu zeigen, wie eine methodisch geordnete Predigtvorbereitung aussieht oder jedenfalls aussehen kann. Zwischen den einzelnen und deutlich markierten Schritten der Predigtarbeit wurde jeweils eine Choralstrophe mit Posaunenbegleitung gesungen.

I.

Liebe Kirchentagsgemeinde! Es ist nicht mehr selbstverständlich, ein Christ zu sein, und es wird schwieriger, den Glauben zu bekennen. Wir brauchen bessere Fundamente! Wir brauchen mehr Bildung in bezug auf die Bibel.

Der „Streit um die Bibel" – so ist es in dem Grußwort in unseren Händen aufs beste gesagt – „hilft ... aus mancher allzu großen Selbstverständlichkeit, aus unlebendig gewordener Tradition und bloßer Gewöhnung heraus und wieder neu in die Bibel hinein! ... Um dies der großen Pfingstgemeinde auf dem Hesselberg zu ermöglichen, soll diesmal die Predigt die Gestalt einer Bibelarbeit haben".

Genauer: Wir wollen miteinander die Predigt vorbereiten und einen Bick in die Werkstatt tun. Wir wollen sehen, wie sich Forschung und Verkündigung zueinander verhalten. Wir wollen erkennen, daß die Theologie nicht nur den Glauben beschwert, sondern ihm auch hilft, sich selber besser zu verstehen; wir wollen darauf achten, wie das Wort Gottes an die Damaligen zum Gotteswort für uns Heutige wird.

Es sind vier Stationen, die wir in gebotener Kürze durchschreiten müssen, vier Aufgaben, die vor uns liegen: 1. Betrachten, 2. Erklären, 3. Auslegen, 4. Verkündigen.

II.

Persönliches Betrachten

Wir begegnen zum ersten Mal dem Text und zwar mit unbewaffnetem Auge und lesen ihn: *„Am Abend ... desselben ersten Tages der Woche, da die Jünger versammelt und die Türen verschlossen waren aus Furcht vor den Juden, kam Jesus und trat mitten ein und spricht zu ihnen: Friede sei mit Euch. Und als er das gesagt hatte, zeigte er ihnen die Hände und seine Seite. Da wurden die Jünger froh, daß sie den Herrn sahen. Da sprach Jesus abermals zu ihnen: Friede sei mit Euch! Gleichwie mich der Vater gesandt hat, so sende ich Euch. Und da er das gesagt hatte, blies er sie an und spricht zu ihnen: Nehmet hin den heiligen Geist! Welchen ihr die Sünden erlasset, denen sind sie erlassen; und welchen ihr sie behaltet, denen sind sie behalten."*

In dieser persönlichen Begegnung, die wir „Betrachten" nennen, liegt das Gewicht auf dem Bibelleser. Es geht um sein Vorverständnis, d. h. um das, was vor dem wissenschaftlichen Erklären an Verständnis vorhanden ist. Wir notieren deshalb – es kann ganz ungeordnet sein – unsere Eindrücke, Beobachtungen, Fragen und Widerstände:

Es ist der Abend des Ostertages; aber für die Jünger war es noch nicht Ostern geworden.

Sie verriegeln sich gegen die Umwelt; aus Furcht. Ist das nicht typisch christlich? Angst vor der Welt?

Wie kann Jesus durch verschlossene Türen kommen?

Zweimal spricht der Gekommene „Friede sei mit Euch!"

Die Tatsache, daß er sie sendet, könnte soviel heißen wie: Türen aufmachen nach außen!

Die Formulierung „er blies sie an" mag manchen daran erinnern, daß Gott den Menschen anhauchte, als er ihn schuf.

Was ist der heilige Geist?

Und dann steht da ein Wort, vor dem wir unter Umständen zurückschrecken: Das Wort vom Behalten der Sünde.

Betrachten wir das Ganze, so drängt sich uns der Gedanke auf: So wie am Schluß des Matthäusevangeliums der Missionsbefehl steht, könnten wir es hier gegen Ende des Johannesevangeliums mit dem Missionsbefehl nach Johannes zu tun haben.

Das genügt für das persönliche Betrachten. Es sollte uns lediglich mit dem Text vertraut machen und ein Gespräch mit ihm anbahnen.

III.

Wissenschaftliches Erklären

Wir begegnen nun dem Text in einer anderen Weise und zwar mit bewaffnetem Auge; d. h. mit den Mitteln der wissenschaftlichen Bibelerklärung.

In dieser verstehenden Begegnung, die wir „Erklären" nennen, liegt das Gewicht auf dem Text. Er soll hell und klar gemacht, unser Vorverständnis von ihm vertieft oder korrigiert werden. Die Frage, die uns dabei leitet, ist streng historisch. Sie lautet: Wie wurde unser Abschnitt damals, von seinem Verfasser und von den zeitgenössischen Hörern verstanden? Unsere Gegenwart bleibt dabei außer acht.

Wir wissen heute, daß die Überlieferungen von Jesus zunächst mündlich weitererzählt – der Ort dieses Weitererzählens war in erster Linie die Verkündigung, die Predigt – und dann in Quellenschriften schriftlich gesammelt wurden. Eine solche Quellenschrift, die wir nicht mehr kennen, lag vermutlich dem späten Verfasser des Johannesevangeliums vor. Aus dieser Quelle entstammt unser Abschnitt. Das erkennt man daran, daß er weder zum Vorangehenden noch zum Folgenden eine Beziehung besitzt. Er wurde aber hierher gesetzt im Blick auf die Entdeckung des leeren Grabes, die das zwanzigste Kapitel einleitet und soll nun sagen: Das leere Grab genügt nicht, um Glauben zu wecken. Er entsteht erst, wo der Auferstandene persönlich von seiner Lebendigkeit überzeugt.

Nun sollen einige erklärende Bemerkungen zu den einzelnen Versen folgen:

V 19 Geschildert wird der Abend des Auferstehungstages und damit in bewußter Absicht der erste christliche Sonntag. Die versammelten Jünger gelten dem Verfasser wie in Kapitel 13–16 nicht als Träger eines besonderen Amtes, sondern sie vertreten die Gemeinde. Die verschlossenen Türen haben in unserem Bericht den Sinn, die entschränkte Leiblichkeit des Auferstandenen und sein Kommen als Wunder zu erweisen. Sein neues Leben bedeutet nicht Ferne, sondern Nähe, die er vollzieht, wann und für wen er will.

3*

V 20 Nach dem Friedensgruß, in dem er sich mit denen, die ihn verlassen haben, aufs neue verbindet, erweist er sich durch Vorzeigen der Nägelmale als der Gekreuzigte. An dieser Übereinstimmung muß der Urgemeinde ungeheuer viel gelegen haben. Nun erkennen sie ihn. Sein Wort aus den Abschiedsreden: „Ich will Euch nicht als Waisen zurücklassen; ich komme zu Euch" geht in Erfüllung. Der Evangelist meint es hintergründig: dieser Tag, diese Stunde, in der Christus Menschen seines neuen Lebens überführt, kann für uns jederzeit anbrechen.

V 21 Der Friedenswunsch wird wiederholt, und der Missionsauftrag schließt sich an. Die Osterzeugen sollen Friedensboten sein. Das nachdrückliche „Gleichwie" beantwortet die Frage „Wie geht es nach Jesus weiter?" mit der Feststellung: Die Sendung der Jüngergemeinde durch Jesus ist die Fortsetzung seiner eigenen Sendung durch Gott.

V 22 In schöpfergleichem Handeln rüstet er die Anwälte seines Lebens zu: „Nehmet hin den heiligen Geist!" Wir stoßen hier darauf, daß der vierte Evangelist Ostern, Himmelfahrt und Pfingsten als einen einheitlichen Vorgang und nicht als zeitlich getrennte Ereignisse ansieht. Die Spannung, in die er damit zum Pfingstbericht der Apostelgeschichte tritt, ist nicht auszugleichen.

V 23 Bei Johannes hat dieser Vers mit der Einzelbeichte nichts zu tun. Er stellt vielmehr fest: Die Scheidung, die sich an Jesus ereignete, wird sich hinfort an seinen Boten ereignen. Wo ihrem Zeugnis Glauben begegnet, ist ihre entscheidende Gabe Vergebung der Sünden, Friedensschluß mit Gott; wo nicht, bleibt die Entfremdung von Gott bestehen.

Hier schließt die Erzählung. Ein Interesse, das Verschwinden Jesu zu schildern, ist ebenso wenig vorhanden wie bei seinem Kommen.

Damit sind viele Fragen aufgeworfen, denen wir – da wir doch zu einer Predigt kommen wollen – im einzelnen gar nicht nachgehen können. Das tut die Theologie, die auch unabhängig von der Verkündigung an ihnen arbeitet. Wir hingegen müssen zu einer einfachen Zusammenfassung finden, die die theologische Absicht, das Verkündigungsziel des Textes klar formuliert. Sie lautet: Der Auferstandene überzeugt die Gemeinde von seiner Lebendigkeit und macht sie zu Trägern seiner Sendung.

IV.

Gegenwartsbezogenes Auslegen

Wir begegnen nun dem Text noch einmal in einer neuen Weise und zwar mit dem Blick auf unsere Zeit. In dieser ihn vergegenwärtigenden Begegnung, die wir „auslegen" nennen, liegt das Gewicht auf der Gemeinde. In ihre Lage und in ihr Leben sollen die alten Worte nun hinüberverlegt werden, weil Gott in der Gegenwart zu uns reden will. Deshalb müssen wir unseren Abschnitt nun auf Anrede hin bedenken, auf Anrede an die heutige Gemeinde.

Drei Aufgaben sind in diesem Zusammenhang wenigstens kurz zu skizzieren: 1. Die Gemeinde und ihre Fragen; 2. die Kirche und ihre Lehre; 3. der Prediger und seine Aufgabe.

1. Die Gemeinde und ihre Fragen. – Die Gemeinde, auf die hin unser Bibelwort bedacht werden muß, sind wir selbst, die Kirchentagsgemeinde.Wie schwer, beinahe unmöglich es ist, ihren nicht zu zählenden Schicksalen, Erwartungen, Ängsten und Fragen gerecht zu werden, weiß in diesem Augenblick jeder selbst. Man kann nur beispielsweise einiges nennen: Es ist eine Gemeinde an Pfingsten, und sie trifft auf einen Ostertext. Sie hat von Auseinandersetzungen um das Ostergeschehen innerhalb der Evangelischen Theologie gehört. Mancher mag in bezug auf den Prediger denken: Wird er modern oder im Sinne des uns vertrauten alten Glaubens seine, unsere, die Sache des Herrn vertreten? Es sind Unterschiede des Alters, des Berufes, des Interesses, der Bildung unter uns, verschiedene Grade der Reife im Glauben, verschiedene politische Auffassungen, die wir vertreten. Wie kann diese bunte Menschenschar, in der jeder eine Welt für sich ist, von der Lebendigkeit des Herrn überzeugt und Träger seiner Sendung werden?

2. Dazu hilft: *Die Kirche und ihre Lehre* – Die Kirche hat eine Lehre von Anfang an. Diese Lehre – und darum bedarf es der Theologie – wird immer wieder neu von der Bibel her auf die jeweilige Gegenwart hin entworfen. Mit dieser Lehre wird nun unser Text in Beziehung gebracht; denn er enthält – das hat uns die Erklärung gezeigt – zwei wichtige Lehrfragen: Die Frage nach dem Auferstandenen und die Frage der Geistmitteilung. Die zweite wird in der Predigt Erwähnung finden, die erste soll hier beantwortet werden.

Die Schwierigkeiten, die Ostertexte zu erklären, sind riesengroß. Aber je verwirrender sie sich uns darboten, desto geheimnisvoller enthüllte sich ihre Übereinstimmung an den entscheidensten Punkten. Über das Wie der Auferstehung, über den Vorgang wissen wir nichts. Niemand kann Gott bei seinem Wirken sehen. Das Daß, ihre Tatsächlichkeit, ist unbezweifelbar gewiß. Was wir historisch einigermaßen sicher ausmachen können, ist dies: Am Ostermorgen entdeckt Maria aus Magdala das leere Grab. Jesus ist den von Paulus genannten Zeugen erschienen, und zwar als der Erhöhte vom Himmel her. „Eindeutig ist, daß ... die Entdeckung des leeren Grabes keinen Glauben erweckt hat, sondern erst der Auferstandene Jesus selbst, der seinen Jüngern entgegentrat." Und dieses Entgegentreten verstanden sie als ein In-Dienstgenommen-Werden. Alles ist umgriffen von der Wahrheit, daß im neuen Leben des Gekreuzigten Gott selbst seine Herrschaft begonnen hat. Unsichtbar, aber ganz gewiß, schreitet er durch die Zeiten und erweist sich lebendig und uns als Kraft, die in den Schwachen mächtig ist.

3. Der Prediger und seine Aufgabe. – Davon ist nicht mehr viel zu reden. Das, was er gehört und gesehen hat, auf diesem nun hinter uns liegenden Weg, soll er weitergeben; nein! Soll er zusprechend bezeugen. Von den Kämpfen, Anfechtungen und Zweifeln, die ihn an dieser Stelle oft befallen, ist hier nicht der Ort zu sprechen. (Vielleicht wäre es gut, wenn die Gemeinde mehr davon wüßte und von ihren Pfarrern darüber unterrichtet würde.) Hier helfen keine Bücher mehr, nur beten und fasten!

Hat er sich durchgerungen, dann tritt das Ganze in Gestalt einer Rede ans Tageslicht. Dieses Gesetz muß er beachten. Sie muß klar, furchtlos, liebevoll und verständlich sein. Sie soll in unserem Fall das Mittel werden, dessen sich der Auferstandene bedient, wenn er es will, um zu dieser Gemeinde zu kommen.

Wenn wir gesungen haben, dann wollen wir – sie wird kürzer als gewöhnlich sein – die Predigt hören. Wir begegnen dann dem Text in einer vierten Weise und zwar mit dem Blick auf den sich in seinem Wort selbstbezeugenden lebendigen Herrn.

In dieser zusprechenden Begegnung, die wir „Verkündigen" nennen, liegt das Gewicht auf ihm. Uns bleibt lediglich die Bitte, daß er seiner Verheißung gemäß in unsere Mitte trete.

V.

Verkündigendes Zusprechen

1.

Liebe Gemeinde! In unserer Landeskirche mehren sich die Stimmen, die beunruhigt nach einer „Evangelischen Erneuerung" fragen. Sie können sich nicht damit abfinden, daß wir weithin von dem leben, was aus einer vergangenen Zeit überliefert ist. Dieses Überlieferte wird ja auch dünner und dünner. Es kommt kein neuer Zufluß von höchster Stelle. Die Kraft von oben verringert sich immer mehr durch die bloß menschliche Übereinkunft von Mensch zu Mensch, und also geht es mit der Kirche zurück.

Ist es verwunderlich, daß viele unter uns deshalb nach einem neuen Pfingsten rufen? Ist es verwunderlich, daß das letzte Pfingstlied unseres Gesangbuches mit der Strophe endet: „Du Heiliger Geist, bereite ein Pfingstfest nah und fern!"?

2.

In diese Unruhe, aus der wir kommen und in die wir gehen, spricht der erhöhte Herr: „Nehmet hin den heiligen Geist!" Die Gebärde des Anblasens, mit der er sein Wort verbindet, gemahnt an den Schöpfer, der aus dem Nichts Leben schafft und der Nacht Licht abringt. Die Form, die er wählt, erinnert an das Abendmahl, in dem sich der Gehende zum Bleibenden macht: „Nehmet hin und esset! Nehmet hin und trinket! Nehmet hin den heiligen Geist!"

Viele unter uns werden mit dem Heiligen Geist nicht viel anzufangen wissen und weder zu noch um ihn beten. Eingedenk der Pfingstgeschichte, die vom Verwundern und Entsetzen redet, könnte man auf den Gedanken kommen, ihn für ein rauschendes, reinigendes Gewitter zu halten.

Jesus hat die glaubende Gemeinde anders unterwiesen: „Derselbe wird mich verherrlichen; denn von den Meinen wird er's nehmen und Euch verkündigen." „Von den Meinen wird er's nehmen"; das heißt, es wird Geist vom Geist Jesu sein. Er wird wie Jesus selber arm an Gestalt, unkenntlich in der Erscheinung, aber reich an Wirkungen und nur den Augen des Glaubens wahrnehmbar sein. Der Heilige Geist wird wie Jesus selber ein sich erniedrigender und menschwerdender Geist; Menschen werden seine Träger sein. Darum antwortet die bekennende Gemeinde: Nicht ich sehe, sondern „Ich glaube an den Heiligen Geist".

3.

„Eine heilige christliche Kirche." – Wir sind hier als eine pfingstliche Gemeinde versammelt; d. h. wir kommen nicht nur von Ostern, sondern auch von Himmelfahrt her. Aber es könnte sein, daß es bisher für uns weder Ostern noch Himmelfahrt geworden ist, weil das Leben des Herrn noch keine Macht über uns gewonnen hat.

Das sieht man an den verschlossenen Türen, mit denen wir uns abriegeln vor wirklichen und vermeintlichen Gegnern Jesu. Es herrscht Furcht in unserer Kirche, Furcht Bekenntnistreuer vor der modernen Theologie, Furcht forschender Theologen vor dem einfachen Gemeindeglauben, Furcht kritischer Christen vor Verbürgerlichung der Kirche, Furcht unter uns allen, was in dieser bewegten Zeit mit uns werden soll.

Da tritt Jesus mitten ein und spricht, seine Stimme menschlichem Mund anvertrauend: „Friede sei mit Euch!" Er kommt auch jetzt als der Gekreuzigte, dem keine Macht anzusehen ist, tief verborgen unter dem Botenwort und spricht: „Warum seid Ihr so furchtsam?"

An dieser Übereinstimmung der Worte und der Unscheinbarkeit erkennen wir ihn und sprechen: „Ich glaube an den Heiligen Geist, eine heilige, christliche Kirche."

4.

„Die Gemeinde der Heiligen." – Unsere große Versammlung trägt ihren Zweck keineswegs in sich selbst. Zu oft haben wir uns an unserem Zusammensein in der Kirche und als Gemeinde lediglich erfreut oder geärgert, ohne zu bemerken, daß der Auferstandene seine Hand auf uns legte und sprach: „Gleichwie mich der Vater gesandt hat, so sende ich Euch!" Sein Kommen in unsere Mitte hat diesen Zweck.

Er schickt uns geradezu aus unserem Fürchten hinaus und löst unsere Versammlung auf. Nicht, um sie aufgehen zu lassen in den Ebenen und Tälern drunten, sondern um in, mit und unter uns hinunterzugehen zu denen, die dort wohnen.

Er fordert nicht auf: Ihr sollt dies oder jenes tun bzw. reden! Er ruft nicht, wozu man uns so gerne mißbrauchen möchte, zu konkreten Aktionen auf. Sondern er sendet, indem er einfach feststellt: „Ihr werdet meine Zeugen sein." Ihr werdet es sein! Ungefragt.

An dieser souveränen Beschlagnahmung, mit der er heiligend und sendend seine Hand auf uns legt, erkennen wir ihn und sprechen: „Ich glaube an den Heiligen Geist, die Gemeinde der Heiligen."

5.

„Vergebung der Sünden." – Wir sind hier als eine Gemeinde begnadigter Menschen versammelt; d. h. der Auferstandene ließ sich von uns nicht erbittern; er trat uns in den Weg, als wir uns von ihm wenden wollten und schloß Frieden, indem er uns einen Auftrag gab.

Auch das geht weiter. Durch uns. Es ist beinahe zum Erschrecken. Wo die von Christus Ergriffenen auftreten, da trifft man auf ihn, da wird der Graben zwischen Gott und Mensch zugeschüttet, da ereignet sich Vergebung der Sünden. Da verstummen aber oft auch die Gesandten unter dem Widerstand, der ihnen begegnet. Dann wird Sünde behalten, dann bleibt Sünde bestehen und tut ihr Werk.

An dieser Bevollmächtigung der Glaubenden, die uns unglaublich erscheint, erkennen wir den Herrn und sprechen: „Ich glaube an den Heiligen Geist, Vergebung der Sünden."

6.

Ich glaube an den Heiligen Geist, eine heilige christliche Kirche, in der er mich und ihre Glieder von der Lebendigkeit des Herrn überzeugt, so daß ich, ob ich ihn auch nicht mit meinen Augen sehe, doch weiß, daß mein Erlöser lebt.

Ich glaube an den Heiligen Geist, die Gemeinde der Heiligen, in der er mich und ihre Glieder zu Trägern seiner Sendung macht, so daß ich, ob ich auch diese Last nicht tragen kann, doch weiß, daß ich sein Zeuge bin.

Ich glaube an den Heiligen Geist, Vergebung der Sünden, durch die er mich und alle Glaubenden aus der Entfremdung von Gott befreit, so daß ich, ob es mir auch unbegreiflich scheint, doch weiß, daß mir vergeben ist. Amen.

Unsere Kasualpraxis —
eine gottesdienstliche Gelegenheit!*

Die Kasualien, zu denen die Taufe strenggenommen nicht gehört, aber praktisch gerechnet werden muß, sind unversehens in den Mittelpunkt des kirchlichen Interesses und der theologischen Diskussion gerückt. „Unversehens" heißt: Es ist ziemlich schnell gegangen; wir haben es gar nicht so genau gemerkt; wir müssen uns nun damit befassen und mit der neuen Realität zurechtkommen. Das kann theologisch nur so geschehen, daß wir fragen: Welche Gestalt will der Dienst Gottes durch das Mittel unseres Dienstes in der Situation, von der wir sprechen, annehmen? Wir gehen dieser Frage in fünf kurzen Kapiteln nach.

I. Die Amtshandlungen: Theologie und Teilnahmeverhalten

Sieht man von den Lehrbüchern der Liturgik ab, die wenig ins Bewußtsein der Kirche gedrungen sind, dann wurden die Amtshandlungen der Kirche meistens vom Verkündigungsauftrag her begründet. Die Realenzyklopädie (RE 10, 112 ff.) referiert nur über die Kasualrede; die älteren Praktischen Theologien in der Regel auch. G. Dehn, die wichtigste Stimme gleich nach dem Kriege, sagte: „Unsere Aufmerksamkeit richtet sich ... in erster Linie auf die Casualpredigt, in der das Casuale am stärksten aktualisiert ist."[1] Sie sind „Sonderfälle des einen Auftrags der Kirche"[2].

In Bewegung geriet alles erst durch R. Bohren: „Unsere Kasualpraxis – eine missionarische Gelegenheit?" (1960)[3]. Ihm zufolge ist sie die für den Pfarrer unmenschliche Ungelegenheit, die Christen ohne Kirche und tote Gemeinden produziert. So heiß die dadurch entfachte Diskussion auch geführt wurde – die Veränderungen in der Praxis blieben aus. Sie blieben aus, wenn man sie nicht in der nun

---

* Referat, am 19. Februar 1976 gehalten vor dem Theologischen und dem Rechtsausschuß der Arnoldshainer Konferenz in Hofgeismar.

[1] G. Dehn, Die Amtshandlungen der Kirche. Stutgtart 1950, 13.

[2] M. Metzger, Kasualien, in: RGG[3], 3, 1164.

[3] R. Bohren, Unsere Kasualpraxis – eine missionarische Gelegenheit? München 1960 (Theologische Existenz heute 147). – Die „dritte, ergänzte und erweiterte Auflage 1968" enthält ein bedeutsames „Nachwort" (44–56).

anhebenden „Phase bewußter Diskreditierung" sehen will[4]. In ihr
haben nach einem Votum von W. Wilken „schlecht präparierte Pa-
storen", die die Amtshandlungen theologisch in Frage stellten, „mit
. . . lieblosen Ansprachen" die Zuhörer vergrault[5].

Aber nicht so sehr! Die Leute hielten an den Kasualien fest. Und
nun wandelte sich unter der allgemeinen Stabilisierungstendenz und
dem wachsenden Vergewisserungsbedürfnis die Szene schnell. Nachdem die Pastoralpsychologie die Sache in die Hand genommen hatte,
erschienen bei H. J. Thilo, „Beratende Seelsorge . . . dargestellt am
Kasualgespräch" die Kasualien als neue Gelegenheit[6]. Ihre Aufwer-
tung hatte eingesetzt und griff dem ununterbrochen weitergegange-
nen Dienst der Kirche unter die Arme. Aber die Pfarrer waren nun
unsicher.

Zuletzt tauchte die Demoskopie alles noch einmal in ein neues
Licht. In erster Linie die EKD-Studie „Wie stabil ist die Kirche?"
Die Ergebnisse sind bekannt: „Die am weitesten reichende Gemeinsamkeit der Evangelischen in ihrem Verhältnis zur Kirche sind die
Amtshandlungen." Die Menschen haben also unabhängig von den
Wandlungen in der Theologie an ihnen teilgenommen. „Es scheint
unausweichlich, daß die Bedeutung dieser kirchlichen Handlungen
. . . von der Kirche neu eingeschätzt, schlicht in Theologie und Praxis
aufgewertet wird."[7]

Daraus ergeben sich im einzelnen mehrere Fragen. – 1. In der bi-
blisch-reformatorischen Tradition haben wir Gemeinden, die um den
Gottesdienst als Versammlung der an Christus Glaubenden zentriert
sind und einen dementsprechend ausgerichteten Gemeindeaufbau. Wie
ist das Verhältnis der Kasualversammlung dazu, die – wie wir sahen
– auch eine Art Treue des Teilnahmeverhaltens aufzuweisen hat,
theologisch einzuschätzen und zu ordnen? 2. Die Amtshandlungen
wurden – auch das steht uns vor Augen – in der Regel als kasuell
gebundene Sonderfälle der Verkündigung eingestuft. Genügt diese
vorwiegend homiletische Begründung vor allem im Blick auf ihre
(noch zu erwähnenden) Konsequenzen? 3. Da weitere Begründungs-
zusammenhänge kaum ins kirchliche Bewußtsein gedrungen sind, fragen wir endlich: Was nötigt die Kirche, an lebenszyklischen Krisen-
stationen im Namen Jesu Christi an den betroffenen Menschen als
Gemeinde zu handeln?

---

[4] A. Völker, Amtshandlungen als Dienst der Kirche heute. Unveröffentlichtes
Manuskript 1975, 1.

[5] W. Eilken, Ausblutende Kirche. In: Ev. Komm. 7, 1974, S. 47 f.

[6] H. J. Thilo, Beratende Seelsorge. Tiefenpsychologische Methodik dargestellt
am Kasualgespräch. Göttingen 1971.

[7] H. Hild (Hg.), Wie stabil ist die Kirche? Bestand und Erneuerung. Ergebnisse
einer Meinungsbefragung. Gelnhausen 1974, 236.238.

II. Lebenszyklus, Zukunft und Gnade

Eine fast freundliche Nötigung kommt von außen. Die rituelle Begleitung an Übergangsstationen, die mit der Sinnfrage zu tun haben, wird immer mehr als unerläßlich entdeckt und der Kirche als Domäne zuerkannt. Ich halte sie aber für nicht sehr stabil. Innerhalb der Kirche haben wir folgenden (von J. Matthes vorgetragenen und am weitesten gehenden) Gedankengang: a) Es gibt gottesdienstliche Veranstaltungen, die einen besonderen Stellenwert im Lebenszyklus und Jahresrhythmus haben und darin sozio-kulturell abgestützt sind. b) Sie weisen eine relative Stabilität volkskirchlichen Teilnahmeverhaltens auf. c) Ihre defizitäre Behandlung bedroht den Bestand der Volkskirche. d) Deshalb „bedarf es einer Verlagerung der Handlungsprioritäten in Richtung auf die Amtshandlungen ...“[8]. Seit geraumer Zeit – dies wäre ein zweiter, nicht so weit gehender Vorschlag – verlegt die Pastoralpsychologie den Akzent von der Kasualverkündigung auf das Kasualgespräch und bewegt sich am ehesten in die von J. Matthes angezeigte Richtung einer „integralen Amtshandlungspraxis“. Gemeint ist damit, die Mehrschichtigkeit der Lebenswirklichkeit aller Beteiligten zu beachten. Ein dritter Versuch in privatagendarischer Form kommt von drei hessischen Pfarrern: „Gottesdienst menschlich.“[9] In ihren Bemühungen, auf die Beteiligten einzugehen, sind diese Entwürfe beachtenswert. Sie reduzieren aber die Handlungselemente bis auf einen untilgbaren Rest und dominieren wieder im Verbalen.

Gemeinsam ist allen: Sie bewegen sich von der bevorzugten Stellung der Verkündigung weg, wobei selbst die Verfasser des letztgenannten Buches dies erreichen wollten. Sie bemühen sich, menschenbezogener und bedürfnisoffener zu sein. Sie sind bestrebt, der Mehrschichtigkeit der Amtshandlungen gerecht zu werden und werten sie dadurch auf. Aber sie verlagern die Mitte der Gemeinde vom neutestamentlich klar beauftragten Gottesdienst der im Namen Jesu Versammelten auf ein weniger klar begründbares Handlungsfeld. Eine mehr an der Humanität Jesu orientierte Ausgangslage ist nicht auszuschließen, läßt sich bei Barth/Grenz/Horst sogar erweisen. Und als Ziel dürfte der Gedanke menschlicher Sozialisation näherliegen, als die dem christlichen Gottesdienst inhärente Heilssorge, die eine Ein-

---

[8] J. Matthes, Volkskirchliche Amtshandlungen, Lebenszyklus und Lebensgeschichte; in: J. Matthes (Hg.), Erneuerung der Kirche. Stabilität als Chance? Folgerungen aus einer Umfrage. Gelnhausen 1975, 111.

[9] F. K. Barth/G. Grenz/P. Horst, Gottesdienst menschlich. Taufe, Konfirmation, Abendmahl, Eheschließung, Beerdigung. Eine Agende. Wuppertal 1973.

gliederungshilfe in die menschliche Gemeinschaft, genauer in die Gemeinde der Glaubenden ausdrücklich enthält.

Die Schwierigkeiten einer theologischen Begründung oder Neubegründung der Amtshandlungen sind damit deutlich. Sie werden verschärft durch die Stellenlosigkeit der Kasualien in der Praktischen Theologie – sie sind nirgends ganz zu Hause – und durch die Umdeutungsanfälligkeit, die mit der lebenszyklischen Verankerung gegeben ist. Dennoch scheint mir gerade darin auch der Ansatz einer theologischen Klärung enthalten zu sein.

Die den Kasualien zugrunde liegenden Ereignisse im Lebenslauf sind biblisch-theologisch gesehen Kairoi, d. h. kritische Situationen bzw. Entscheidung fordernde Lagen, in die der Mensch geführt wird. Die Unterscheidung zwischen Chronos und Kairos läßt das noch deutlicher hervortreten. Chronos ist die ablaufende, der menschlichen Beeinflussung entzogene Zeit. Von daher gewinnen wir eine theologische Fassung des Begriffes „Lebenszyklus". Aus Gottes schaffenden Händen geht der Mensch hervor, durchschreitet den ihm zubemessenen Lebenskreis, auf dessen Dauer er keinen Einfluß hat, und kehrt durch Gottes Ruf zu ihm zurück. Innerhalb dieses Ablaufes gibt es von Gott eingestiftete und gesetzte Zeitpunkte, Augenblicke, in denen der Kairos auf den Chronos trifft. Diese, dem Menschen zur Entscheidung gegebene Zeiten und ihre Bewältigung sind für sein Leben von größter Wichtigkeit und von Gott her gesehen, Berufungen zur Gnade.

Für uns Menschen – die Einbezogenen sind neben den unmittelbar Betroffenen immer mitgemeint – stellen sich diese lebenszyklischen Stationen als Krisen dar. Aktives Beteiligtsein und passives Beladenwerden liegen unscheidbar ineinander. Sie werden dementsprechend als ambivalent empfunden: als Gelegenheit und als Gefahr. Gerade in den vordergründig „glücklichen" Kasualien ist das Gefährdende nur mühsam verdeckt. Die Gefährdung geht von dem bedrohlichen Charakter der Zukunft aus, von den unberechenbaren, aber erahnbaren Möglichkeiten, die sie enthält. (Die Rede von magischen Beweggründen sollte beendet werden; die Theologen wissen meistens nicht genau, was sie damit meinen!) Aus diesem Grunde wurden die biographischen Zäsuren seit Menschengedenken in die Religionsgeschichte, und bereits in der Pristerschrift in die Gottesgeschichte hineingenommen. Hier bei dem, was J. Matthes das sich Entziehende und doch uns Betreffende nennt, bei der Zukunft als dem Bedrohlichen, stehen wir vor dem tiefsten Grund für die relative Stabilität des volkskirchlichen Teilnahmeverhaltens.

Hinter dem, was wir das Bedrohliche oder das sich Entziehende genannt haben, steht der verborgene Gott. Dies zu sagen und zu bezeugen ist Aufgabe der Theologie. Gott gibt im Ablauf der Zeit (Chronos) die Gelegenheiten (Kairoi) in die Verfügung seiner Geschöpfe; er beglückt und bedroht; er entzieht sich und ist zugegen. Er ist die Fülle und Qualität der Zeit. Aber er tut es als der Verborgene und ist damit selbst das, was bedroht, der Bedrohliche. Die biblische Theologie läßt erkennen, daß Gott selbst darunter gelitten hat, der Bedrohliche zu sein. Deshalb stellte er sich in Jesus Christus als der Gnädige vor, der Gnädige vor den Bedrohlichen und stellte sich in den dahinfließenden Ablauf der geschichtlichen Zeit als Kairos hinein. Seitdem können alle Zeitpunkte auf ihn bezogen und als Berufung zur Gnade ergriffen und bewältigt werden. In den Amtshandlungen der Kirche will Gott als der Gnädige erscheinen. Dies zu sagen und zu bezeugen ist Aufgabe der Theologie.

Sie wird konkret in dem, was die Gemeinde tut. Das Leben des Herrn verkörpert sich in den Diensten der Gemeinde, so sehr der delegierte und zugerüstete Amtsträger für unser menschliches Auge im Vordergrund steht und auch nur in notvollen Ausnahmen zurücktreten kann. In den Handlungen der Gemeinde an ihren Gliedern in bestimmten Situationen nimmt der Dienst Gottes in unserem Dienst wahrnehmbare und verstehbare Gestalt an. Und zwar sind es Handlungen, wie die deutschen Worte Taufe, Konfirmation, Trauung und Beerdigung es sagen, Handlungen, in denen sich der verborgene Gott vorstellt und sich, in eine bestimmte Situation hineingehend, zu erkennen gibt. Sie tragen die Form von Stationsgottesdiensten, die aus dem Gemeindegottesdienst heraus entwickelt worden sind, in denen benediktorisch, segnend gehandelt wird. Ihr Sinn besteht darin: Wie die leibliche Gegenwart Jesu jeweils das konkrete Heute in das Licht des göttlichen Heils tauchte, so kann seitdem durch den Glaubensbezug in jeder neuen Stunde die erlösende Kraft im Leben des Menschen wirksam werden[10].

III. Kairologische Betrachtung der Amtshandlungen

Kasualien sind kirchlich begangene Torsituationen. Der Mensch betritt einen neuen Lebensraum. Das ist immer mit einem kleineren oder größeren Quantum Furcht verbunden. Wie die Domportale mit ihren, in den heiligen Bezirk hineingenommenen Tiersymbolen zeigen, wurden die Anfänge und Eingänge bestanden durch Bannen der Dämonen und Heiligen der Zeit.

---

[10] H. Chr. Hahn, Art. „Zeit (kairos)" in: L. Coenen (Hg.), Theologisches Begriffslexikon zum Neuen Testament, Bd. 2/2. Wuppertal 1971, 1462–1466.

1. Die Taufe – ist eine Handlung, durch die der mit Wasser Besprengte oder Untergetauchte mit Leib, Seele und Geist in das Reich Gottes inkorporiert wird. Der Wunsch, sich auf den Herrn dieses Reiches, den Vatergott Jesu verlassen zu können, ist Bedingung dieser Handlung. Bei der Kindertaufe steht dieser Wunsch im Herzen der Eltern. Die Kirche erkennt ihn an. Das erfordert aber, damit dieser Wunsch zu seinem vollen Bewußtsein und zur Einsicht in die damit verbundene Verpflichtung komme, die Taufe mehr und mehr mit Taufseminaren für Eltern zu verbinden.

2. Die Konfirmation – ist eine Segenshandlung an einem Getauften, der den Wunsch, der in den Herzen der Eltern stand, nun als den seinigen übernimmt und sich vor der Gemeinde dazu bekennt. Damit dies wirklich geschehen kann, bedarf es einer Entflechtung der Konfirmation in eine Abendmahlszulassung von Kindern nach Art einer „evangelischen Erstkommunion" (a), in einen, die Probleme der Jugendreifung begleitenden seelsorgerlichen Katechumenat (b) und eine erst am Abschluß der Reifekrise freiwillig begehrte Einsegnung zum Christsein (c).

3. Die Trauung – ist eine Handlung an zwei Menschen, die zu einer Persongemeinschaft geworden sind. Sie befindet sich durch die Privatisierungstendenz bei Partnerschaft und Ehe im Schwinden; ihr Bekenntnischarakter ist im Kommen. D. h.: Nachdem beide Ehegatten einzeln in den Ruf zur Nachfolge eingewilligt haben, bekennen sie sich nun als Eheleib dazu und erbitten für ihren Weg Wortzuspruch, Fürbitte und Segen. Es ist ganz vernünftig, daß die Trauziffern am stärksten zurückgehen; denn ohne es zu wissen, wissen die Menschen offenbar besser als die hier besonders defensive Kirche, daß die Trauung ein starkes konfessorisches Element enthält: den Wunsch, sich auf den Vatergott Jesu Christi gemeinsam zu verlassen.

4. Die Beerdigung – ist eine „Handlung an Toten und eine Verkündigung an die Lebenden"[11]. Die Gemeinschaft und das Gespräch der Gemeinde mit einem ihrer Glieder ist beendet. Sie überläßt, noch einmal seinen Namen als den eines unauswechselbaren Geschöpfes nennend, den Entschlafenen dem, der ihn rief. Sie legt ihn, indem sie seinen Leib in Gottes Erde legt, in Gottes Hände. Die anderen können noch einmal weggehen. Aber sie gehen weg als Gesegnete, die die Berufung zur Gemeinschaft mit dem, der die Lebenden bewahrt und die Toten nicht fallen läßt, noch einmal ernstlich empfangen haben. Der kirchliche Beistand bei der sogenannten Trauerarbeit sollte davon nicht absehen.

Liegen die Dinge vielleicht so: Nicht der ängstliche, oft nur vorbewußte und fast gänzlich verschüttete Glaube der Menschen ist das

---

[11] A. Völker, aaO., 11.

Problem der Kasualien, sondern die Sprachlosigkeit und das wortreiche Verstummen der Kirche und die soziale Umdeutung der ihr anvertrauten Handlungen?

IV. Die Kasualien als Komplexe

Die Stellenlosigkeit der Kasualien in der Praktischen Theologie hat auch ihr Gutes. Sie deutet auf die Mehrdimensionalität der Handlungen hin. Sie hält auch das Bewußtsein für eine integrale Amtshandlungspraxis wach.

1. Das liturgische Gefüge, – in dem sich das Evangelium vermittelt, eingegangen in wiederholbare Gestalt, läßt die Versammlung als gottesdienstliche erkennen. Es müßte einfacher und lapidarer werden, und auf eine Häufung unausgelegter Schriftzitate verzichten; im Falle der Beerdigung nicht nur nach Todesfällen, sondern auch nach den Gruppen der Betroffenen differenzieren. Die entscheidungsentlastende Funktion des Ritus angesichts so vieler Entscheidungen, die der Kasus im bürgerlichen Bereich hervorruft, gewinnt neue Bedeutung.

2. Die Predigt – wird durch den verkündigenden Charakter der Liturgie entlastet. Theodosius Harnack hielt sie für verzichtbar. Ihre praktische Unverzichtbarkeit liegt in der Aufgabe, Gott als Schöpfer, Erlöser und Begleiter des Lebens in die Kairos, d. h. in die zur Entscheidung und Bewältigung aufgegebene kritische Situation zu vermitteln. Das kann nur durch persönlich formuliertes und verantwortetes Bezeugen geschehen. Gefährdet ist die Verkündigung durch eine Umkehrung der Abfolge von Sakrament und Ethik, als ob der neutestamentliche Indikativ des uneingeschränkten Ja Gottes zum Menschen nur noch als Anleitung zum und Einweisung ins situationsgerechte Verhalten tragbar sei.

3. Die Seelsorge – ist im Begriff, den bisherigen Mangel an amtshandlungsbezogener Beratung aufzuarbeiten; allerdings auf Kosten einer mit den Realitäten nicht im Einklang stehenden Überbewertung des Kasualgespräches. Noch weniger reflektiert sind die Kasualien als sinnvolle Schwerpunktbildung für den Besuchsplan von Pfarrern und mitarbeitender Gemeinde. Die Seelsorge gliedert sich in eine den Handlungen vorausgehende, sie unmittelbar begleitende und ihnen nachfolgende Bemühung. Was letztere betrifft, so sollten sogenannte „Trauerseminare", d. h. helfende Gruppengespräche mit Hinterbliebenen erprobt werden. Dort würde

4. die Diakonie – im Zusammenhang mit den Amtshandlungen neu entdeckt werden und aufgrund zureichender Informationen konkrete Gestalt annehmen können. Was das in der mobilen Gesellschaft, bei der beruflichen Überlastung und durch die Privatisierung des Erziehungsstils höchst problematische Patenamt angeht, so bin ich ratlos. Vielleicht wäre manchen Eltern durch eine diakonische und erziehungsbehilfliche Patenschaft am Ort der Gemeinde im Augenblick mehr gedient? Meines Wissens gibt es bereits dahingehende Erfahrungen.

5. *Der Katechumenat* – So sehr die ein wenig aufgedunsene kirchliche Erwachsenenbildung einmal auf ihren Ertrag hin empirisch zu untersuchen wäre, so sehr bedarf der Zusammenhang zwischen Kasualien und Katechumenat eines Ausschöpfens noch ungenutzter Möglichkeiten. Thematische Predigten über die Amtshandlungen und ihre Bedeutung für Glauben und Leben der Gemeinde werden kaum gehalten. Fast ebenso wenig Seminare über die Ordnung der Amtshandlungen in Kirche und Gemeinde. Auch die Schriftentische könnten diesbezüglich aufmerksamer ausgestattet werden.

V. Gottesdienstliche Gelegenheiten? Eine Zusammenfassung

1. Gott will in lebensgeschichtlichen Krisensituationen, in denen er als der Abwesende und zu Befürchtende erfahren wird, durch eine gottesdienstliche Handlung den Menschen als der Anwesende und sich Erbarmende erscheinen.

2. Er vermittelt sich dann in den Kasualien, d. h. in jenen Gottesdiensten, in denen die Gemeinde die besonderen, von ihm heraufgeführten Stationen im Lebenslauf begeht.

3. In ihnen ruft er als Schöpfer, Erlöser und Begleiter unseres Lebens die Betroffenen und die beteiligte Gemeinde in seine Nähe, um durch glaubendes Verstehen, heilsames Erkennen und hoffendes Bestehen des besonderen Falles Leben zu ermöglichen.

4. Die Kasualien sind – integral und prozessual verstanden – gottesdienstliche Gelegenheiten, durch die das Leben des Herrn in den Diensten der Gemeinde gerade auch zu zögernden Gemeindegliedern kommt, sie Glieder der Gemeinde sein läßt, sie als solche bestätigt und sich auf ihre Seite stellt.

5. Sie sind deshalb allen Gliedern der Gemeinde zu gewähren, im Vertrauen auf die Gegenwart des Herrn und auf ein letztes Angewiesensein, vielleicht ein „Mehr" des Glaubens, das sich in der Bitte um die Handlung meldet.

6. Sie nur vom Verkündigungsauftrag her zu begründen, wird ihrer Mehrschichtigkeit nicht gerecht und führt zur Verschleuderung, weil man sie dann auch Nicht-Kirchen-Gliedern, die zwar hören, aber nicht zum Leib des Herrn gehören, geben kann.

7. Die Verminderung der Kasualien durch Austritte aus der Kirche könnte unaufhaltbar sein. Die Austritte bedrohten dann den Bestand der Kirche, nicht aber ihre Sendung. Die Sendung kommt (wie die Kasualien als eine Gestalt derselben) aus dem Gottesdienst der im Namen Jesu versammelten Gemeinde.

Die Aufgabe der praktischen Theologie

I. Die Krisis als Verheißung

„Die großen Lebensprobleme sind" – nach einem Wort von C. G. Jung – „nie auf immer gelöst. Sind sie es einmal anscheinend, so ist das immer ein Verlust. Ihr Sinn und Zweck scheint nicht in ihrer Lösung zu liegen, sondern darin, daß wir unablässig an ihnen arbeiten."[1]

Es ist nicht unbegründet, diese Einsicht auch auf das Problem der Praktischen Theologie anzuwenden. Die Geschichte der Disziplin zeigt, daß sie nicht nur immer umstritten war, sondern daß auch die gefundenen Lösungen nur vorläufigen Charakter besaßen. Ein für alle Beteiligten befriedigendes Ergebnis, das Dauer hatte, kam nicht zustande.

Obgleich sie das Jahrhundert Schleiermachers nicht ohne wissenschaftliche Würde durchschritten hatte, resümierte Paul Drews am Anfang des neuen, sie sei „zu keiner wirklichen Höhe emporgestiegen". Sie habe es nicht vermocht, „sich von seiten der wissenschaftlichen Theologen, aber ebenso wenig von seiten der Geistlichen wirkliche Anerkennung zu erringen"[2].

Und beinahe sechs Jahrzehnte später, auf der zweiten Internationalen Tagung für Praktische Theologie, Jena 1967, beginnt Georg Casalis das vor unserer Tagung letzte Votum zu unserer Frage mit dem Satz: „Es gibt heute – das ist uns allen bis zur Übersattheit klar – eine Krise der Praktischen Theologie, die uns alle, aber auch viele andere – und nicht zuletzt unsere Studenten beschäftigt."[3]

Während Drews die Ursache der Krisis in einer zunehmenden „Entfremdung der Praktischen Theologie vom Gegenwartsleben"[4] erblickt, sieht sie Casalis „mit der radikalen Infragestellung des traditionellen Pfarramts und mit der überall vorfindlichen Unsicherheit darüber, was der Dienst des Pfarrers sein soll"[5] zusammengehen.

Bei beiden ist ihre Funktion, „Mittlerdienst von der Wissenschaft

---

[1] Zitiert nach E. Steinwand, Verkündigung, Seelsorge und gelebter Glaube, 1964, 163.
[2] P. Drews, Das Problem der Praktischen Theologie, 1910, 18.
[3] G. Casalis, Grundsätze der Praktischen Theologie, Jena 1967, I.
[4] P. Drews, aaO., 15, 31, 37.
[5] G. Casalis, aaO., 1.

zur Praxis des Amtes und Dienstes der Kirche"[6] auszuüben, stillschweigend anerkannt.

Unter dieser Voraussetzung wird man aber nun im Blick auf die gegenwärtige Lage hinzufügen müssen: Das Dilemma der Praktischen Theologie wurde durch den wissenschaftlichen Vorrang der exegetischen Fächer einerseits und durch eine gleichzeitige, noch nie dagewesene Verunsicherung des pfarramtlichen Dienstes andererseits in unerhörter Weise verschärft. Hoher methodischer Differenzierung und Spezialisierung vorwiegend im Zeichen der historischen Kritik steht eine nach wie vor vom Pfarrer verlangte Universalität auf allen Gebieten gegenüber. Dadurch wuchs die Spannung zwischen Theologie und Pfarramt ins Unangemessene.

Die praktische Theologie muß diese Spannung bis zum äußersten aushalten. Sie gleicht darin dem Laien, dem Angehörigen des λαὸς θεοῦ, der eine ähnliche Spannung aushalten muß: die Spannung zwischen Kirche und Welt, „zwischen den wirtschaftlichen Gegebenheiten und der Vergebung Jesu Christi über diesen Gegebenheiten"[7]. So wie der Laie die Spannung zwischen christlicher Gemeinde und kirchlich distanzierter Umwelt lebt und so an seinem Leibe zum Ort der Begegnung zwischen beiden wird, muß der Praktische Theologe die Spannung zwischen Wissenschaft und Kirche leben.

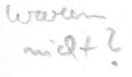

In dieser Lage befindet sich jeder Theologe; sie erreicht aber ihren Höhepunkt beim Praktischen Theologen, weil es für ihn kein Absehen, keine Trennung vom kirchlichen Handeln gibt. Gerade er sollte erkennen, daß der Theologe in den Augen der Welt gleichsam einer mechanischen Solidarität mit dem Tun der Kirche unterworfen wird. So wie der Laie sich nicht von der Sünde der Welt unberührt erklären kann, so kann sich der Theologe nicht abseits von den Sünden der Kirche für rein halten. Er ist solidarisch mit ihr, ob er es will oder nicht. Diese Solidarität der Theologie mit dem Leben der Kirche kommt im Vorhandensein der Praktischen Theologie zum Ausdruck.

Aus diesem Grunde ist ihre Stellung in gewissem Sinn eine unangenehme, krisenanfällige. Der Theologe der anderen Disziplinen empfindet das weniger; aber der Praktische Theologe kann ihr nicht entrinnen, auch wenn er sich – wie wiederum seine wechselnde Geschichte erkennen läßt – immer wieder nach der einen oder anderen Seite darum bemüht.

Entweder versucht er zwischen der wissenschaftlichen und der praktischen Situation zu unterscheiden und Theorie und Praxis zu entflechten, wobei dann der letzteren jede tiefere Bedeutung für die

---

[6] M. Mezger, ThPr. 2, 1966, 112.
[7] J. Ellul, Leben als moderner Mensch, 1958, 14; vgl. auch zum Folgenden seine Ausführungen über den Laien, aaO., 8–15.

Forschung abgeht und die Einübung als Aufgabe eine höchst untergeordnete Rolle spielt. Er akzentuiert sie wissenschaftlich auf Kosten der Praxis. Oder er versucht – nicht ohne Schuld Schleiermacherscher Gedanken – sich um die pastoralen Erfordernisse des einen, ungeteilten Amtes zu bemühen, wobei die Weitergabe von Kunstregeln zur Kirchenleitung vom Ziel eines mündigen Laientums weithin absieht. Er akzentuiert sie praktisch auf Kosten der Wissenschaftlichkeit.

In beiden Fällen wird die Spannung zwischen Wissenschaft und Kirche nicht angenommen. Aber gerade darauf kommt es an. Der Gegensatz zwischen der Theologie mit ihren kritischen Forderungen und der Kirche mit ihren lebensmäßigen Forderungen darf nicht abgeschwächt werden. Zwischen so entgegengesetzte Forderungen ist die Praktische Theologie gestellt. Das ist eine schmerzhaft unbequeme Lage; aber die einzige Lage, die für unsere Disziplin und ihre Aktion in Theologie und Kirche fruchtbar ist. Sie muß zuallererst angenommen werden.

Dann gilt es, die damit gegebene Spannung bis zum äußersten auszuhalten. Es ist die unerläßliche Vorbedingung dafür, daß der Kontakt zwischen der Sprache der Theologie und dem Tun der Kirche – aber auch umgekehrt – möglich wird. So stellt sich die Praktische Theologie dar als Ort der Begegnung zwischen Theologie und Kirche; ja man könnte fast sagen: Die Wissenschaft der Praktischen Theologie ist für den Theologen das Feld, auf dem er seine Kenntnis von Kirche (einschließlich ihrer weltlichen Bedingungen) gewinnt, und für den Pfarrer das Feld, auf dem die theologische Reflexion sein Handeln bis unmittelbar vor die Ausübung begleitet.

II. Zwischen den Grenzen

Diese Formulierung von R. Bohren[8] nimmt das Gesagte auf. So wäre nun das berühmte Wort L. Fendts von der „Stellungslosigkeit" der Praktischen Theologie zu korrigieren; denn nun ist ihr eine eindeutige, wenn auch schwierige Stellung zugewiesen: „Zwischen den Grenzen."

Was tut sie da? Die Schwierigkeit ihrer Stellung wurde bis heute immer wieder als Standortlosigkeit empfunden und hat zu einem intensiven Nachdenken über ihre Aufgabe geführt. Auch das gehört zur Frucht ihrer Situation, die sie vor Unbeweglichkeit bewahrte. Dieses Nachdenken wurde in den letzten Jahren durch die Bemühun-

---

[8] R. Bohren, Praktische Theologie, in: Einführung in das Studium der evangelischen Theologie, 1964, 22.

gen um eine Reform des Studiums kräftig angestoßen, so daß W. Jannasch recht hat, wenn er sagt: Mancherlei Kräfte „formen seit 1946 am Gesicht der Praktischen Theologie"[9]. Das vorliegende, vorläufige Ergebnis soll unter vierfachem Aspekt kurz skizziert werden, und zwar unter dem Aspekt der Theologie-, Kirchen-, Welt- und Lehrbezogenheit der Praktischen Theologie.

1. Theologiebezogenheit

Die Existenz der Praktischen Theologie als selbständige Disziplin hängt entscheidend vom Verhältnis der forschenden Theologie zur praktizierenden Kirche ab. Hierüber gehen die Urteile im Moment erheblich auseinander. Im Blick auf das kirchliche Bewußtsein der gegenwärtigen Theologie und in den Fakultäten vorhandene Ansätze wird man E. Rosenboom recht geben, der über die exegetischen Disziplinen hinaus „ein starkes Gefälle zum Praktischen" feststellt[10]. Im Blick aber auf die immer komplizierter werdende Überschaubarkeit der sich differenzierenden theologischen Forschung wird man H. E. Tödt verstehen, der von einer „Inkommensurabilität ... der Theologie zur Realität der Kirche"[11] spricht. Von hier aus postuliert denn auch das Gutachten des VDS eine enzyklopädische Aufgabe der Praktischen Theologie: „Der gemeinsame Horizont der so zerfaserten Theologie wird oft nur geahnt, nicht aber erreicht und definiert. Enzyklopädie als öffentliche Instanz gemeinsamer Verantwortung der letztlich doch einen Theologie würde diesen gemeinsamen Horizont definieren."[12]

Diesen gemeinsamen Horizont eröffnet die Praktische Theologie, indem sie eine kritische Vermittlung des Gemeindelebens und seiner Bedingungen in einer säkularen Welt an die forschende Theologie vornimmt. Damit tritt zu ihrer enzyklopädischen eine informative Aufgabe. Sie wurde besonders klar von R. Bohren beschrieben, der „den Horizont der gegenwärtigen Kirche" geradezu „als Verstehenshilfe" bezeichnete[13]. So könnte der Schwerkraft einer Wissenschaftlichkeit, die sich von ihrer Bezogenheit auf die Aktualisierung des Christusgeschehens in der heutigen Menschheit immer wieder zu lösen imstande ist, wirksam begegnet werden.

---

[9] RGG V[3], 509.

[10] E. Rosenboom, Die Aufgabe der Praktischen Theologie, in: Kirche in der Zeit 12, 1966, 542.

[11] H. E. Tödt, Theologiestudium, in: Pastoraltheologie 1, 1966, 53.

[12] W. Herrmann/G. Lautner, Theologiestudium. Entwurf einer Reform, 1965, 23.

[13] R. Bohren, aaO., 12.

Damit ist bereits eine dritte, kritische Aufgabe ausgesprochen, „welche den externen Maßstab zur Kritik der einzelnen Disziplinen aus direktem Kirchenbezug, aus gegenwärtiger Wirklichkeit ableitet"[14]. Die Praktische Theologie bedenkt und prüft von da her die gesamte theologische Erkenntnis auf ihre praktischen Konsequenzen hin. Sie hat keineswegs die Aufgabe, das Empfangene lediglich ohne Substanzverlust in die Praxis umzusetzen, sondern sie befragt es auf seine Brauchbarkeit für den Weitergang des Evangeliums in der Welt und hält dadurch, wie M. Fischer formuliert, „ständig die praktische Relevanz aller Gegenstände der theologischen Arbeit um dieser selbst willen in Erinnerung"[15].

2. Kirchenbezogenheit

G. Merz machte in seiner unvergeßlichen Vorlesung „Das Predigtamt und die moderne Gesellschaft" an W. Löhe klar, was Praktische Theologie der Kirche gegenüber bedeutet. Er schilderte, wie Löhe jeden Abend die amtlichen Stationen des vergangenen Tages über biblischen Texten noch einmal theologisch reflektierte und sein eigenes pfarramtliches Handeln nach dem zureichenden Grund, nach seiner Richtigkeit oder Korrekturbedürftigkeit befragte. Und Merz fügte mit Leidenschaft hinzu, so werde man überhaupt erst Theologe. Das kritische Geleit ist es also, mit dem unsere Disziplin der Kirche dient; genauer: mit dem sie über der geöffneten, im Kontext der gesamten theologischen Forschung gesehenen Schrift nach der verantwortlichen Durchführung des Auftrags der Kirche fragt. Im Sinne eines so verstandenen κρίνειν hat sie episkopale Funktion.

„Geleit" ist ein seelsorgerlicher Begriff. Er schließt nicht nur ein korrigierendes, sondern auch ein stützendes, sagen wir weisendes Moment mit ein. Damit ist die andere kirchenbezogene Funktion der Praktischen Theologie genannt. Es besteht heute m. E. weniger die Gefahr, daß sich unsere Disziplin in der Uferlosigkeit der Praxis verliert, als daß sie in der Sorge um ihren wissenschaftlichen Ruf sich von exemplarischen Anweisungen zum konkreten Handeln distanziert. Gerade solche Anweisungen gegeben, das Gebotene ermittelt zu haben, war nicht der Grund, der die alte Pastoraltheologie auch in ihren besten Vertretern unwissenschaftlich machte. Es war aber der Grund, der ihr „einen höheren Grad von Konkretion" verlieh, den Prozeß der Applikation weiter vorantrieb, „als es die Praktische Theologie bislang vermochte", die Kontinuität der Kirche sichtbar

---

[14] H. E. Tödt, aaO., 47 nach VDS.
[15] M. Fischer, Das Selbstverständnis der Theologie und das Praktisch-theologische Studium, in: Pastoraltheologie 4, 1966, 140.

praktizierte und „Gesetzmäßigkeiten für den weiteren Ablauf kirchlichen Lebens"[16] implizierte. Der Begriff des „Geleits" ist vorwärts
gerichtet und enthält infolgedessen noch ein planendes, vorausden-
kendes Moment. Die so bezeichnete dritte kirchenbezogene Funktion
der Praktischen Theologie beruht auf den eben genannten „Gesetzmäßigkeiten für den weiteren Ablauf kirchlichen Lebens". Die Gesetzmäßigkeiten können – ohne daß man sie deswegen verabsolutie-
ren muß – heute empirisch ermittelt und kirchlicher Planung zugrunde gelegt werden. Vielleicht wäre es gerade die kirchliche Kyber-
netik, die von ihrer weltlichen Schwester gleichen Namens zu lernen
hätte, wie nicht mehr überschaubare, soziologische Systeme zu steu-
ern sind. „Der Heilige Geist nimmt solche vernünftige Methoden gerade in seinen Dienst."[17]

3. Weltbezogenheit

Die Praktische Theologie muß die klerikale Begrenzung, in der sie
sich fast ausschließlich dem Tun des Pfarrers widmete, überschreiten.
Ihren Überlegungen sind auch die Belange des Laien in Gemeinde,
Beruf und Öffentlichkeit anvertraut. Auf diesem Wege wird sie zum
Anwalt der Welt, weil die Gemeinde durch ihre Glieder dem Evange-
lium Anwesenheit außerhalb der Kirche verleiht.

Es gehört infolgedessen zu den bezeichnendsten Zügen unserer
Disziplin, daß sie eine missionstheologische Ausrichtung empfangen
hat. In zugespitztester Form definiert sie Casalis als „praktische Lehre der missionarischen Präsenz des getauften Volkes in der Welt" und
nennt als ihr ständiges Thema „das sich im Heute schon bereitende
Morgen der Mission"[18]. Zurückhaltender und vielleicht überzeugender ist sie bei Bohren „Wissenschaft von der aktuellen Sammlung und
Sendung der Kirche" genannt[19].

Als solche vertritt sie die vom auferstandenen Lebendigen durch-
drungene Welt im Hause der Theologie und läßt neben die historisch-
kritische eine empirisch-kritische Wissenschaft treten, die davon
weiß, daß sich der Heilige Geist in seinem Wirken nicht auf die Christenheit beschränkt. Als solche arbeitet sie aber auch an der Kondeszendenz der Kirche, damit sie Kirche für die Menschen von heute
und morgen werde, diese Menschen weder überfordernd noch ihren
Forderungen gegenüber den Auftrag Jesu preisgebend. Um diesen

---

[16] G. Rau, Die Pastoraltheologie als eine Form der Praktischen Theologie. Disser-
tation Heidelberg 1966, 344 (in der gedruckten Ausgabe: München 1968 nicht mehr
aufzufinden).

[17] G. Rau, aaO., 347.   [18] G. Casalis, aaO., 11, 19.
[19] R. Bohren, aaO., 9.

Weg zu beschreiten, muß sie missionstheologisches Gepräge haben, muß sie – wenn man das sagen darf – nicht nur Wissenschaft, sondern auch Weisheit sein.

4. Lehrbezogenheit

Die gebotene Kürze macht es unmöglich, auf den komplexen Charakter des angezeigten Problems einzugehen. Es ist ja auch andernorts genug geschehen[20].

Ihm folgend sei lediglich dem „Erziehungsziel" Praktisch-theologischen Lehrens an Hochschule und Universität noch ein Wort gewidmet. So undenkbar es ist, fertige Pfarrer am Ende des Studiums vor sich zu haben, so abwegig wäre es, Studenten „zum Wahrnehmen von Funktionen" abzurichten[21]. Vielmehr was an W. Löhe beispielhaft zu sehen war, nämlich Vorsatz und Fähigkeit zu lebenslanger Praktisch-theologischer Bemühung, bezeichnet das Woraufhin unseres Lehrens. Praktisch-theologisches Studium vermittelt Praktisch-theologische Bildung und nimmt somit in der ihm eigentümlichen Art teil an dem, was theologisches Studium insgesamt bezweckt: zu angemessenem Wissen, sachgemäßem Urteil und richtigem Handeln im Dienste des Evangeliums zu befähigen.

Daraus ergibt sich von selbst – ohne daß man den Schwerpunkt von den höheren Semestern dadurch verlegte –, daß unsere Disziplin nicht erst am Ende des Studiums Lebensrecht hat, sondern von Anfang an sinnvoll ist. In geeigneten, vielleicht kleineren Vorlesungen das zu zeigen, wird eine künftige Aufgabe sein.

III. Unterstreichungen und Akzentuierungen

Im Hinblick auf diese Aufgabenskizzierung dürfte es angebracht sein, einiges zu unterstreichen und zu akzentuieren.

1. Die Praktische Theologie ist nur als Wissenschaft zu rechtfertigen

Die Praktische Theologie verfährt wissenschaftlich nicht aus apologetischen Gründen, als hätte sie sich vor der Instanz eines herrschenden Wissenschaftsbegriffes zu verantworten. Sie ist Wissenschaft in strenger Gebundenheit an die ihr aufgetragene Sache im Sinne einer methodisch-geordneten und kritisch-disziplinierten gedanklichen Durchklärung. Gerade was als ihre axiomatische Vorgabe

---

[20] Überzeugend z. B. bei M. Fischer, aaO.
[21] M. Fischer, aaO., 138.

erscheint, das Vorhandensein des Evangeliums in seinen mannigfachen Gestaltungen in der Welt, also die Wirklichkeit der Kirche, ist von ihr als Voraussetzung immer neu zu begründen und zu befragen.

2. Die Bedeutung der Geschichte nötigt sie zu eigener historischer Forschung

Da die Gegenwart der Kirche geschichtliches Gewordensein und ihre Zukunft Kontinuität mit Gewesenem bedeutet, kommt die Praktische Theologie nicht ohne historische Forschung aus, und zwar nicht ohne eigene. Der Pfarrer besitzt weder Zeit noch Möglichkeit dazu. Die für uns notwendigen Themen werden von Fachhistorikern nur selten aufgegriffen. So müssen wir selber an die Arbeit gehen. Das ist ein Vorzug; denn nach P. Drews[22] darf sich der Praktische Theologe nicht mit dem Ansehen der Gegenwart von hinten her begnügen. Ihn leitet Gegenwarts- und Zukunftsinteresse und besondere Sachkenntnis eines praktisch-theologischen Problems, unter dessen Aspekt er in die Geschichte eindringt.

3. Sie muß den durch die empirischen Wissenschaften geöffneten Raum betreten

In seiner „Anfrage an die Praktische Theologie"[23] weist H. O. Wölber darauf hin, daß die von der modernen Anthropologie in soziologischer, psychologischer und pädagogischer Hinsicht veranlaßte Ausweitung der Erkenntnis vom Menschen „nicht recht Gegenstand eigener Forschung und Darstellung" geworden sei. Dies gehört zu haben, ist das Neue an den Reformvorschlägen des VDS und der besondere Akzent bei Rosenboom. Sie fordern, wie Wölber, daß „in einem eigenständigen wissenschaftlichen Vorgang die in der Praxis erfahrene Realität erforscht und von der Praktischen Theologie gesichtet und unterschieden werden muß"[24].

4. Sie nimmt sich der aus der Kirche rückflutenden Erfahrungen an

Auf einer Autorenkonferenz der Göttinger Predigtmeditationen fiel der Satz: „Historisch-kritischer Theologie kann nur historisch-kritisch begegnet werden." Bei obwaltendem Selbstverständnis werden Erkenntnisse, die aus der Praxis zur Forschung zurückkehren wollen, wenig Aufnahme finden. Hat aber die Theologie den Bezugs-

---

[22] P. Drews, aaO., 64 f.
[23] H. O. Wölber, Religion ohne Entscheidung, 1960², 217 ff.
[24] H. O. Wölber, aaO., 218.

punkt aller Bemühungen um das Wort der Schrift im Auge, wird sie sich die Erfahrungen der Kirche zunutze machen. Aufgabe unserer Disziplin ist es dann, sich dieser rückflutenden Erfahrungen anzunehmen, sie zu sammeln, zu ordnen, darzustellen und geprüft dem vorzulegen, der sich ihrer bedienen will.

5. Exemplarisch lehrend und experimentell wagend hilft sie der Kirche nach vorne

Das Exemplarische und das Experimentelle müssen in Forschung und Lehre der Praktischen Theologie einen bevorzugten Platz einnehmen: Das Experiment, an dem der Praktische Theologe anstoßend, beratend und auswertend teilhat, weil es die unserer kirchlichen Situation angemessenste Weise des Suchens nach neuen Wegen ist; das Exemplarische, weil anstelle der nicht mehr zu bewältigenden Fülle der Lehrgegenstände ausgewählte, eindrucksvolle Beispiele, exempla modellartigen Charakters treten können, an denen die Strukturen des Gesamtstoffes durchscheinend und deutlich werden. Das gilt besonders für die Seelsorgelehre, die eine gesetzliche Handhabung des Schweigegebotes preisgeben und „Fälle" demonstrieren muß.

6. In dem allen ist sie historisch-empirisch-kritisch-konstruktive Wissenschaft

Diese vierfache Charakterisierung der Praktischen Theologie als Wissenschaft bezieht sich auf die rational-methodische Erfassung ihres Gegenstandes insgesamt. Je nach Einzelaufgabe wird das historische oder das konstruktive Element zurücktreten. Empirisch-kritisch und damit die unabdingbare Ergänzung zur historischen Kritik wird sie immer sein. Damit ist ihr methodisches Wesen bezeichnet.

IV. Eine neue Aufgabe

Wer mit Theologiestudenten seelsorgerlich zu tun hat, weiß, daß sie geistlich gesehen weithin in einem Vakuum leben. Wer ein Predigerseminar leitet, kann von der großen Aufgeschlossenheit oder bewußten Ablehnung gegenüber den Fragen einer vom Wort Gottes gestalteten Gemeinschaft berichten. Wer mit Pfarrern in der Arbeit eines Pastoralkollegs umgeht, stößt auf ein starkes Verlangen nach geistlicher Lebensordnung.

Diese Tatsachen zeugen von einer durch die Praktische Theologie nicht aufgenommenen Problematik des geistlichen Lebens. Sie haben dazu geführt, daß M. Fischer vorschlug, ein enzyklopädisches Kolleg am Anfang des Studiums solle auf die geistliche Existenz des Studenten Bezug nehmen[25]. Sie haben dazu geführt, daß für Predigerseminare Arbeitsgemeinschaften über Meditation, Gebet und Fragen der persönlichen Lebensführung empfohlen wurden. Und sie haben dazu geführt, daß man in Jena eine erneute pastoraltheologische Bemühung der Praktischen Theologie um die berufliche und persönliche Existenz des Pfarrers forderte.

Diese Überlegungen sind nicht nur von dem Gefühl der Dringlichkeit getragen, sondern sie gehen offenbar doch auch davon aus, daß es sich um eine durchführbare Aufgabe handelt. Man muß auf dieses letztere hinweisen, weil man unter bestimmten systematisch-theologischen Voraussetzungen, die Gottesfrage betreffend, vor einem Ende der praxis pietatis im bisherigen Sinn steht. Daß sie unter anderen Voraussetzungen neue Gestalt gewinnen kann, hat zumindest für den Pfarrer das schöne Buch von R. Leuenberger gezeigt[26].

Aber warum soll sich ihr Blick auf Studenten, Kandidaten und Pfarrer beschränken? Handelt es sich wirklich nur um eine „Ethica pastoralis", wie man seit J. A. Quenstedt in einer durch beide Worte schon verengten Begrifflichkeit sagt? Ist es nicht unumgänglich, über unseren Stand hinaus die Gestalt eines vom Evangelium bestimmten Lebens auch für die Laien und für die Gesamtgemeinde zu erforschen, zu entwerfen, und zwar unter den Bedingungen der gegenwärtigen Welt? Stünden wir nicht ebenso vor der Aufgabe einer theologia spiritualis oder asketischen Theologie, wie die römische Kirche, die sie bis heute vorbildlich erarbeitet? „Theologica practica" war vor allem im reformierten Bereich, aber auch in der lutherischen Kirche „weitgehend die Lehre von der vita spiritualis der Gemeinde"[27]. Bei Gisbert Voetius (1589 bis 1676) z. B. tritt uns im Rahmen seiner Praktischen Theologie eine „theologia ascetica" entgegen. Wo sie erscheint, geht es im Anschluß an die Trias meditatio, oratio, tentatio um Betrachtung, Gebet und Anfechtung. Ein positives Verhältnis des Christen zur Welt kommt nur bedingt zur Geltung. Aber schon die Schüler des Voetius legen die übrigen Fächer der Praktischen Theologie zugunsten der Asketik zur Seite. Als nach dem 30jährigen Krieg für ein neues und besseres Ethos des Pfarrerstandes gesorgt werden mußte, wurde sie auf den geistlichen Stand eingeengt, ging in der damals erblühenden Pastoraltheologie auf und schied mit ihr unter dem gerechten Verdikt der Unwissenschaftlichkeit bei Schleiermacher aus.

---

[25] M. Fischer, aaO., 149.

[26] R. Leuenberger, Berufung und Dienst. Beitrag zu einer Theologie des evangelischen Pfarrerberufes, Zürich 1965.

[27] R. Bohren, aaO., 25.

Der Begriff „Asketik" verschwand; genauer: er tauchte unter. Er begegnet als Bezeichnung für die geistliche Literatur auch in der evangelischen Kirche noch im 19. Jahrhundert. Er findet sich als flüchtige Reminiszenz in den Praktisch-theologischen Systemen der gleichen Zeit (bei Th. Harnack, Nietzsch, Achelis und Krauß). Er hält sich in der philosophischen und theologischen Ethik, in die er sich flüchtete, und wird dort von Kant bis R. Rothe von vielen gebraucht. Mit R. Rothe ging die Asketik, längst umgeformt ins Ethische, zu Ende.

Seither verstummte die Frage in der wissenschaftlichen Theologie und geriet immer mehr ins Unklare. Dafür haben sich Schriftenmission und erweckte Kreise ihrer umso stärker angenommen. Heute wird sie aus der Gemeinde erneut und immer dringlicher gestellt. Unordnung und Unsicherheit in den Fragen des geistlichen Lebens machen gerade die mündigen Christen unruhig. Dürfen wir sie ohne Hilfe lassen?

R. Bohren war der erste, der eine evangelische Asketik als Aufgabe der Praktischen Theologie erkannte und sie als eigenen Arbeitsbereich in die bisherige Aufteilung unseres Faches eingliederte[28]. Sie müßte unter folgenden Gesichtspunkten angegangen werden:

1. Überlegungen, die sich um ein aus dem Wort gestaltetes Leben vor Gott bemühen, dürfen nicht ausschließlich im Rahmen der Pastoraltheologie erfolgen; denn sie berühren alle Christen.

2. Sie müssen mit ausdrücklicher Berücksichtigung der Verhältnisse, in denen heute der Glaube gelebt wird, erfolgen und sollten auf einfache Modelle, die ein Minimum an Struktur, aber ein Maximum an Tragfähigkeit enthalten, ausgehen.

3. Unerläßliche Voraussetzung dafür sind eingehende Studien der Lebensfelder, auf denen sich christliche Existenz konkretisiert, und bereits vorliegender kommunikativer Frömmigkeitsformen in der heutigen Welt.

4. Da auch eine asketische Theologie historisch-empirisch-kritisch-konstruktiv arbeitet, könnte sie geradezu zu einer neuen Form der praktischen Theologie werden; denn alles, was bisher vorwiegend im Blick auf das pfarramtliche Tun Forschung und Lehre war, muß nun auch Forschung und Lehre im Blick auf den Laien werden; denn er ist der Missionar von morgen.

---

[28] R. Bohren, aaO., 25 f.

V. Thesen

A

Durch die anhaltende Standortlosigkeit der Praktischen Theologie wurde ein umfassendes Nachdenken über sie hervorgerufen, das sich einem vorläufigen Ergebnis zuneigt:

Sie ist Wissenschaft von der Aktualisierung des Christusgeschehens in der Welt.

Der Theologie insgesamt hält sie die praktische Relevanz ihrer Erkenntnisarbeit in Erinnerung und vermittelt ihr methodisch reflektierte Erfassung der Wirklichkeit in Kirche und Gesellschaft.

Der Kirche dient sie durch kritisches Geleit, das nach dem theologischen Grund ihres Redens und Handelns fragt, beides aber auch weisend und vorausplanend mitverantwortet.

B

1. Die Praktische Theologie ist nur als Wissenschaft zu rechtfertigen.

2. Die Bedeutung der Geschichte nötigt sie zu eigener historischer Forschung.

3. Sie muß den durch die empirischen Wissenschaften geöffneten Raum betreten.

4. Sie nimmt sich der aus der Kirche rückflutenden Erfahrung an.

5. Exemplarisch lehrend und experimentell wagend hilft sie der Kirche nach vorne.

6. In dem allen ist sie historisch-empirisch-kritisch-konstruktive Wissenschaft.

C

Die evangelische Kirche bedarf eines wissenschaftlichen Nachdenkens über Theologie und Praxis des geistlichen Lebens in der heutigen Zeit.

Sie kann die Sammlung und Sichtung von Glaubenserfahrungen, Frömmigkeitstypen und künftigen Gestaltungen nicht dem Zufall, bestimmten kirchlichen Gruppen und einer sich stark verbreitenden unwissenschaftlichen Literatur überlassen.

Die Praktische Theologie steht deshalb vor der Aufgabe, die ihr verlorengegangene Disziplin der asketischen Theologie wiederzugewinnen, deren Verlust die Geschichte ihrer Entstehung war.

D

Die alles Bisherige übergreifende Aufgabenstellung der Praktischen Theologie, d. h. die Tatsache, daß sie ihre Erkenntnisse sowohl unter Berücksichtigung des ganzen Feldes der Theologie als auch der Anthropologie, Soziologie und nicht zuletzt der vorfindlichen Kirche gewinnt, erfordert eine neue, der gegenwärtigen Situation angemessenere Aufgliederung.

Ist der Gottesdienst die Mitte der Seelsorge?

Ist der Gottesdienst die Mitte der Seelsorge? Diese Frage klingt so unrealistisch, wenn man an die Entfaltung der Seelsorge denkt, daß sie einer Erläuterung bedarf.

Es scheint alles dagegen zu sprechen; immer mehr Theologen sagen, der Gottesdienst dürfe nicht mehr als die zentrale Lebensäußerung der Kirche bezeichnet werden. Die Verhältnisse in den Gemeinden ließen es nicht mehr zu. Auch der neue Stil der Säkularisation: Man tritt nicht mehr aus der Kirche aus, sondern nimmt unauffällig Abstand von ihr. Und davon kommt: statistisch gesehen ist der Gottesdienst eine Randerscheinung in der modernen Gesellschaft. Die sichtbare Wirklichkeit verwehrt es, so zu fragen.

Die geglaubte Wirklichkeit erlaubt es. In Hebr. 8,2 wird der „große Hirte der Schafe", der Seelsorger schlechthin, als Liturg charakterisiert, als einer, der auch als Erhöhter gottesdienstlich handelt. Es besteht demnach in seiner Person ein Zusammenhang von Gottesdienst und Seelsorge, der prinzipielle Bedeutung für das Tun der Kirche hat. Daraus entnehmen wir die Legitimität unserer Fragestellung.

Die Antwort ist damit keineswegs vorgegeben. Wir werden sie im Blick auf die vorhandenen Verhältnisse suchen müssen. Und es ist offen, ob sie als eindeutiges Ja oder Nein oder als Abwägung erfolgen wird.

I. Gottesdienst als etwas Reinigendes

Es sei erlaubt, die Sache mit einer einfachen Geschichte zu beginnen. Eine Bäuerin aus dem Schwäbischen kommt von der Kirche. Der kleine Enkel fragt sie, was der Pfarrer gesagt hat. Die Großmutter: „Dös wois i nemme." Der Enkel: „Warum gehst du dann überhaupt in die Kirche?" Die Großmutter: „Woischt, des isch wia bei 'me Korb. Wenn mer Wasser neischüttet, läuft's durch, aber der Korb wird sauber."

Die Bäuerin bescheinigt in überzeugender Unmittelbarkeit, in die Kirche gehen habe etwas Reinigendes. Sie formuliert mit ihren schlichten Worten, was R. Guardini in seinem Buch „Der Herr" in der Sprache des Denkens sagte: „Reinheit und Gesundheit des Geistes sind das Stärkste im Sein – aber auch, wie der Mensch nun einmal ist, das Verletzlichste und Verführbarste im Sein. Sie bedürfen der

Hut ... Darum muß es etwas geben, an dem das Herz sich immer wieder in der Wahrheit erneuert, der Geist sich reinigt, der Blick sich klärt, der Charakter verpflichtet wird. Das ist die Anbetung." Wenn das zutrifft und gilt, dann hätte der Gottesdienst im weitesten Sinn etwas Seelsorgerliches, etwas die unverwechselbare Individualität des Menschen in Obhut Nehmendes, etwas für sein verletzliches Leben Sorgendes.

Dies scheint jedoch bezweifelt zu werden. Als ich mich vorbereitete, machte ich eine nachdenklich stimmende Erfahrung. Ich fragte einige Freunde nach Literatur über das Verhältnis von Gottesdienst und Seelsorge. Sie gaben mir ausnahmslos Literatur über die seelsorgerliche Aufgabe der Predigt bzw. über Bibelauslegung und Psychologie. Daß es um die seelsorgerliche Funktion des Gottesdienstes insgesamt gehe, hatten sie alle überhört oder sie hatten – wie ich auch – fast nichts dazu gefunden. Es scheint also auch hier so etwas wie eine protestantische Predigtfixierung erkennbar zu sein. Der Gottesdienst als Ganzes wird offenbar vom Bewußtsein (zumindest auf Anhieb) überhaupt nicht mit der Seelsorge zusammengebracht. Traut man ihm in dieser Beziehung vielleicht nicht mehr viel zu? Das führt uns zu unserer ersten Grundsatzfrage:

II. Wandel im Seelsorgeverständnis

Haben sich Gottesdienst und Seelsorge voneinander entfernt? Diese Frage setzt voraus, daß sie einmal zusammengehörten. Das war in einer Zeit, in der man vom Pfarrer und von der Kanzel verbindliche Weisung leichter annehmen konnte als heute, auch der Fall. Es traf um so mehr zu, wenn die Mahnungen und Ratschläge innerhalb einer halbwegs geordneten Welt in Kirche, Schule und Haus auch trugen. Ich entsinne mich, daß noch der 1953 gestorbene, theologisch bedeutende Rektor der Neuendettelsauer Diakonissenanstalt H. Lauerer eine Schwester zur seelsorgerlichen Aussprache empfing und sie nach dem Zuhören mit den Worten entließ: „Morgen in der Predigt werden Sie den für Sie geltenden Zuspruch und Rat empfangen, den viele andere mit Ihnen auch bedürfen." Die Seelsorgelehre sprach dann von der cura animarum generalis im Unterschied zu cura animarum specialis, in der die Einzelseele Gegenstand der Sorge war. Die generelle Seelsorge scheint demnach auch im Bewußtsein der Väter stärker an die Verkündigung als an die Liturgie gebunden gewesen zu sein. Doch darf man nicht verkennen, daß sie im Einzelgespräch, wie die Seelsorgebriefe zeigen, stark auf die im Gottesdienst geschehende Heilsmitteilung in Sündenbekenntnis und Gnadenzusage, in Fürbitte, Taufe und Abendmahl Bezug genommen haben.

Nun sind wir in der Lage, empirisch etwas über die Einschätzung der Predigt im Dienste der Seelsorge aussagen zu können. In der 1972 durchgeführten VELKD-Studie über den Gottesdienst stellten wir fest, daß beträchtliche Minderheiten in der Predigt nichts von Angst, Krankheit, Alter, Leiden und Tod, Schicksal und Schuld hören wollten. Wir vermuteten damals, es handle sich um einen Verdrängungsvorgang. Jetzt, nach genauerer Analyse müssen wir etwas anderes als Ursache nennen. Im Blick auf die von uns zunächst als unerwünscht gedeuteten Themen, scheint man der Seelsorge und der Beratung mehr zuzutrauen als dem bloßen Wort. Fast bestürzend ist die weitere Auskunft, die kirchliche Verkündigung habe zum Themenkreis von Lebensfreude, Freiheit und Selbstverwirklichung nur Unerhebliches zu sagen. Wo es konkret um Freispruch zu neuem Selbstsein gehe, sei eine zentrale Lücke abzulesen. Die seelsorgerliche Funktion der Predigt wird diesem Befund zufolge weit geringer als früher eingeschätzt. Damit entfiele, etwas überakzentuiert gesagt, ein seelsorgerlich wesentlicher Wert des Gottesdienstes.

Nun müssen wir diesen Befund im Zusammenhang mit einer weit fortgeschrittenen Seelsorge verstehen. Fortschritte sind unerläßlich für das Leben der Menschen. Sie führen aber auch einen Schatten mit sich.

Unerläßlich war, daß sich die Seelsorge der Kirche von einer Phase, in der sie sich als Sonderfall der Verkündigung definierte (und dadurch im wörtlichen Sinn begrenzte), weiterentwickelte zu einer nächstenbezogenen Begegnung, zu der man ausgebildet werden und die methodisch erfolgen konnte. Sie mußte in ihrer Erneuerung, die sie etwa vom Beginn der 60er Jahre bis 1975 durchlief, der steigenden Konfliktbeladenheit unserer Lebenswelt besser gerecht werden. Sie mußte den Seelsorger für die Unterstimmen des menschlichen Leidens öffnen oder – wie man sagt – sensibilisieren. Sie mußte im Zuge dessen die These von ihrer Nicht-Methodisierbarkeit preisgeben und im Dialog mit den ihr benachbarten Wissenschaften, vor allem der Tiefenpsychologie, zu einer geordneten Ausbildung finden. Das Ergebnis ist jene vehemente Entwicklung von der verkündigenden, hauptsächlich theologisch verantworteten zur beratenden, hauptsächlich pastoral-psychologisch verantworteten Seelsorge, wie wir sie kennen. Sie gab der Kirche ein den hintergründigen Nöten der Zeit entsprechendes Instrument, Fernstehenden und Gemeindegliedern verständnisvolle Stützung zur eigenen Problembewältigung und immer mehr Pfarrern eine ihren ganzen Beruf durchdringende Bewegung.

Die beratende Seelsorge führt aber auch einen „Schatten" mit sich. Theoretisch weiß sie, daß man sich zu seinem „Schatten" bekennen muß

– in der Praxis befindet sie sich noch am Anfang des Weges, es zu lernen. Zu ihrem „Schatten" gehört eine ähnliche Erscheinung, wie sie an der wissenschaftlichen Bibelexegese in den zurückliegenden Jahren wahrgenommen werden konnte. Wie dort gewann das Methodische eine eigenartige, die Inhalte verändernde und verdrängende Übermacht. Besser als alle vorhandenen literarischen Belege beleuchtet das wieder eine kleine Szene: Ein in der Vikarausbildung stehender, gruppenpsychologisch hervorragend geschulter Theologe berichtet: Sie hätten in einer Gruppe über kirchliche Bestattung gesprochen: „Nach Stunden waren wir beim Kern: Todesfurcht in meinem Leben." Außerhalb der Kirche ist das in Ordnung. In einer Theologengruppe keineswegs. Beim „Kern" wären sie gewesen, wenn in Sicht kommt, was das Heruntersteigen Gottes in die Todesfurcht seiner Geschöpfe bedeutet. Er verteidigte sich: Er sei doch nur „Moderator, Supervisor". Die Funktion des Lehrers, des Zeugen fällt also aus? Er: „Sie fällt nicht aus." Ein Absolvent seiner Gruppe antwortete: „Sie verrinnt in einem unendlichen Prozeß des Verstehens." Das ist der Schatten: Das gelingende Kontaktgeschehen und die einfühlende Beziehung treten an die Stelle der Inhalte. Die Funktion des Zeugen wird in der pastoral-psychologischen Theorie und in der von ihr kontrollierten beratenden Seelsorge geradezu als Störung empfunden. Die Gruppe gilt als ein Modell von Kirche, als ekklesiologisches Phänomen, in dem man nach der Aussage eines Autors „die Bedingungslosigkeit des Evangeliums in der Gemeinschaft mit anderen Menschen praktisch" erfährt. Und bei einem anderen ist Seelsorge sogar „das Sakrament echter Kommunikation".

Haben sich Gottesdienst und Seelsorge voneinander entfernt? Wo es möglich ist, die von der Bezeugung des Evangeliums gelöste beratende und heilende Beziehung zur „Praxis des Evangeliums" und die methodisch moderierte Gruppe zum Ort eines anderen Sakramentsempfangs zu erklären, haben wir es mit einer vom Gottesdienst unabhängigen Seelsorge zu tun. Sie steht ja selbst an seiner Stelle und versteht sich als die Mitte der Kirche. Angesichts der Kommunikationsverarmung unserer Gottesdienste und geläufiger kirchlicher Gruppen, kann mit der Ansicht gerechnet werden, „daß die biblische Koinonia im Erfahrungsfeld der Gruppendynamik" und unter der Regie von Supervisoren „angemessener verwirklicht und vergegenwärtigt wird" als im Gottesdienst der versammelten Gemeinde (H. Tacke 63).

Damit haben wir knapp und wesentlich friedlicher, als die Verdikte über die verkündigende Seelsorge ausgefallen sind, einschlägige Merkmale der Jahre des Aufbruchs 1960–75 beschrieben. Nun kündigen sich Wandlungen an. Wir wollen wenigstens einen kurzen Blick auf sie werfen und kommen zu unserer zweiten Grundsatzfrage.

III. Mehr symbolische Kommunikation

Gibt es Anzeichen dafür, daß Gottesdienst und Seelsorge einander wieder näherkommen? Während die Seeelsorge im wörtlichen Sinn fort – schritt, ging auch der Gottesdienst seine eigenen Wege. Und zwar im selben Zeitraum. Sieht man von ausgesprochenen Entgleisungen und unseelsorgerlichen Provokationen, wie sie etwa in der „Kirche am Montag" (1973) vertreten sind, ab, so möchte ich diesen „Fantasien für Gott" unter dem Gesichtspunkt unserer Fragestellung, unumwunden eine seelsorgerliche Intention zuerkennen. Sie bemühten sich, den oft weiten Abstand des gewöhnlichen Gottesdienstes vom wirklichen Leben der Menschen zu verringern und – ohne diesen Begriff zu gebrauchen – „nächstenbezogen" zu sein. Dies aber ist nach der Wortwahl der finnischen Pastoralpsychologin J. Kilpeläinen das Programm der beratenden Seelsorge. Sie wollen auch konkret, d. h. auf die Konflikte der Menschen eingehend und durch eine Gemeinde, die darüber informierte, hörte, betete und sprach, hilfreich sein. Und sie waren darauf aus, die Gottesdienstbesucher an Vorbereitung, Feier und Nacharbeit zu beteiligen, damit sie durch Eigenverantwortung und Selberformulieren zu sich selbst und zur Sache fänden. So trugen die neuen Ausformungen des alten Gottesdienstes dazu bei, den Blick für den seelsorgerlichen Auftrag desselben, für die Bedeutung der Liturgie als Lebenshilfe zu schärfen.

Auf eine Zäsur, die sich dann ereignete, kann ich nur eben hinweisen. Vermutlich mit dem Schock der sog. Ölkrise zusammenhängend, veränderte sich das Lebensgefühl der Menschen in allen Industrieländern der Welt. Ein Gefühl der Unsicherheit und Instabilität aller Dinge bemächtigte sich ihrer. Überall begann man plötzlich nach dem zu fragen – so nannte W. Nigg eines seiner Bücher – „Was bleiben soll". Zwar haben einige Theologen, denen das gar nicht gefiel, diesen Geist schon wieder durch Benennungen wie Regression, Rückfall, Rechtsrutsch, Abgrenzungstrend usw. gebannt. Aber verbale Akte sind gegen ein sich bedroht fühlendes und die Schatten des Fortschritts witterndes Weltbewußtsein schwach.

„Was bleiben soll" – wird seit Ende 1975 etwa auch in der Lehre von der Seelsorge gefragt. Die Eingabe der Bekennenden Gemeinschaften gegen die Gruppendynamik in der Kirche wiegt in diesem Zusammenhang leider zu leicht. Sie verstieß gegen Phil. 4,8 und dachte dem nicht nach, was gut, hilfreich und das Lob Gottes fördernd an der neuen Seelsorge ist. Die bisher gewichtigste Stimme wird in H. Tacke, Glaubenshilfe als Lebenshilfe, Probleme und Chancen heutiger Seelsorge, Neukirchen 1975, laut. Mit einer an H. J. Iwand geschulten dogmatischen Schärfe nennt sie die theologischen Unbedachtheiten der Beratungsseelsorge beim Namen. Bei Tacke ist dem Worte nach weniger, aber der Sache nach die Nähe zum Gottesdienst, zum Seelsorgeauftrag der Gemeinde wieder da. Er will nicht, wie die Getroffenen behaupten, zurück. Er sagt nicht, der hörende Seelsorger müsse in den redenden Prediger zurückverwandelt werden. Sondern er sagt, der hörende Seelsorger müsse den Ratsuchenden in einem aus dem Vernehmen der Not des Partners hervorgehenden Gespräch unter den Schutz und unter die Hilfe des Namens Jesu stellen. Darin bestehe das unterscheidend Kennzeichnende der von Christen geübten Seelsorge.

Bedeutsam daran ist, daß wir hier vor der Wiedergewinnung einer parakletischen Seelsorge stehen, die weder die Bibel noch das von der Tiefenpsychologie uns inzwischen Zugewachsene preisgibt, die der beratenden Seelsorge ihr Recht, aber nicht ihre Zeugnisschwäche läßt. Würde dieser Weg, den ich selbst zu gehen versuche, Zustimmung finden, dann hätten wir uns einem Seelsorgeverständnis genähert, das fähig wäre, in eine neue Gemeinschaft mit dem Gottesdienst und der in ihm geschehenden Heilsübergabe zu treten.

Auch auf seiten der Bemühungen um einen zeitgerechten Gottesdienst zeichnet sich eine solche Konvergenz ab. Dort vollzog sich gerade in den fünf vergangenen Jahren eine andere Orientierung. Sie bewegte sich von Gottesdienst-Modellen, die „von der realitätsbezogenen, sozusagen todernsten Analyse politischer und sozialer Probleme her geprägt" waren (L. Mohaupt), weg zu Gestaltvarianten, die unter den Stichworten Feier, Spontaneität, Spiel, Gemeinschaft, Kreativität und Fest, zu guter Letzt sogar „Meditation" stehen. Diese Wende brachte eine noch nicht sehr umfangreiche, aber bemerkenswerte sozial-psychologische Reflexion. In ihrem Mittelpunkt steht die Auffassung vom Gottesdienst als „symbolischer Kommunikation".

Es fällt mir nicht leicht, in einfachen Worten wiederzugeben, was damit gemeint ist. Vielleicht verstehe ich die Autoren noch nicht hinreichend. Ich kann nur wiedergeben, was ich und wie ich es verstanden habe. Wenn in der alten Welt Ehepaare, Familien oder Freunde getrennt wurden, „dann brachen sie ein Holzplättchen, ein Stöckchen oder einen Ring auseinander, und jeder der sich trennenden Partner behielt eine Hälfte" (H. J. Helle in: Zum Gottesdienst morgen 27). Sie konnte später einem mit einer Nachricht abgesandten Boten als Legitimation dienen; oder wenn sie sich wiederbegegneten, fügten sie die auseinandergebrochenen Teile zu einem Ganzen, zu einer Gestalt und erkannten sich daran zur unverwechselbaren Vereinigung mit dem Getrennten. Ein Symbol ist also ein Erkennungszeichen, das den Ursprungsvorgang eines Zusammenschlusses wieder aufscheinen läßt, erneuert und vergegenwärtigt.

Auf den Gottesdienst bezogen bedeutet das: In den Worten, Orten, Personen, Zeichen und Gebärden des Gottesdienstes scheint der Ursprungsvorgang des Zusammenschlusses von Gott und Mensch in Jesus Christus und die dadurch gestiftete Gemeinschaft der an Christus Glaubenden sowie die darin begründete „fraternitas creaturae", die Bruderschaft aller Menschen und Dinge auf und wird verbindlich vergegenwärtigt. Dahinter aber steht eine ungelöste Frage: die Frage, warum diese Repräsentation des Urvorganges im Gottesdienst heute zwar eine gewisse Anziehungskraft habe, aber kaum ins Bewußtsein erhoben werden könne und vor allem nicht den Gottesdienst des Alltags, die Probleme und Konflikte, die sie haben, durchdringe, heile oder tragen helfe; die Frage also, warum die symbolische Kommunikation des Gottesdienstes im Blick auf die Mehrzahl der Menschen mißlinge und unter welchen Umständen sie gelinge. Diese Frage zu stellen und an ihrer Lösung zu arbeiten, könnte geeignet sein, Gottesdienst und Seelsorge wieder zusammenzuführen. – Sie löst jetzt unsere dritte Grundsatzfrage aus:

IV. Das pastoral-liturgische Problem

Was können wir für ein gutes Verhältnis von Gottesdienst und Seelsorge tun? Ehe wir den mit dieser Frage angeschnittenen praktischen Bereich betreten, müssen wir noch einen kleinen Aufenthalt bei prinzipiellen Dingen nehmen. Der Problemkreis des Symbols läßt uns noch nicht los. Er ist aber eine Brücke.

Wenn zwei Menschen getrennt werden und dabei einen Ring auseinanderbrechen, dann ist ihnen klar, was diese Symbolhandlung bedeuten soll. Sie hat mit Gemeinschaft, Zukunft und Wiedererkennen zu tun. Beobachtern oder zufällig Hinzukommenden, also Menschen, die außerhalb dieser Beziehung stehen, kann sie mehrdeutig oder unverständlich erscheinen. Das gilt auch für das Symbolgefüge des Gottesdienstes. In ihm ereignet sich das Hereingehen Gottes in unser jetztzeitliches Leben symbolisch; d. h. es wird wahrnehmbar in Worten, Zeichen und Handlungen; z. B. in einem einfachen, aus alter Zeit stammenden und den Blick der Gemeinde auf sich ziehenden Kreuz; oder in der zum Eingang oder Ausgang erklingenden Dreieinigkeits-Fuge (Es-Dur) von Bach. Dies und alles andere im Gottesdienst hat mit Wiedererkennen des Ursprungsgeschehens, mit daraus hervorgehender Zusammengehörigkeit und mit daraufhin eröffneter Zukunft zu tun. So kann im Kreuz das unter uns aufgerichtete Wort von der Versöhnung erkannt und in der Fuge das Umwobensein vom Dreieinigen Gott verstanden werden. Beobachtern oder zufällig Hinzukommenden, also Menschen, die außerhalb dieser Beziehung stehen, können diese Vorgänge und Figuren anders deutbar oder unverständlich erscheinen. Wir erkennen infolgedessen: Symbole sind wahrnehmbare Einheiten, denen innerhalb eines bestimmten Personenkreises ein gleichaufgefaßter oder wenigstens in die gleiche Richtung weisender Sinn zugeschrieben wird. Dieser Sinn muß gelernt, eingeübt, unaufhörlich erinnert und bewußt – unbewußt von einer Gemeinschaft akzeptiert werden, sonst kann er sterben.

Da aber das Kommen Gottes zu den Menschen zwischen Himmelfahrt und Wiederkunft Christi gottesdienstlich-symbolisch, d. h. in Erkennungszeichen, die dieses Kommen repräsentieren, geschieht, stehen wir vor einem pastoral-theologisch überaus bedeutsamen Sachverhalt: Der Symbolcharakter der Liturgie, in der der allmächtige Gott arm zu uns Menschen kommt und mit sich reden läßt, muß gelernt, eingeübt, unaufhörlich erinnert und bewußt – unbewußt in der Gemeinschaft der Kirche akzeptiert werden, sonst kann er sterben. Das aber fordert liturgische Erziehung, denn dem Symbol ist wie der Ikone das Wort eingeschrieben. Der Anteil und die Aufgabe der Seelsorge bei dieser Erziehung sind wenig, fast nicht geklärt und stellen zudem ein heißes Eisen dar, weil sie sofort als Kirchenzucht, als Eingliederungsversuch in Gemeinde und Gottesdienst abgetan werden. Und doch wird die Seelsorge, wenn es um das pastoral-liturgische Problem der Erziehung zum Gottesdienst geht, viel zu sagen haben, denn diese steht und fällt damit, daß sie seelsorgerlich ist und in gebotener Einfühlung wenigstens partiell auch durch die Seelsorge selbst vollzogen wird.

Es ist billig, nach dieser Inpflichtnahme der Seelsorge für den Gottesdienst auch von dem in ihm begründeten Eigenrecht derselben etwas zu sagen. Zum Zeichengefüge der Liturgie gehört das Element der sichtbaren Gemeinschaft, die allen offensteht. Diese Eigentümlichkeit läßt uns eine Grenze des Gottesdienstes erkennen. Er, der zur Seelsorge sendet und die Gabe des Christus in die Notlagen der Menschen hinaustragen heißt, hat es zugleich an sich, daß er dem Individuellen in seiner Bewegtheit und dem Eingehen darauf Schranken setzt. Die Bejahung dieser Beschränkung läßt etwas vom Eigenrecht der Seelsorge am Einzelnen und vom Gebet des Einzelnen sehen. Im Schutzbereich des Gottesdienstes können sie sich frei entfalten und der unverwechselbaren persönlichen Bedürftigkeit des jeweiligen Menschen dienen. Es ist dabei nicht von ungefähr, daß Seelsorge und Gebet unter diesem Aspekt einander so nahe kommen. Das hängt damit zusammen, daß im Gottesdienst die entfremdete Sprache des Menschen wieder in den Dienst der Entsprechung gerufen und dadurch geheilt und gereinigt wird. Im Schutzbereich des Namens Jesu korrespondieren deshalb auf der vertikalen Ebene das Gebet und auf der horizontalen Ebene das Seelsorgegespräch miteinander: beide als Formen wiederhergestellter, geheilter und daher heilender Menschensprache.

In diesem Eigenrecht der Seelsorge und des Gebets wurzelt endlich auch das Recht von teils psychologisch-seelsorgerlich, teils geistlich-liturgisch bestimmten Gruppen, die sich jetzt so vermehren. Diese Zusammenschlüsse und kommunitären Lebensformen muß es zwischen dem Einzelnen und der Ehe auf der einen und der zum Gottesdienst versammelten Gemeinde auf der anderen Seite geben. Sie werden in T. S. Eliots „Cocktail-Party" in geheimer Beziehung zur Erzählung vom Barmherzigen Samariter „Sanatorien" genannt. In diese Sanatorien – Symbol für einen seelsorgerlichen Gemeindeaufbau – sollen sowohl der Gottesdienst als auch die Seelsorge Menschen einweisen, damit sie aus ihrer Isolierung errettet oder im Erleiden derselben gestärkt, damit sie Ort, Annahme und Begleitung finden. Es ist ein hoffnungsvolles Zeichen, daß solche Gruppen, sofern sie in den Schutzbereich des Namens und nicht ausschließlich unter psychologische Zwecke und Methoden gestellt sind, sich liturgischen Elementen verschiedenster Art erschließen und folglich ein poimenisch-liturgisches Gepräge gewinnen.

V. Beratende Seelsorge braucht den Gottesdienst

Ich fasse zusammen: Durch Inpflichtnahme und Eigenrecht, durch Angewiesenheit und Freiheit werden Gottesdienst und Seelsorge in ein lebendiges Verhältnis zueinander gestellt, an dessen Vollzug und Ausgestaltung wir arbeiten wollen. Unser bisheriger Gedankengang erlaubt es, eine Richtlinie dafür aufzustellen: Die beratende Seelsorge braucht den Gottesdienst, sie muß offener für ihn und der Gottesdienst muß besser beraten, sensibler für den Menschen werden.

Es ist notwendig, hier abzubrechen. Es gelang mir nicht, mit der Masse des Stoffs und der Probleme fertig zu werden. Ich schulde Ihnen das unmittelbar Praktische der dritten Grundsatzfrage. Es wäre zu sprechen über die dem Gottesdienst vorausgehende, über die im Gottesdienst innerhalb der Grenzen seiner Gemeinschaftsbezogenheit geschehenden und über die dem Gottesdienst nachgehende Seelsorge. Vielleicht kann das einem erbetenen Grundsatzreferat nachgesehen werden und als Frage und Arbeitsanstoß stehen bleiben. Ich bitte darum.

SEELSORGE

Was ist Seelsorge - und wie geschieht sie durch Gemeindemitglieder

I. Seelsorge – Aufgabe der gesamten Gemeinde

In der frühen Christenheit war die Seelsorge eine selbstverständliche Äußerung des gemeindlichen Lebens. Unter Seelsorge verstand man die in Christus gegründete, gegenseitige Verantwortlichkeit für den Glauben und für das innere und äußere Ergehen des anderen. Später wurde eine amtliche, Priestern und Pfarrern aufgetragene Seelenleitung daraus. Heute ist das Interesse an den seelischen Zuständen der Menschen und deren Beeinflussung so nach vorne getreten, daß unter den Gemeindehirten und Gemeindechristen Fachleute für psychologisch fundierte Seelsorge vorhanden sind. Dennoch darf dadurch nicht der Eindruck entstehen, Seelsorge sei nur eine Sache der Ausgebildeten. Unsere Kirche befindet sich in einer merkwürdigen Situation. In den Jahren nach dem Krieg entwickelte sich eine Theologie des Laientums, die z. T. mit großen Worten sagte, der Laie sei der Missionar des 20. Jahrhunderts. Aber nun geht er uns schon wieder verloren dadurch, daß die Seelsorge zu einer Sache der eigens dazu Ausgebildeten geworden ist. Die Gemeindeglieder ohne Ausbildung werden unsicher, ob ihnen die Seelsorge überhaupt noch anvertraut ist. Seelsorge bleibt jedoch Aufgabe der gesamten Gemeinde in allen ihren Gliedern. Als solche müssen wir sie unter voller Zugrundelegung des uns durch die Psychologie zugewachsenen Wissens wiedergewinnen.

Drei feste Sätze antworten auf die erste Frage unseres Themas: Was ist Seelsorge? Dadurch schaffen wir eine klare Grundlage für unser Anschauen und Bedenken.

Satz 1: *Seelsorge ist Beistehen in den Grundsituationen des Lebens vom Evangelium her.*

Satz 2: *Ihr Adressat ist der ganze Mensch in seiner von Gott entfremdeten Geschöpflichkeit.*

Satz 3: *Ihr Ziel ist sein Heilwerden durch das helfende Gespräch im Bekenntnis des Glaubens.*

Diese Sätze sollen uns nun leiten, wenn wir uns bemühen, an einer Begebenheit aus dem Leben zu lernen.

II. Am Leben lernen

Frau X hatte Geburtstag. Sie lud zwei Damen ein, Frau Y und Frau Z, mit denen sie guten Kontakt hatte. Beim Kaffeetisch sprach sie sich über ihre 23jährige Tochter Sylvia aus: „Sylvia macht mir Sorgen. Sie hat einen Freund, der mir gänzlich unsympathisch ist. Er paßt einfach nicht zu ihr. Ich habe es ihr auch gesagt. Seitdem verstehen wir uns nicht mehr so gut." Frau Y, eine impulsive Dame, antwortete: „Das tut mir aber leid! Sie hätten größere Dankbarkeit verdient. Was ist denn der junge Herr von Beruf?" Frau X: „Da liegt eine der Schwierigkeiten. Er besucht eine Fachhochschule, während Sylvia Medizin studiert." Frau Z schaltete sich ein: „Wenn es weiter nichts ist – das braucht doch kein Hinderungsgrund zu sein!" Das Gespräch ging noch weiter; aber dieser Ausschnitt genügt.

Frau Z ging nachdenklich nach Hause und sprach daheim mit ihrem Mann. Einige Tage später rief sie Frau X an: Der Geburtstagnachmittag sei ihr nachgegangen, die ausgesprochenen Sorgen und das Schicksal von Sylvia auch. Ob Frau X einmal zu einem Glas Wein abends kommen wolle. Sie kam. Frau Z nach einer Weile zwangloser Unterhaltung: „Sie sind sehr beunruhigt über Sylvias Festhalten an ihrem Freund?" Frau X: „Ja, ich meine, sie passen gar nicht recht zusammen. Ich bin ganz ratlos, und wenn sie ihn wirklich nimmt, dann bin ich ganz allein." Frau Z: „Ich verstehe Sie gut. Es ist ihre einzige Tochter." Frau X: „Und es war nicht leicht, sie nach dem Tode meines Mannes allein aufzuziehen." Frau Z: „Sie empfinden deshalb die Lösung von ihr doppelt schwer?" Frau X: „Manchmal meine ich, ich hätte sie schon verloren." Frau Z: „Sie können sie wiedergewinnen und ihren Freund dazu – verzeihen Sie, daß ich es so direkt sage – wenn Sie sie loslassen."

III. Beistehen und Begleiten

Frau X befindet sich in einer Grundsituation. Darunter verstehen wir Lebenslagen, die von vornherein mit der menschlichen Existenz verbunden sind. Als solche nennen wir: Werden und Vergehen, Erkranken und Entscheiden, In-Schuld-geraten und Sich-ängsten, Lieben, Hassen, Leiden, Streiten, die Ehe, das Alleinsein, das Alter und vieles andere mehr. Diese Grundsituationen sind uns aufgegeben, d. h.

wir müssen sie bewältigen – eine Aufgabe, die unsere Kraft häufig übersteigt, besonders wenn wir überlastet sind oder eine schwierige Kindheit hatten. In solchen Situationen ist es gut, wenn uns Menschen beistehen und ein Stück begleiten. Solche Menschen sind aber sehr selten. Wir lernen zwar im Laufe unseres Lebens immer mehr Menschen kennen; aber solche, die ein Stück Weges mitgehen, die aus einer gewahrten Distanz helfen, und den Takt haben, wieder zurückzutreten, sind selten. Beistehen kann nur, wer sich von sich selbst lösen kann. Von sich selbst lösen kann nur, wer sich gefunden hat. Oder, christlich gesprochen: Nur wenn ich mich gefunden habe, d. h. wenn ich mich so, wie ich bin, als von Gott empfange und zu mir stehe, kann ich mich von mir lösen, und in dem Maße kann ich beistehen. Oder noch anders gesagt: Ich muß „Ich" sagen können, um einem Du der Nächste zu sein.

Frau X mußte eine Grundsituation, die sie mit vielen anderen Menschen teilt, bewältigen. Sie mußte den Schritt der Tochter aus dem Hause bewältigen, d. h. tiefer gesehen: den Schritt der Tochter zum Mann, den Schritt der Tochter zu sich selbst, indem sie zu ihrer Entscheidung steht, und den Schritt der Tochter, den sie damit zum endgültigen Erwachsensein tut.

Ihre Lebensgeschichte – sie ist Witwe und ihre Tochter das einzige Kind – macht ihr diese Bewältigungsarbeit verständlicherweise schwer. Deshalb spricht sie sich aus und sucht Hilfe. Wir entdecken daran etwas eminent Wichtiges, das in unserer Welt, auch von Christen, beständig übersehen wird: Die Gelegenheiten zur Seelsorge finden sich in den banalsten Situationen unseres Lebens. Hier am Kaffeetisch spricht sich Frau X aus und sucht Hilfe. Ihre eine Gesprächspartnerin, Frau Y, behauptet zwar, sie nehme teil; aber ihre hochnäsige Frage nach dem Beruf des jungen Mannes lenkt im Grunde ab. Sie steht – das tut ihr Beitrag kund – bei sich und nicht bei ihrer Partnerin. Anders Frau Z. Sie beantwortet die von Frau X ausgesprochene Sorge um den Bildungsunterschied und vermindert sie. Das Gespräch geht ihr nach. Sie nimmt also wirklich teil, obgleich sie es in Worten gar nicht zum Ausdruck bringt. Ihr kurzes Beistehen während dieses Gespräches wird sogar zu einem kleinen Stück Begleitung, da sie im Rahmen der vorhandenen Möglichkeiten auf Frau X zugeht und sie einlädt. In dem sich daraufhin ergebenden Gespräch nimmt sie Frau X ganz ernst, rastet sich in ihre Situation hinein und begeht doch nicht den Fehler, sich mit ihr zu solidarisieren. Dadurch hilft sie ihr zu einer neuen Sicht des besprochenen Problems. Etwas spezifisch Christliches wird hier zunächst nicht sichtbar, wenn man es nicht in dem bewußten Ergreifen einer hilfreichen Initiative erblicken will. Es ist aber da, nicht nur in der Person von Frau Z, sondern verborgen im Vorgang des Beistehens selbst, wenn auch davon nicht zu unterscheiden. Das Ewige ist stille.

In weiteren Gesprächen, die sich anschlossen, wurde es laut. In ihnen ging es um die Einwilligung von Frau X in ein Gesetz der geschaffenen Welt, in das Gesetz, daß „ein Mensch Vater und Mutter verlassen" muß. Frau Z formulierte es in einem späten Gespräch auch mit diesem Wort aus den ersten Blättern der Bibel. Durch ihr verstehendes Zuhören und einfühlendes Zusprechen half sie Frau X und ihrer Tochter zurecht.

IV. Das entfremdete Geschöpf

In der Seelsorge geht es um den ganzen Menschen und nicht nur um seine Seele. Vom ganzen Menschen reden heute alle. Gesehen wird er nur von wenigen. Auch das Wort „Seelsorge" läßt ihn nur schwer erkennen. Unter „Seele" verstehen wir gewöhnlich etwas Schwer-zu-Beschreibendes, etwas Nicht-gut-Faßbares, etwas Unkörperliches. „Seele" nach biblischem Verständnis ist konkreter. „Seele" (hebr. näfäsch) ist die Lebendigkeit, die Vitalität, ist der bedürftige Mensch, der bedrohte Mensch, das an einen Körper gebundene Leben. Das ist das Wichtige an der biblischen Anthropologie, daß sie nicht vergeistigt, daß sie immer auf dem Erdboden, immer konkret, immer real bleibt. Der biblische Begriff von „Seele" weist uns geradezu darauf hin, daß der Mensch einen Leib hat, leiblich ist. „Seele" ist an einen Körper gebundenes und vom Körper bestimmtes Leben. Dieser durch einen Leib individualisierte Geist, also der durchgeistete Mensch ist Adressat der Seelsorge.

Er ist es in vielfacher Bezogenheit. Wir versuchen das, was als „ganzer Mensch" so kurz formuliert wird, von der biblischen Anthropologie her zu beschreiben.

		DU
Ich	———————	du (wir)
		Es

a) Der Mensch ist zunächst berufen, Gott, seinem Schöpfer zu begegnen und ihm Partner in antwortendem Sprechen zu sein. Das ist die Relation des Menschen zum großen DU, zu seinem Schöpfer.

b) Das Ich ist dem menschlichen du zugestellt, in welcher Gestalt auch immer es zu ihm kommt. Es ist ihm zugesellt, um ihm Mitmensch zu sein.

c) Mit Es ist nicht im Freudschen Sinne die Triebwelt gemeint, sondern die Sachwelt bis hin zu den Problemen in bezug auf den

Umweltschutz. Der Mensch ist über die belebte und unbelebte Kreatur gesetzt und beauftragt, die Welt der Dinge und Gedanken zu ordnen.

d) Der Mensch ist auch sich selbst zugeordnet. Das Ich muß sich auch zum Ich verhalten.

Durch dies alles, Gegenüber Gottes, Mitmensch und Beherrscher der Natur zu sein, ist er zugleich, wie uns die moderne Psychologie erst in voller Deutlichkeit zeigte, in ein Verhältnis zu sich selbst gestellt, in ein Verhältnis, das er entweder finden oder verlieren kann. Wir erleben nun in unserem eigenen Leben und in der Beobachtung anderer Menschen, daß dieses oben angedeutete, so schön geordnete Bild in Wirklichkeit nur verzerrt oder annähernd ausgewogen vorkommt. Wir bemerken, daß die Menschen diese drei Relationen verschieden belasten. Es kann vorkommen, daß ein Mensch die Relation vom Ich zum großen DU extrem überzieht, belastet und überfrachtet. Ich denke dabei an eine etwa 60jährige Frau, die in einer ganz engen pietistischen Familie aufgewachsen ist, die zu ihren Kindern sagt: „Tanzen ist Sünde. Probleme lassen sich nur mit Gebet lösen." Die Relation vom Ich zum großen DU wurde so einseitig präpariert, daß die Relation zum kleinen du, zur Wir-Welt und vor allem zur Sachwelt, zur Es-Welt nicht bearbeitet, kaum gelebt werden konnte. Wir wissen aus der seelsorgerlichen Erfahrung und Praxis, daß Menschen, die die Relation zum großen „Du" überziehen, stark zu Depressionen neigen. Genauso problematisch ist es aber, wenn die Linie zum „wir", zum „du" einseitig präpariert wird. Das geht immer auf Kosten der anderen Relationen. Das geschieht z. B. in unserer Welt durch die Hypertrophierung der Sexualität. Überhöhte und damit isolierte Sexualität neigt zum A-sozialen, sie sucht sich selbst und nicht den anderen. Dann gibt es Menschen, bei denen das Verhältnis zum „Es", das Verhältnis zur Dingwelt, überfrachtet wird. Sie wollen immer mehr haben und können auf immer weniger verzichten. Ihr Selbstbewußtsein hängt z. B. vom Autotyp und der Autogröße ab. Das ist die besondere Gefahr der Konsum- und Leistungsgesellschaft. Überall, wo eine dieser Relationen über- oder unterbewertet wird, verschiebt sich das ganze Gebilde, kommt der ganze Mensch in Unordnung.

Von diesem Menschenverhältnis her versuchen wir nun, Frau X zu sehen. Christliche Seelsorge ist angewandte biblisch-theologische Anthropologie. Frau X ist Geschöpf. Sie lebt, ohne über ihr Leben verfügen zu können. Sie steht, ob sie es weiß oder nicht, vor Gott. Christliche Seelsorge sieht jeden Menschen, ob er es weiß oder nicht, coram deo, vor dem Angesicht Gottes, sieht ihn als Geschöpf. Wir können damit eine Grundregel der christlichen Seelsorge formulieren:

Christliche Seelsorge ist nur da vorhanden, wo der Mensch so gesehen wird, wie Christus bzw. die Schrift ihn sieht.

Frau X ist Geschöpf, lebt vor Gott. Dieser möchte, daß sie ihm begegnet und antwortend mit ihm spricht. Vielleicht weiß sie es nicht. Das menschliche „du", dem sie zugestellt war, war ihr Mann. Dieser ist gestorben. Das menschliche „du", dem sie zugesellt ist, sind jetzt die Kaffeetanten, ist ihre Tochter und ist der junge Mann, der um die Tochter wirbt. Die Aufgabe der Mutter besteht darin, all diesen Bezugspersonen bewußt Mitmensch zu sein. Die Beziehung zur Welt der Dinge und Gedanken tritt in unserem Fall nur sehr andeutungsweise zutage. In Beziehung zur Welt der Dinge und Gedanken treten wir durch unseren durchgeisteten Leib. Dieses Verhältnis erscheint, wie gesagt, nicht deutlich, es ist aber da zu sehen, wo es um die Bewältigung des objektiven Problems, des Bildungsunterschieds zwischen der Tochter und ihrem Freund geht. Wie sehr dies alles ihr Verhältnis zu sich selbst gestaltet, sieht man bei näherem Zusehen sofort, vor allem in jenem resignierenden Satz, in dem unter Umständen sehr verborgen ein Schuldgefühl wohnt: „Manchmal meine ich, ich hätte sie schon verloren." Dieser in vierfacher Bezogenheit stehende ist der ganze Mensch, und als solcher ist Frau X Adressat der Seelsorge.

Aber nun kommt etwas hinzu, was unsere ganze Beachtung verdient. Wir entdecken bei Frau X ein Problem auf der Ich-du-Ebene. Ich formuliere es ganz hart: Frau X will die Tochter behalten und den Freund abstoßen. Auf dieser Ebene arbeitet sie mit ganzem Einsatz. Es kommt also zu einer Überbewertung dieser Ebene. Auf der Ich-Es-Ebene hingegen, wo es um die realistische Einschätzung eines kaum vorhandenen Bildungsunterschiedes geht und wo die Einwilligung in ein Gesetz der geschaffenen Welt zur Frage steht, findet kein Einsatz statt. Hier arbeitet sie nicht. Der Bildungsunterschied bleibt aufgebauscht bestehen. Es kommt zu einer Unterbewertung dieser Linie, und damit ist der Konflikt da. Er beeinträchtigt die übrigen Relationen und ist wie ein Wellen schlagender Stein. Nicht genug, daß sie mit ihrer Tochter und deren Freund, mit den geistigen Realitäten nicht zurechtkommt, sie tritt auch in einen Gegensatz zur göttlichen Intention und wird über dem allen ein unglücklicher Mensch.

Der Mensch als Geschöpf in seiner vierfachen Relation ist also nicht mehr in Ordnung, ist nicht mehr heil. Die Frau verfehlt diese Relationen und verfehlt dadurch sich. Wenn das nicht so wäre, bedürfte der Mensch weder Seelsorge noch Psychotherapie. Dieser bedarf er vielmehr deswegen, weil er sich von den genannten Zuordnungen beständig entfernt, sie vernachlässigt oder überbetont. Man kann das Gesagte auch mit dem Wort „Entfremdung" umschreiben (R. Affemann). Weil der Mensch diese Relationen vernachlässigt oder überbetont, nennen wir ihn entfremdet. Er ist entfremdet von Gott, von seinen Mitmenschen, von der Welt der Dinge und dadurch auch von sich selbst. Dies alles steckt in dem komprimierten Begriff „Sünde". Die vierfache Beziehung, in die der Mensch hineingeschaffen wurde, um sie zu leben, ist beschattet, verfinstert, beschädigt, zerbrochen. Die dramatische Geschichte dieses täglich neu sich ereignenden Vorgangs erzählt Gen. 3. Es ist der Bericht, wie das Verhältnis des Menschen zu Gott, zu Seinesgleichen, zur Welt und zu sich selbst zerfällt. Wir können dieses Zerfallen manchmal sogar an anderen sehen oder an uns selbst erleben. Wenn auch nur eine dieser Relationen unterbewertet oder preisgegeben wird, zerstört der Mensch sich selbst und wird oft sogar krank. Er wird auf jeden Fall seelsorge- und beratungsbedürftig. Dieser Mensch in seiner Bezogenheit und Gebrochenheit zugleich – so formuliere ich anstelle der bekannten reformatorischen Formel „Sünder und gerecht zugleich" – ist im theologischen Sinn der ganze Mensch. Dieser Mensch ist in der Seelsorge gemeint.

V. Das helfende Gespräch

Es ist die Absicht der Seelsorge, diese Gebrochenheit zu heilen oder doch den von Gott gestifteten Anfang zu dieser Heilung zu machen. Ziel der Seelsorge ist das Heilwerden des Menschen, ist sein Zur-Ordnung-, ist sein Zurecht-, ist sein Zum-Frieden-Kommen. Zum Frieden kommt er, wenn diese vier Relationen einigermaßen im Lot sind. Nur die Beziehung zu Gott zurechtzubringen, ist genauso eng und führt wieder zur Überfrachtung einer Relation, wie wenn nur die Beziehung zum Mitmenschen oder zur Welt der Dinge in Ordnung gebracht wird. So wie wir uns von der Psychologie fragen lassen müssen, ob wir das Hineinverflochtensein des Menschen in die Welt der Menschen, ihrer psychischen Befindlichkeiten und in die Welt der Dinge genügend deutlich gesehen haben, so müssen wir die Psychologie fragen, ob sie das Geschöpfsein des Menschen, seine unbedingte Bezogenheit zum großen DU überhaupt oder genügend sieht. Da ja die Über- oder Unterbewertung einer Relation zur geistigen Erkrankung führt, müssen wir alle Relationen im Auge haben. Deshalb war das urchristliche Verständnis von Seelsorge „Verantwortung für den Glauben, sowie für das innere und äußere Ergehen des Menschen" genügend weit. Ein Verständnis, in dem sich unsere heutige Seelsorge noch finden und bergen kann! Das Mittel, um dies zu erreichen, ist das Gespräch, und zwar das auf die psychische Seite der menschlichen Personalität bezogene Gespräch. Dies unterscheidet die Seelsorge von allen anderen Formen kirchlicher Kommunikation wie Gottesdienst, Predigt, Unterricht usw. Für das seelsorgerliche Sprechen gibt es viele und komplizierte Regeln aus der Psychologie, die von den Fachleuten gelernt werden müssen. Für uns als Gemeindeglieder genügen wenige Grundregeln; z. B. Annehmen, Zuhören, Schweigen, Einfühlen und Eingehen, Zusprechen, Zusammenfassen und Beenden. Wenn wir sie uns aneignen und praktizieren, dann ist ein großer Schritt auf die Seelsorge durch Gemeindeglieder hin getan. Um diese Grundregeln zu erhalten, befassen wir uns noch einmal mit der Geschichte von Frau X, genauer: mit dem Verhalten von Frau Y und Frau Z.

Wir sehen Frau Z nachdenklich heimgehen und mit ihrem Mann sprechen. Dabei stoßen wir wieder auf etwas Wichtiges. Die Psychotherapeuten und Berater innerhalb und außerhalb der Kirche können es, je länger je weniger begreifen, daß die theologische Seelsorge im Alleingang geschieht, in der Einsamkeit des Amtsträgers und ohne Geborgenheit in der Gemeinde oder in einer ihrer Gruppen. Der Amtsträger hat, da er das Schweigegebot gesetzlich überzieht, niemand, mit dem er die ihm aufgelegten Lasten besprechen kann. Die Folge ist, daß das, was er selbst nicht genügend zu verarbeiten vermag, an ganz anderen Stellen als Aggression oder als Resignation wieder erscheint. Jeder, der Seelsorge übt, bedarf eigentlich einer Gruppe, einer christlichen Gruppe in der Gemeinde, in der er geborgen ist, seinen Ort hat und etwas von seinen Schwierigkeiten sagen kann.

Wir sehen das hier: Frau Z geht nachdenklich heim und spricht mit ihrem Mann. Wir sehen sie bei der Arbeit des Einfühlens, bei der Arbeit der Empathie. Damit beginnt sie des anderen Last zu tragen. Aus dieser inneren Arbeit des Einfühlens wächst der Eröffnungssatz, mit der sie nach der kurzen Unterhaltung die eigentlich seelsorgerliche Seite des Gesprächs beginnt. Sie sagt: „Sie sind sehr beunruhigt über Sylvias Festhalten an ihrem Freund." Mit diesem Satz nimmt sie Frau X und ihr Problem auf. Das kündigte sich in der Kaffeestunde schon an. Sie sprach bereits da zur Sache, entschloß sich dann zum Akt der Einladung und ließ sich darüber hinaus die Schwierigkeiten von Frau X angelegen sein. Sie erfüllte Röm. 15,7: „Nehmet einander an, wie Christus euch angenommen hat, Gott zum Lobe." Dieser eigene Akt der Annahme unterscheidet die Seelsorge von der Psychologie. Der Psychotherapeut sagt nicht: „Könnten Sie heute abend nicht zu einem Glas Wein zu mir kommen?" Der Psychologe geht nicht in die Wohnung, was der Pfarrer kann und tut.

Und nun sprechen die beiden. In allen Seelsorgebüchern steht, Zuhören sei das Wichtigste. Und doch unterbrechen wir den, der sein Problem ausspricht, sehr bald. Man kann durch Experimente feststellen, daß genau das, was alle Seelsorgebücher als das Wichtigste behaupten, das Zuhören, die größte Kunst ist. Es bedarf einer großen Ich-Stärke, oder theologisch gesagt: einer großen Geborgenheit, eines großen Gegründetseins im Evangelium, um den anderen bis hinein in alles Unsympathische, was er ausstrahlt und sagt, voll ausschwingen zu lassen. Wie Frau Z sich im einzelnen verhielt, sehen wir nicht, aber was sie spricht, ist ein zuhörenden Sprechen. Frau X sagt: „Es war nicht leicht, die Tochter nach dem Tode meines Mannes alleine aufzuziehen." Frau Z: „Sie empfinden deshalb die Lösung von ihr doppelt schwer." Sie geht Zug um Zug auf das Geäußerte ein. An ihr kann man sehen, was eine klassische Stelle der Seelsorge im Alten Testament beschreibt, Jes. 50: „Der Herr hat mir das Ohr geöffnet, daß ich wisse mit den Müden zur rechten Zeit zu reden." In solchen Gesprächen ist viel Schweigen vorhanden. In diesem Schweigen erfolgt ein Aushalten und in diesem Aushalten die Übernahme der Ratlosigkeit. Nicht so sehr das Schweigen, sondern die in ihm sich übertragende Ratlosigkeit muß ausgehalten werden. Nur so gewinnt der andere das Gefühl: mir steht jemand bei. Wenn das Problem mitgeteilt und im Schweigen angenommen wurde, wird es besprochen. Ein Vergleich mit Frau Y ist hier lohnend. Sie sagte zwar: „Es tut mir leid"; es ist aber nicht wahr. Sie sagte dann: „Sie hätten größere Dankbarkeit verdient!" Damit behandelt sie die abwesende Tochter moralisch. Sie schloß endlich mit der Frage nach dem Beruf des jungen Mannes. Obgleich sie ein weiteres Problem ansprach, lenkte sie ab, und der Ton war alles andere als der eines Zuspruchs.

Ganz anders Frau Z. Sie hört im Sprechen weiter. In jener geheimnisvollen Weise, die auf den Menschen und auf Gottes Gebot zugleich eingeht und daraus das Wort zur Stunde vernimmt. Das Christliche kommt spät, spät in der Reihe der Gespräche. Deshalb kann es vernommen werden. Viele gut gemeinte Seelsorge scheitert im Grunde genommen daran, daß das Christliche zu bald und d. h. nicht genügend menschenbezogen gesprochen wird. Offenbar haben beide Frauen mehrere Male geredet. Es fand ein Stück Weggeleit statt, das selbstverständlich befristet ist. Wir finden dieses Weggeleit, und damit das, was wir als Seelsorge ausgearbeitet haben, in einer wunderbaren Konzentration in Lk. 24.

1) Jesus tritt unerkannt zu den beiden Jüngern, die nach Emmaus gehen; er tritt auf sie zu, unerkannt, so daß er für einen Festpilger gehalten wird.

2) Dann wandert er mit.

3) Erst als er lange gehört und durch sein Fragen die Not der anderen entborgen hat, spricht er; dann kommt die Bezeugung, sie

kommt spät und kann nun vernommen werden. Das gehört zum Wesen der Seelsorge.

Es gehört aber auch Distanz zu ihr. Ich komme noch einmal auf das Wort vom „Solidarisieren" zurück. Meistens schimpfen wir mit oder klagen mit. Die Menschen suchen in uns Klagegenossen. So ist es, wenn wir uns solidarisieren. Zu jeder Hilfe aber gehört Distanz. Jede Zuwendung zu einem Menschen kann nur aus der Distanz heraus erfolgen. Jede Solidarisierung mit dem andern ist das Ende der Hilfe und das Ende der Seelsorge. Wahre Nähe ist nur möglich durch Wahrung einer letzten Distanz. Diese Wahrung einer letzten Distanz erfolgt wiederum dadurch, daß ich den andern als vor Gott stehend und als sein Geschöpf anerkenne und sehe. Nur aus dieser Distanz heraus ist Hilfe und somit auch Seelsorge möglich.

VI. Die Felder der Seelsorge

Diese Grundregeln des *Zuhörens, des Schweigens* und des *Zusprechens*, eingebettet in *Annahme, Begleitung* und gleichzeitig *Distanz*, wollen praktiziert werden. Für die Verwirklichung durch Gemeindeglieder ist wichtig, daß das menschliche Gespräch, das zum beistehenden wird, selten erbeten, aber unzählige Male erwartet wird. In unerwarteten Situationen sind die Möglichkeiten zur Seelsorge vorhanden. Darauf weist ein Wort Jesu hin (Joh. 4,35): „Hebet eure Augen auf und sehet in das Feld, denn es ist weiß zur Ernte." Es ist ein merkwürdiges Wort, da es im Winter gesprochen wurde. Es heißt: Ihr müßt jetzt hingehen, auch wenn ihr euch noch nicht gerüstet fühlt, wenn ihr noch keine Empfänglichkeit für Seelsorge wahrzunehmen meint. Die Erwartung zur Seelsorge ist da, vor allem auf den Hauptfeldern der menschlichen Not, die ich hier nur noch kurz nennen möchte:

a) *Mit Kindern sprechen.* – Wir wissen, daß sogenannte unbegabte Kinder häufig deshalb unbegabt sind, weil zu wenig mit ihnen gesprochen wurde. Durch Sprache werden sie begabt. Seelsorge an Kindern gestaltet sich deshalb zur Arbeit mit Eltern, um sie besser in den Stand zu setzen, ihre Kinder sprechend, statt sie anfahrend, zu begleiten.

b) *Jugendliche reden lassen.* – Die Heranwachsenden ziehen sich in der ersten Phase der Reifungszäsur in ihr Innenleben zurück, das sie wie eine Kostbarkeit hüten. In der zweiten Phase, wenn die Pubertät zu Ende geht, werden sie wieder mitteilsamer. Oft reden sie aber die Gedanken der öffentlichen Tendenzen. Seelsorge an Jugendlichen besteht darin, ihnen einen Raum zu gewähren, in dem sie ihre

Meinung bis zum Absurden aussprechen dürfen. Ein Raum ist aber nie unbegrenzt. Sie bedürfen des Verständnisses und des Widerstandes zugleich.

c) *Das eheliche Gespräch.* – Wo innerhalb der Ehe eine Beziehung, sei es die leiblich-sexuelle oder die geistig-soziale, überbewertet wird, kommt es immer zur Abwertung der anderen, und das ganze Gefüge gerät durcheinander. Durch eheliches Gespräch – auch dazu befreit die Hilfe der Seelsorge – und Eheberatung können Spannungen ausgeglichen, besseres Verständnis geweckt und die Berufung zur Ehe erneuert werden.

d) *Den Kranken ansprechen.* – Die Krankenvisite ist Auftrag der Christen. Die Krankheit können wir heute als eine Sprechweise verborgener Bewußtseinsvorgänge verstehen. Was die Krankheit spricht, verschlüsselt spricht, tritt im Sprechen des Kranken nicht ohne Weiteres vernehmbar zutage. Krankenseelsorge versucht, etwas von dieser Sprache zu erfassen. Sie versucht, ihr zu entsprechen und das Gutsein Gottes in die Krankenzimmer hineinzutragen.

e) *Mit Alten sprechen.* – Beim alten Menschen fällt das Angelernte ab und das Nichtgefallende tritt hervor. Meist wird die Vergangenheit verklärt. In unserem Sprechen mit den alten Menschen muß die Gegenwart als anvertraute Zeit und die Zukunft als in Gottes gnädigen Händen liegende zugesprochen werden.

Wenn die Alten oder auch die Jüngeren sterben, dann kommt das, was in der Taufe geschah, zum Vorschein: mit Christus in den Tod gegeben. Dann endet unser Sprechen.

An dieser Grenze erweist sich alles seelsorgerliche Handeln und Sprechen als vorläufig. An dieser Grenze überläßt die Seelsorge den Menschen Gottes ewigem Gespräch.

So ist Seelsorge von Christen geübte Hilfe als heller Schein. Der helle Schein kann sich verdunkeln, weil jede Hilfe gefährdet ist und eine Form von Herrschaft sein kann. Heller Schein ist unser Helfen nur, wenn es eine winzige Verwirklichung und Vorwegnahme des Gespräches ist, das Gott in Jesus Christus mit uns spricht.

6*

Überlegungen zu einer
biblischen Theologie der Seelsorge

Unsere Zeit scheint an biblischen Begründungen wenig interessiert. Wir werden sehen, daß unser Thema in den Augen mancher von mäßiger Bedeutung ist. Um mich von solchen Eindrücken zu befreien, blätterte ich in den Briefen von Teilhard de Chardin und begegnete folgendem Satz: „Wenn es das Christentum nicht gäbe ... würde die Gegenwart eines liebenden Gottes aus dem psychologischen Raum der Erde verschwinden. Welche Nacht und welche Kälte, von denen wir uns, glaube ich, nicht die geringste Vorstellung machen können."[1] Darum geht es, wenn wir Überlegungen zu einer biblischen Theologie der Seelsorge anstellen: um die Gegenwart eines liebenden Gottes im psychologischen Raum der Erde. In dem Maße, in dem wir die biblische Fragestellung ernst nehmen, bezeugen wir ihn im Heute; denn Lehre und Zeugnis lassen sich in der Theologie letztlich nicht voneinander trennen.

I. Verläßt die evangelische Kirche den Weg der schriftgebundenen Seelsorge?

Es ist noch nicht lange her – da stand die Seelsorge im Schatten anderer wissenschaftlicher und kirchlicher Aktivitäten. Das hat sich inzwischen grundlegend gewandelt. Wenn auch noch nicht alles zum Besten steht, so findet sie doch jetzt in Ausbildung und Vollzug starke Beachtung. Während man nach wie vor beziehungsweise erneut von einer Krise der Predigt spricht, hört man schon die Rede von einer deutschen Seelsorgebewegung.

Diese Seelsorgebewegung – sofern man von einer solchen sprechen kann – mißt diesem auf einmal so stark in unser Bewußtsein getretenen Bereich kirchlichen Daseins geradezu theologieverändernde Bedeutung bei. J. Scharfenberg beginnt einen Überblick mit einem aus den 30er Jahren stammenden Satz: „Die Kirche der Zukunft wird eine Kirche der Seelsorge sein oder sie wird nicht sein."[2] H. Harsch schließt H. Clinebells „Modelle beratender Seelsorge" mit dem

---

[1] Teilhard de Chardin, Pilger der Zukunft, 88.

[2] J. Scharfenberg, Wo steht die evangelische Seelsorge heute?, in: Wege zum Menschen 1959, 1.

Kommentar: „Die Folge dieser neuen intensiven Beschäftigung mit Seelsorge wird voraussichtlich sein: eine Veränderung der Theologie … und eine Veränderung der Identität des Pfarrers. Die einseitige Verschulung der Kirche als ,ecclesia mater et magistra' wird rückgängig gemacht werden müssen zur ,ecclesia mater et medica'."[3]

Wir treffen auf dieses Pathos in den Konzeptionen der beratenden und therapeutischen Seelsorge, die das Konzept der verkündigenden Seelsorge abgelöst beziehungsweise überlagert haben; ja sich polemisch gegen dasselbe wenden: es habe die evangelische Seelsorge, vor allem in Deutschland, „in einen wahren Dornröschenschlaf versetzt"[4]. Die ,neue' Seelsorge hingegen versteht sich neben ihrer theologischen Motivation stark von der in ihr geschehenden Rezeption der säkularen Humanwissenschaften her. – Obgleich der Begriff „Beratung" kein besonders klarer ist, läßt es sich doch in Kürze sagen, worum es in der beratenden Seelsorge geht: Sie setzt die Anerkennung einer bestimmten Weltsituation, genauer, die Kompliziertheit und Problemgeladenheit der modernen Lebensverhältnisse voraus. Sie „nutzt eine Beziehung zwischen zwei Personen oder in einer kleinen Gruppe, um dem Menschen zu helfen"[5]. Sie bedient sich dabei des methodischen Gesprächs und der psychologischen Deutung des Verhaltens der Partner. Sie zielt auf Konfliktlösung durch Aktivierung der eigenen Möglichkeiten, um das Zusammenleben der Menschen einschließlich ihres Verhältnisses zu Gott zu verbessern. Mit einem Wort: sie „ist also jene Möglichkeit, in einer unüberschaubar gewordenen Welt mosaikartig Möglichkeiten zusammenzusuchen, die aus vielen Teilwahrheiten die eine Wahrheit für den anderen darstellen könnte"[6]. – Sehr viel schwerer erscheint es mir, die therapeutische Seelsorge darzustellen. Zunächst könnte man meinen, es handle sich um die Aufnahme einer sehr alten Tradition, die das seelsorgerliche Tun in der Nähe des ärztlichen und die Heilung der Kranken als Auftrag der Kirche sieht. Diese theologisch mancherlei Probleme bergende Tradition lebt z. B. in den „Studien des Ökumenischen Rates Nr. 3, Auftrag zu heilen" (1966), in denen das vergebende Evangelium, Sakrament und Gebet als Grundlage des heilenden Handelns hervorgehoben wird. H. Harsch hingegen erhebt die (erwähnte) Forderung nach einer „ecclesia mater et medica" im Nachwort zu einem Buch über beratende Seelsorge und D. Stollberg gebraucht den Begriff des „Therapeutischen" zwar im Titel seines Buches, verwendet ihn dann aber mehr beiläufig als Kommunikationsaspekt ohne ihn

---

[3] H. Clinebell, Modelle beratender Seelsorge, 280.
[4] J. Scharfenberg in: Vorwort zu D. Stollberg, Seelsorge praktisch, 5.
[5] H. Clinebell, Modelle beratender Seelsorge, 16 f.
[6] H. J. Thilo, Beratende Seelsorge, 10.

ausdrücklich thematisch zu behandeln. Wir schließen daraus: „Therapeutische Seelsorge" ist ein ähnlich sammelnder Begriff wie „Psychotherapie". Sie bezeichnet die Form, in welcher sich die Anwendung beratender Methoden vornehmlich vollzieht. In ihm wird eine mögliche Funktion desselben zum Thema beziehungsweise zum Ziel erhoben. Überschreitet die Seelsorge mit dieser Benennung nicht ihre Kompetenz und gerät in Konkurrenz zur medizinischen und psychologischen Therapie? Hinter der sog. „Therapeutischen Seelsorge" wohnt das Konzept der beratenden Seelsorge einschließlich ihrer Anwendung im klinischen Bereich.

Damit sind nun die Wege – oder genauer: ist der Weg beschrieben, auf dem die evangelische Kirche im einzelnen und als Institution der grenzenlosen Ratbedürftigkeit in unserer Zeit entgegenzutreten sucht. Sie kann dabei mit einer großen Offenheit der Menschen für ihren Dienst rechnen. K. W. Dahm hat aufgrund kirchensoziologischer Erhebungen gezeigt, „daß die große Mehrzahl der Bundesbürger (bis zu 80%) unter den verschiedenen Aufgaben der Kirche dem persönlichen Bemühen um den einzelnen Menschen, insbesondere um Einsame, Alte und Kranke die größte Bedeutung zuspricht"[7]. Die Notwendigkeit intensiver Bemühung von Kirche und Theologie an dieser Stelle steht somit außer Zweifel, nicht weniger, daß angesichts dieser Sachlage alles getan werden muß, um das Defizit an Seelsorge auszugleichen und im Zuge dieser Aufgabe auch die überkommene Vorstellung von ihrer Nichtmethodisierbarkeit zu korrigieren.

Dennoch gibt es uns zu denken, daß sich der vor Jahren noch kaum denkbare Bedeutungsgewinn der Seelsorge in einer Phase des zunehmenden Bedeutungsverlustes von Glaube, Kirche und Evangeliumsverkündigung ereignet, und wir meinen, kompensatorische Unterströmungen nicht ausschließen zu können. In diesem Zusammenhang bedrängen uns vor allem zwei Erscheinungen: 1. die Faszination, die von der Rezeption psychologischer Methoden ausgeht und die damit verbundene Tendenz, Methoden an die Stelle der Inhalte treten zu lassen und 2. eine tiefgreifende Unsicherheit gegenüber dem Theologischen in der Theologie und dem Christlichen in der Seelsorge. Beides zusammengenommen führte zu einem Zurücktreten, wenn nicht gar Verschwinden des verkündigenden Elements in der Seelsorge, zu einer Reduktion ihres theologischen Charakters auf die bloße Motivation und zu einer Abweisung der Frage nach ihrem Proprium. „Anstatt daß die Theologie der Seelsorge sich bemüht, das Proprium der christlichen Sorge für Menschen in Konflikten herauszustellen, sollte sie sich im Interesse der Leidenden besser dafür ein-

---

[7] K. W. Dahm, Beruf: Pfarrer, 264.

setzen, daß das menschliche Engagement des Pfarrers, seine Fähigkeit zur Empathie und sein psychologisches Verständnis nicht unter dem Niveau eines guten Sozialarbeiters stehen."[8] Ich weiß, daß W. Neidhart recht hat, wenn ich an bestimmte beharrende Einstellungen und Praktiken der Seelsorge in der Kirche denke. Aber was ist das für eine Alternative, die das Geltendmachen von Theologie und die Einfühlung in das Menschliche einander entgegensetzt! Noch weiter geht P. Gerlitz, der den Gegensatz von Seelsorge und menschlicher Beratung einfach „zu jenen theologischen Fiktionen" rechnet, „die seit Jahrhunderten von Gott reden, ohne dabei den Menschen zu beachten" und ihn dann für „endgültig beseitigt" erklärt[9]. Konnte man immerhin der verkündigenden Seelsorge vorwerfen, sie habe das Problem des Menschen durch Vernachlässigung der humanwissenschaftlichen Anthropologie zu gering geachtet und die Methodenfragen zu wenig reflektiert, so gehen wir jetzt – wenn nicht alles trügt – einer Übermethodisierung der Seelsorge entgegen und im Zuge ihrer Psychologisierung einer Entkerygmatisierung.

Damit sind wir bei der Frage nach der biblischen Theologie angelangt. Sie spielt demzufolge eine höchst untergeordnete und nebensächliche Rolle, wenn man nicht ihr völliges Fehlen konstatieren will. Es geht gewiß auch zu Lasten der sich in ähnlicher Weise vom Inhalt zur Methode bewegenden Exegese, wenn das Biblische in der Seelsorge in den Hintergrund getreten ist. Es gibt Ausnahmen wie neuerdings H. J. Thilo im ersten Kapitel seines Buches „Beratende Seelsorge". Wir begegnen auch dem biblischen Zitat. Aber bei Lichte besehen wird das Schriftzeugnis von Fall zu Fall legitimierend herangezogen, nicht in zusammenhängender Weise begründend und an der Fülle des in den letzten Jahren exegetisch Erarbeiteten exakt partizipierend. So erscheint uns die Seelsorge mitten in ihrer Entfaltung zugleich wie an einen Anfang gestellt, an ein anfängliches Fragen nach ihrem Grund, nach ihrem Inhalt und nach ihrer Ausdehnung in der Schrift, nach der kritischen Funktion der Theologie, nach einem Korrektiv, dessen sie in dieser Stunde wie kaum zuvor bedarf, um nicht mit all ihrer Modernität dem alten Äon verhaftet zu bleiben.

II. Vorfragen zu einer biblischen Theologie der Seelsorge

Die biblische Theologie ist innerhalb der Bibelwissenschaft eine historische und systematische Disziplin. Sie faßt die verschiedenen Aussagen des AT und NT zu einem Ganzen zusammen, wobei sowohl die

---

[8] W. Neidhart in: Praktisch Theologisches Handbuch, hg. v. G. Otto, 1970, 429.
[9] P. Gerlitz, Theologia Practica, 1967, 248.

Einheit der Botschaft als auch die Verschiedenheit ihrer Ausprägung sichtbar wird. In ihr legt der christliche Glaube in strenger Schriftbezogenheit Rechenschaft über seinen Grund und Gegenstand ab. Wie bei allem Bestreben zusammenzufassen, muß auch hier die Beschränkung unter bestimmten Gesichtspunkten erfolgen. Woher nimmt die biblische Theologie diese Gesichtspunkte?

An dieser Stelle halten wir fest, daß durch die in unser Thema aufgenommene Bezeichnung „Biblische Theologie" eine wichtige Vorentscheidung gefallen ist: die Rezeption des Alten Testaments; nicht als Quelle israelitischer Religion, sondern als Zeugnis einer ungestüm nach vorne drängenden Geschichte, in der sich der gleiche Gott, der in Jesus Christus sprach, durch seine Selbstoffenbarung die Sprache des alten Israel öffnete. G. von Rad hat in seiner Vorsicht, das AT zu systematisieren, die These aufgestellt, es habe keine Mitte. Hebt er aber diese These nicht selber auf, indem er unentwegt in aller Diskontinuität der Erscheinungen, Verheißungen und Texte jener geheimen Mitte gewahr wird, die allen Geschöpfen vorgegeben wirkend, redend und kommend, sich um eben dieselben kümmert?

Wir haben für die auf den Menschen bezogene Dynamik (der Mitte) des AT das Wort „sich kümmern" (cura) gewählt. Dürfen wir das? Treten wir nicht mit einem vorgefaßten Begriff an die Quellen heran? Lassen wir diese Frage noch etwas auf sich beruhen und stellen nur fest, daß W. Jentsch in seinen weit angelegten „Biblischen Perspektiven" zur Jugendseelsorge die gleichen Bedenken ausspricht, dann aber selber vordringlich den Begriffen des Sorgens nachgeht. Fragen wir zunächst nach dem Gegenstand des Sichkümmerns Gottes im Alten Testament. Dabei stoßen wir auf näfäš als dem wichtigsten anthropologischen Begriff im alten Israel, auf „das Lebendige..., das Vitale am Menschen im weitesten Sinn: Die näfäš hungert (Dt. 12,15), sie ekelt sich (Nu. 21,5; Hes. 23,18), sie haßt ..., zürnt ..., trauert ..., und vor allem: sie kann sterben..."[11] Sie ist das Ich in einer spezifischen Konzentration und Steigerung und unter einem besonderen Aspekt betrachtet, nämlich so, wie das Ich als ein einheitliches und geschlossenes Wesen auftritt. Es gibt die näfäš nur in der Verbindung mit dem Leib. Das aber bedeutet: Sie ist begrenzter, individualisierter und den Leib zugleich belebender Geist. „Seele" ist also nach biblischem Verständnis das an einen Körper gebundene Leben, das lebende Individuum als Vergängliches. Damit sind wir auf die Sache der Seelsorge gestoßen: Sie ist sachlich nur, wenn sie sich auf die „Seele", d. h. im streng biblischen Sinn, auf das

---

[10] W. Jentsch, Handbuch der Jugendseelsorge, Bd. I., 17 ff.
[11] G. von Rad, Theologie des Alten Testaments, Bd. I., 166.

volle Menschsein des Menschen bezieht; denn ebendies ist Gegenstand der cura Gottes.

Die Aufnahme des AT für unsere Sache erfolgte im Einklang mit dem Glauben und der Liebe der Kirche, im AT komme, rede und wirke der Vater Jesu Christi. Dann aber beweist – wie H. W. Surkau formuliert – die Theologie des AT nur den einen überragenden Gesichtspunkt: „daß die Selbstoffenbarung Gottes, die Vollendung des im AT geoffenbarten Heilsplanes Gottes für sein Volk in einzigartiger Weise hervortritt."[12] So bewegen sich dann die vorhandenen Theologien des NT um die Verkündigung Jesu, um das Kerygma bei den Synoptikern, Paulus und Johannes und um das differenziert darzustellende Leben der frühen Gemeinde. Gerade in bezug darauf hat E. Schweizer die methodische Regel geltend gemacht, daß weder bei einem wie auch immer gearteten Begriff von Gemeinde noch bei ihrer konkreten Ordnung einzusetzen ist, sondern bei dem Herrn dieser Gemeinde, von dessen neuem, gegenwärtig wirksamen Leben sie zutiefst überzeugt war[13].

Dieser Regel folgend nehmen wir nun die Frage nach der Berechtigung des Begriffs der cura (Sorge) wieder auf, ob er als Suchhilfe, als Sonde für eine biblische Theologie der Seelsorge erlaubt sei. Es hat sich bei W. Jentsch gezeigt, daß wir ohne eine solche Suchhilfe nicht auskommen. Obgleich Kierkegaard und Heidegger, beide als vom NT Lernende, die Sorge als einen Ausdruck der Angst verstehen, die ins billige Besorgen der Dinge des Alltags flieht, ist dieser problematische Begriff in der cura animarum zu solcher Bedeutung gelangt. „Ausgerechnet dieses anstößige Wort hat die Kirche ... zur Bezeichnung ihres Dienstes am einzelnen Menschen genommen. Das tertium comparationis ist dabei offenbar die Intensität der Hingabe an die Sache, um die es in der Gemeinde Christi geht", um das In-Ordnung-Kommen, Zur-Normalität-, Zum-Frieden-Gelangen des Menschen vor Gott. „So verstanden wandelt sich die alte Sorge zu einer neuen Sorge im Namen Jesu. Mit Tillich gesprochen: aus dem neuen Sein resultiert auch die neue Sorge."[14] Demnach ist „Sorge" nach theologischem Verständnis die Christus entsprechende, ganzheitlich-fürsorgliche Hinwendung zum konkreten Menschen. Nicht das Ängstliche, sondern das Sich-Erbarmende, und seine Dichte macht den Sorgecharakter der Seelsorge aus. Das aber kann nur von dem her gesagt werden, der umherzog, das Leid der Menschen genau ins Auge faßte und

---

[12] H. W. Surkau, Art. „Biblische Theologie", in: Evangelisches Kirchenlexikon, Bd. I., Sp. 512.

[13] E. Schweizer, Das Leben des Herrn in der Gemeinde und ihren Diensten, 15 f.

[14] W. Jentsch, Stand, Verständnis und Aufgaben der Seelsorge; in: PB 1966, 25.

darüber – wie es Mt 9,36 heißt – von einer durch und durch gehenden Erschütterung über die Daseinsnot des Menschen ergriffen
wurde. In dieser Menschlichkeit Jesu haben wir also die sich unseren
Augen enthüllende Sorge Gottes um seine Geschöpfe vor uns, die uns
berechtigt, den Begriff als Suchhilfe zu gebrauchen. Die Entbergung
dieser Sorge Gottes hat ein Anheben, eine Vorgeschichte im AT, einen endgültigen, unvergleichlichen Ausdruck in der Person Jesu und
eine Fortsetzung, ein Weitergehen des Zutagegetretenen in der neutestamentlichen Gemeinde.

III. Die Offenbarung der Seelsorge Gottes in Jesus Christus und in den Diensten der Gemeinde

1. Vorlaufende Linien im AT

Aus Gottes Händen hervorgegangen ist der Mensch. Was er hat,
darüber kann er verfügen. Zu was er aber gemacht worden ist, dafür
ist er dem Rechenschaft schuldig, der ihn dazu gemacht hat. Er muß
antworten mit seinem Leben. Das Instrument dafür ist sein vom
Geist durchstalteter Leib. Das AT war geradezu empfänglich für die
darauf beruhende Schönheit. Er ist „sehr gut" aus den Händen des
Schöpfers hervorgegangen. Darum kann er nicht sein, ohne daß seine
Sorge ihn umhegt und auch den zunehmend von ihm sich Entfremdenden umgibt. „Und Gott der Herr machte Adam und seinem
Weibe Röcke von Fellen und zog sie ihnen an" (Gen. 3,21). In diesem
Sinn ist alles nun anhebende Handeln Gottes, alles Sichkümmern um
ihn „Seel-Sorge"; Sorge, damit er seine Bestimmung wieder erlange.

Diese Sorge wird besonders deutlich im Wirken der Propheten. Im
Rahmen ihres Auftrags, die Bundesgemeinde in das rechte Verhältnis
zu ihrem Gott zurückzuführen, stand ihnen eine auffallende Freiheit,
was die Ausformung der ihnen übergebenen Verkündigungsinhalte
betraf, zu. Das läßt sich eindrucksvoll am Botenspruch aufzeigen.
Der Botenspruch – in der Regel ein Drohwort – war seinem Wesen
nach genau und ohne Umgestaltung weiterzugeben. Aber die Propheten haben ihm eine Scheltrede vorgesetzt, die den allgemeinen Inhalt
des Botenspruchs erst adressierte. „Die Adressierung dieser Botschaft
ad hominem war (dann) Sache des Propheten. Seinem Urteil, seiner
„seelsorgerlichen" Wachsamkeit war hier ein weites Feld freigege-
ben"[15]. Das aber erforderte ein elementares Wissen von Welt und
Leben, von den göttlichen Grundordnungen und eine angespannte
Wachheit in der Beurteilung von Menschen und Umständen.

---

[15] G. von Rad, Theologie des Alten Testaments, Bd. II, 82.

Einen neuen Bereich des prophetischen Wirkens betritt Hesekiel. Als in der letzten Königszeit die Verselbständigung des Individuums besonders aggressive Formen annahm, brach die Frage nach dem Anteil des einzelnen an Jahwe auf. Damit sah sich der Prophet genötigt, „auch dem Einzelnen nachzugehen, seine Fragen mit durchzudenken und ihn auf seine persönliche Lage vor Gott anzusprechen"[16]. „Man kann dies erst von ihm bewußt betretene neue Wirkungsfeld mit dem Wort ‚Seelsorge' bezeichnen, wenn man bedenkt, daß diesem Worte hinwiederum der neutestamentliche Begriff der Paraklese entspricht. Tatsächlich, mit dem Begriff des Zuspruchs, der warnenden und tröstenden Anrede, ist diese Seite des Amts Hesekiels ziemlich genau umschrieben. . ."[17]

Zusammenfassung: Der Mensch kann nicht sein, ohne daß Gottes Sorge ihn umhegt. Mit der Schöpfung ist auch das Sich-Kümmern des Schöpfers um seine Geschöpfe gesetzt. Dieses Sich-kümmern nimmt Gott durch Menschen wahr. Es tritt uns in der Freiheit, Wachsamkeit und in dem ein tiefes Wissen um den Menschen fordernden Adressieren der Propheten entgegen. Mit der schon damals einsetzenden zunehmenden Individualisierung des Menschen eröffnet sich diesem Sich-kümmern ein neuer Bereich: die Verantwortung für den Vereinzelten wird dem Botenamt aufgelegt.

2. Die Menschlichkeit Jesu

Gott hat seine Sorge begonnen. In Jesus wird sie sichtbar. In ihm findet nun das, was anhob und in vorlaufenden Linien auf ihn hindrängte, seinen endgültigen, unvergleichlichen Ausdruck. Es kommt zum Ausdruck, daß er das Sich-kümmern Gottes in Person ist, daß es durch die Menschlichkeit eines zum Erbarmen Fähigen erfolgt, den die Teilnahme an der bekümmernden Situation des Menschen im Innersten aufwühlt und daß es dem Verlorenen und Vereinzelten gilt, samt deren Gruppen, immer ausgerichtet auf deren Eingliederung in die Basilea.

An dieser Stelle können wir an dem einzigen Aufsatz der letzten Jahre, der sich exegetisch mit der Seelsorge befaßt, nicht vorübergehen: G. Schille: Ist Seelsorge im Neuen Testament begründet[18]? Unter souveränem Außerachtlassen der einschlägigen Literatur legt der Verfasser einen unspezifischen Oberbegriff von Seelsorge zugrunde, dem „selbst die Beitreibung rückständiger Kirchensteuer" untergeordnet werde[19]. Der „Seelsorger" Jesus – das ist sein erstes Ergebnis – habe in den angeblich davon handelnden Perikopen nichts zu suchen,

---

[16] AaO., 241.   [17] Ebd.
[18] In: Zeichen der Zeit, 1966, 127 ff.   [19] AaO., 127.

sondern gehöre zum Requisit einer psychologischen Jesusdeutung, wobei Schille merkwürdigerweise davon herkommt, Mt. 15, die Syrophönizierin, sei eine klassische Seelsorgeperikope in der kirchlichen Auslegung. Davon weiß ich nichts. Sein nächster Schritt ist es, aus den Hirtenerzählungen und -stellen den Zug der beinahe intimen Gemeinschaft des Hirten mit seinen Schafen zu eliminieren zugunsten des einen politischen Vergleichspunktes: es gehe in jedem Fall um die Einheit der Herde. Das Kirchenrechtliche daran versteht er – nebenbei erwähnt – als „eine nüchterne, juristische Sache", die mit Seelsorge nur wenig zu tun habe. Allenfalls das Bemühen um eine rechte Ausrichtung des Lebens in der Gemeinde durch ein Mahn- und Trostamt läßt er als Seelsorge gelten. Nachdenklich, das sei aber nun ernstlich hervorgehoben, sind seine Schlußsätze: „Seelsorge ist legitim. Aber sie hat sich gegenwärtig, gemessen am NT, eine Vorrangstellung erkämpft, die sie kaum verdient."[20] So sind wir auch hier von den Fachleuten für biblische Theologie weitgehend allein gelassen.

Fahren wir allein weiter! Gott gibt in Jesus sein Für-sich-Sein preis und kommt zum Menschen. Er begibt sich nicht nur in die allgemeine Situation des Menschen auf Erden hinein, sondern in die besondere eines in der menschlichen Gesellschaft zusehends nicht tragbaren Menschen. Das kennzeichnet zugleich Art und Adressaten seines Sich-kümmerns. Seine Ausrichtung auf den einzelnen gewinnt eine so große Bedeutung, daß man manchmal das Empfinden hat, es schwinde der prophetische Auftrag für sein Volk als ganzes aus seinem Blick. Sein Eingehen auf die speziellen Bedürfnisse dieser einzelnen im Rahmen ihrer Lebensgeschichte ist – wenn man von den keimenden Anfängen der großen griechischen Ärzte absieht – einmalig in der Antike. Ebenso bemerkenswert ist sein ausdrückliches Interesse an jenen Menschen, die – ganz gleich aus welchen Gründen – aus der sozialen oder religiösen Gemeinschaft ausgeschlossen waren oder sich ausgeschlossen fühlen mußten. Um ihretwillen – so sagt es die Parabel vom verlorenen Schaf Luk. 14,4–7 – verläßt er die bereits zu ihm Gehörenden, entfernt sich, sucht und ruft und ruht nicht, bis das Verlorene gefunden ist. Er wartete nicht auf sein Wiederkommen. Er suchte selbst. Diese Eigenart seines Wirkens und die damit vordringlich anvisierten Adressaten sind richtungsweisend für die Folgezeit: Die Liebe Gottes muß in die Welt eindringen und den Gegenstand ihrer Sorge suchen. Daß für die Lage des zu Suchenden und zu Findenden das Symbol absoluter Willenlosigkeit und Schwäche, das „Schaf" erscheint, ist charakteristisch. Dem entspricht – vgl.

---

[20] AaO., 135.

Luk. 15 – nur noch das „Aufsichnehmen" der je verlorenen, bedrohten und ohnmächtigen Existenz. Man sollte also nicht vergessen – und um die Abwehr dieses Vergessens der ekklesiologischen Dimension der Seelsorge ist es uns zu tun –, daß dieses „Aufsichnehmen" das Zurücktragen in die heile Gemeinschaft, das Heimkehren und Heimkommen in den Zustand des Normalen, des Umhegten, der teilnehmenden Freude nach sich zog und in sich schloß. Das war Jesu menschliche und ebendarum göttliche Seelsorge.

Zusammenfassung: Die den Menschen umhegende Sorge Gottes wird in Jesus Christus enthüllt. Er ist darum für uns Menschen, weil Gott selbst für uns ist. Und Gott selbst ist für uns, indem der Mensch Jesus für uns ist. Das in Jesus entschleierte Sich-Kümmern Gottes um den Menschen hatte die Gestalt einer befristeten, vom Tun des Erbarmens erfüllten und im Gehorsam an Gott gebundenen Menschlichkeit. Es ist in jeder Hinsicht konkret. Das Kommen Jesu zum Menschen ist daher gekennzeichnet durch das Eingehen auf die Bedürfnisse des Einzelnen, durch das Zurückbringen der von der heilen Gemeinschaft Gelösten und durch das Bewußtsein, daß alle Menschen dieses seines Dienstes zutiefst bedürfen.

3. Die neutestamentliche Gemeinde

Gott hat seine Seelsorge begonnen. In Jesus wird sie sichtbar. In der Gemeinde und durch sie geht sie weiter. E. Schweizers Untersuchung „Das Leben des Herrn in der Gemeinde und ihren Diensten" (Zürich 1946) zeigt das in Inhalt und Titelformulierung prägnant. Christus wird durch sein weitergehendes Wort in den zur Gemeinde zusammengeschlossenen Menschen lebendig. Ihr Glaube ist tätiges Ergriffensein durch ihn, das sich im Überschreiten der eigenen Person, in Dienst und Bruderliebe äußert. Vom Herrn unter den Gesichtspunkt des Füreinanderseins gestellt, schuldet sie jedem Leben rechte Hilfe.

In diesem Sinne haben die Apostel – sogar den Sorgebegriff he merimna 2.Kor. 11,28 aufnehmend – für die Gemeinden, die Gemeinden für die Apostel und Vorsteher und die Gemeinden untereinander aufeinander geachtet und füreinander Sorge getragen; und zwar vom äußeren Ergehen des einzelnen angefangen über Verfassungs- und Strukturfragen bis hin zur Ermahnung, Weisung und treu geübten Fürbitte; immer motiviert, wie Paulus es ausdrückt: „Die Liebe Christi dringet uns" (2.Kor. 5,14). Hier ist eines vergessenen, unvergeßlichen Aufsatzes von J. Schniewind über „Theologie und Seelsorge"[21] zu gedenken, dessen Hauptthese „Theologie heißt im

---

[21] In: Evangelische Theologie 1946/47, 363 ff.

NT Didache, Seelsorge heißt Paraklese"[22] lautet. Er geht davon aus, daß „das NT-Wort für Seelsorge ... Paraklese"[23] ist und sieht es durch das deutero-jesajanische „nicham" gehärtet, „nahe bei der Prophetie, bei dem Herzen treffenden, Menschen vor Gott stellenden Wort der Verkündigung"[24]. Ihr praktisches Beistehen dehnte die Urgemeinde bald auf alle diejenigen aus, denen sie durch Führung, Fügung und Geschichte zum Nächsten wurde, da sie das Haupt des Leibes zugleich als den Herrn der ganzen Welt bekannte.

Diese neue Sorge beruhte auf einer neuen Schau des Menschen: er ist, ganz gleich wer er ist, durch das Sterben Jesu zum Reich berufen. Das engte ihr Sich-Kümmern im Gegensatz zu später nicht im geringsten ein, etwa in dem Sinn, daß es sich auf eine bloße Heils- und Seelensorge reduziert hätte. Im Gegenteil: das ganze Menschenleben in seiner Augenblicklichkeit und Gegenwärtigkeit, der Leib, das Essen und Trinken, die Sexualität, die Ehe, Erziehung, Wirtschaft und Staat wurden ernst genommen. Aber ebenso: in Beziehung zum kommenden Reich gesetzt. Das mag alle jene stören, die der Seelsorge den kerygmatischen Akzent entziehen wollen zugunsten einer wortlosen Präsenz des Christen in der Welt.

Neutestamentlich haltbar ist diese Verbannung des Zeugnisses aus der Weltlichkeit des Christen nicht. Es kann uns auch in der Seelsorge niemand das Wort, das bestimmte Wort verbieten, um das Priesterliche ganz in der Beratung verschwinden zu lassen. Eine andere Frage ist freilich die nach der Form, nach dem Modus dieses Wortes, nach seiner Aufdringlichkeit oder Unaufdringlichkeit, ja nach seinem u. U. notwendigen Verschweigen, nach seiner Situationsbezogenheit. Denn: einer Überwältigung, einer Vergewaltigung des anderen redet das NT niemals das Wort. Die neue Sorge wahrt den Abstand, zu dem die Ehrfurcht vor dem geschöpflichen Leben des anderen nötigt. Sie ruft aber, wenn der Kairos es gebietet, auch zur Entscheidung und verbirgt nicht, aus welchem Ursprung sie stammt. Die Sorge der frühen Gemeinde um den anderen hatte – daran ist nicht zu rütteln – als Lebensäußerung der Zugehörigkeit zum Reich die Berufung dazu mit als Ziel.

Zusammenfassung: Die den Menschen umgebende und in Jesus Christus enthüllte Sorge Gottes geht in und durch die Gemeinde weiter. Sie gehört zur Lebendigkeit und Frucht des Glaubens ebenso, wie sie zum Amt des Wortes gehört. Das Sich-Kümmern der neutestamentlichen Gemeinde geschieht in der Gliedschaft des einen Leibes an allen und durch alle Gemeindeglieder. Es ist also nicht auf die Gemeinde begrenzt, sondern steht unter dem Aspekt des Füreinander-

---

[22] AaO., 363.   [23] Aao., §(.   [24] AaO., 365.

seins überhaupt. Es gibt gemäß der Universalität des Parakleten schlechterdings keine Frage, die nicht in den Bereich dieses vom Haupt der Gemeinde geleiteten Sich-Kümmerns fallen könnte. Tritt sie in diesen Bereich ein, so wird sie immer mehr unter dem Gesichtspunkt des kommenden Reiches gesehen.

IV. Beratende und parakletische Seelsorge

Es wäre alles mißverstanden, wenn aus dem Bisherigen eine Preisgabe der beratenden Seelsorge herausgehört worden wäre. Darum geht es nicht. Wir sollen alles andere als zurück. Wir meinen aber, der Auftrag Jesu Christi werde auf dem Felde der menschlichen Not seinem Willen und der Wirklichkeit des Menschen entsprechend dadurch wahrgenommen, daß in, mit und unter der beratenden Seelsorge Paraklese geschieht: die das entfremdete Geschöpf Gottes mit sich, mit seinesgleichen und mit Gott versöhnende Berufung zum Reich. Das entlastet die Seelsorge und beansprucht die Beratung. Sieben Thesen sollen das abschließend und zusammenfassend erläutern.

1. Seelsorge ist sachlich nur, wenn sie sich auf die „Seele", d. h. im streng biblischen Sinn auf das volle Menschsein des Menschen als geschichtlich und sozial existierendes Wesen bezieht.

2. Seelsorge und Diakonie lassen sich infolgedessen nicht voneinander trennen, da sonst die Seelsorge zur Psychotherapie und die Diakonie zur Fürsorge wird. Allenfalls steht hier der psychische, dort der somatische Aspekt menschlicher Personalität im Vordergrund des Helfens.

3. Um Kirche und Theologie und damit auch die Welt vor einem anthropologischen Doketismus zu bewahren, ist der Christenheit vornehmlich die Sorge um den einzelnen aufgetragen, d. h. die Bemühung um den jeweils konkreten und unverwechselbaren Menschen jetzt und hier.

4. So wie sich Gott in der Unkenntlichkeit eines Menschen zeigte und zugleich verbarg, kann sich christliche Seelsorge in psychologischen Methoden zugleich zeigen und verbergen, bis der Augenblick ihrer Kenntlichkeit im ‚kairos' erscheint. (kairos: unverfügbare Gelegenheit).

5. Die Frage nach dem Proprium der christlichen Seelsorge kann nicht verwehrt werden, da sie als Lebensäußerung der Basilea des Herrn (Reich Gottes) zugleich die Berufung zum Reich und heilsame Erkenntnis des besonderen Falles von Gott selber her intendiert, sich somit im Unterschied zu aller säkularen Bemühung um den Menschen parakletisch versteht.

6. Der Gemeinde in allen ihren Gliedern aufgetragen, so sehr sie auch als besonderes Charisma in Erscheinung tritt, darf sie durch einen zu hohen Grad der Methodisierung nicht doch wieder zur Sache einzelner und der Amtsträger werden, sondern muß Sache der Gemeindeglieder bleiben.

7. In der parakletischen Seelsorge geht es unter voller Zugrundelegung der beratenden Seelsorge (in manchen Fällen aber auch ohne sie) um die unbedingt situationsgemäße und methodisch verantwortete Begegnung mit dem Evangelium auf dem Felde menschlicher Not. Sie steht dem Menschen in der Grundsituation durch Hilfe zum Glauben bei.

So viel! Unser Bestreben war es, auf dem Grunde der beratenden Seelsorge den Ansatz der verkündigenden Seelsorge wieder aufzunehmen; wenn man so will, den Gedanken einer nach-therapeutischen Seelsorge zu denken.

Braucht die moderne Gesellschaft die Seelsorge der Kirche?

Überlegungen zum Verhältnis von Psychotherapie und Seelsorge

I.

Ein junger Pfarrer, dem ich diese Frage vorlegte, antwortete: „In zehn Jahren nicht mehr; dann wird das Angebot der kommunalen und der sich davon nicht mehr unterscheidenden kirchlichen Beratungsstellen genügend groß sein." Sehen wir vom optimistischen Charakter dieser Antwort einmal ab! Ihr Nein kam dadurch zustande, daß in ihr Beratung und Seelsorge identifiziert und der Seelsorge der Kirche kein Eigenwert zuerkannt wurde. Halten wir sie infolgedessen als für zu schnell gegeben und entschließen uns auch nicht zu einem ebenso eiligen Ja, stehen wir vor einer Aufgabe von nicht geringen Schwierigkeiten.

Dieser Schwierigkeit wollen wir uns mit einigen Randnotizen zum Thema vorsichtig nähern.

1. Pädagogisch gesehen: Das Thema stellt eine Entscheidungsfrage, auf die mit Ja oder Nein geantwortet werden könnte. Der Zuhörer könnte angesichts eines Theologen als Referenten versucht sein zu sagen: „Wir wissen ja doch, wofür er sich entscheidet."

2. Seelsorgerlich gesehen oder im Sinne der psychoanalytischen Abstinenzregel (Zurückhaltung im Antworten, Rat und Weisung erteilen) dürften lediglich Entscheidungshilfen gegeben werden, damit die Antwort vom einzelnen bzw. von der Gruppe selbst gefunden werden kann. Doch will ich mich der persönlichen Stellungnahme nicht ganz enthalten.

3. Die Voreiligkeit der eingangs referierten Antwort bemerkte das Schwebende nicht, das im Thema liegt. Sie entschied zugunsten des Verständnisses: „Braucht man in der modernen Gesellschaft die Seelsorge der Kirche?"

Die Themafrage ist aber offen auch für das andere Verständnis: „Braucht die moderne Gesellschaft als sichtbare societas der Menschen, braucht sie in ihrer Eigentümlichkeit des Miteinander und Widereinander zweckrationaler Gruppen, braucht sie als gesunder oder kranker Leib die Seelsorge der Kirche?"

4. Abgesehen von der Antwort enthält das Thema drei unentwegt gehörte, geredete und deshalb zerredete Begriffe, die etwas Verschwommenes an sich haben: Gesellschaft, Seelsorge, Kirche. Am wenigsten klar ist das Wort und die Sache der Seelsorge.

II.

Hier setzen wir ein, nicht, weil es beinahe zum guten Ton gehört, diesen aus der griechischen Antike und nicht aus dem Neuen Testament stammenden, stark befrachteten Begriff zu klären, sondern um der Sache willen.

In der vormodernen Zeit war Seelsorge sonnenklar. Klar war das Subjekt der Sorge, die Kirche und die Inhaber des Pfarramtes. Klar war das Objekt der Sorge, die Seelen, d. h. die auf Glauben hin ansprechbaren Gemeindeglieder. Daraus ergab sich das Ziel, die Gewinnung beziehungsweise Erhaltung der Menschen für Kirche, Glauben und Heil. Daraus folgte auch die Methode, die Verkündigung des Evangeliums in die individuelle Situation hinein; die Beichte als zugespitzte Form dieser Verkündigung, als praedicatio specialissima; die Seelenführung, die Weisung, der geistliche Rat.

Die Rolle, die der Seelsorger dabei einnahm, war die des Vaters, des Lehrers, des Weisen. Wenn heute vorwiegend junge, aber auch ältere Theologen den Beruf des Pfarrers als theologischen Fachmann und Berater neu definieren wollen, so dürfte es sich dabei um einen höchst subtilen, modern gewandten Versuch handeln, die alten Rollen in die Gegenwart zu verlängern.

In der vormodernen Zeit war Seelsorge klar, weil die individuelle Ausprägung des Menschen noch nicht jenen Grad erreicht hatte, den sie bei uns heute besitzt, weil die Person ein einmaliges, einzigartiges, unauswechselbares Wesen darstellte, in dem das Gemeinsame aller Menschen des jeweiligen Kulturbereiches und das Individuelle sich gegenseitig durchdrang.

Man konnte ausgehen von einem festen Bild, wie der einzelne sein Leben zu führen habe, wie eine Ehe, eine Familie aussehen müsse. Die Gemeinden waren überschaubar, und der Pfarrer, der jeden kannte, konnte um Rat angegangen werden. Es gab gültige und in ihrer Richtigkeit lang dauernde Antworten. Man könnte fast sagen, sie lagen bereit.

Dieses Bild wandelte sich von Grund auf durch die tiefgreifenden Veränderungen, die mit der Industrialisierung der Gesellschaft, mit der Autorisierung der öffentlichen Meinung und mit der Abwendung von der exklusiven Alleingeltung der Kanzel einsetzten, d. h. mit der Säkularisation, die das Denken und Tun der Menschen der religiösen Kontrolle entzog.

Die Individualität – man denke an unsere Tage – prägte sich jetzt in einer Weise aus, daß man auf die merkwürdigsten Dinge gefaßt sein muß, wenn man einen Menschen genau kennenlernt. Die Person verlor an Bedeutung, wurde auswechselbar, und das Individuelle und Gemeinsame vermochten sich nur noch schwer zu verbinden, ja protestierten gegeneinander. Anstelle der festen Bilder und Verhaltensformen trat eine Fülle von möglichen und unmöglichen Weisen, als einzelner, Ehepaar oder Familienmitglied zu existieren. Die Lebensabläufe erwiesen sich als nicht mehr durch gültige Normen kanalisierbar, höchstens durch umstrittene.

Die Gemeinde wurde unüberschaubar, die Volkskirche zur Fiktion und die seelsorgerliche Einwirkung der Kirche auf den einzelnen und das Gemeinwesen verringert bzw. aufgehoben. Die Zeit der Pauschalantworten, der gestanzten Weisungen und der ein für allemal gültigen Ratschläge ging unwiederbringlich zu Ende.

Die Folge ist eine enorme Fraglichkeit der Seelsorge. Fraglich wurde das Subjekt der Sorge: Laien, Pfarrer, Ärzte, Psychologen? Fraglich wurde das Objekt der Sorge, Gemeindeglieder, Christen, Nichtchristen, Individuen, Gruppen, Gesellschaft. Fraglich wurde das Ziel, Heilung, Integration in die Kirche oder in die Gesellschaft, Mündigkeit, Selbständigkeit, Lustgewinn. Fraglich auch die Methode, die psychologische, psychosomatische oder kerygmatische.

Die Rolle des Vaters, Lehrers oder Weisen trug nicht mehr. Es mehren sich die Stimmen, die daraus eine resignierende Konsequenz ziehen und die Seelsorge entweder als eigene Disziplin der Praktischen Theologie eingehen und in die übrigen Disziplinen der Theologie aufgehen lassen wollen oder aber sie lediglich als eine von der Kirche notwendigerweise auch geübte Lebens- und Konfliktberatung ohne besondere theologische Qualität anzusehen bereit sind.

Wir können uns diesen Konsequenzen nicht anschließen, denn es hat sich bei uns noch nicht durchgesetzt, was zum Beispiel in der Arbeit der öffentlichen und privaten Fürsorge als Grundsatz gilt, daß eine Klärung der Begriffe „Beratung" und „Behandlung" ohne genaue Analyse der potentiell Ratsuchenden überhaupt nicht möglich ist. Das heißt für uns: Was Seelsorge, Beratung, Lebenshilfe durch die Kirche ist, läßt sich nur durch eine Analyse derer, die diesen Beistand potentiell begehren, ermitteln. Es erfolgt also eine Umorientierung der Seelsorge: Sie orientiert sich nicht mehr an der Heiligkeit Gottes und an dem, was von daher zu verkündigen ist, sondern sie orientiert sich an der Menschlichkeit des Menschen und an dem, was er von daher braucht.

Die theologische Legitimität dieses Vorgehens beruht auf dem Menschen Jesus von Nazareth, dem Nichtadaptierten schlechthin. Die Evangelien schildern ihn als einen Seher des Menschen.

Mt. 9, 35 f.: „Jesus ging umher in alle Städte und Dörfer, lehrte in ihren Synagogen und predigte das Evangelium von dem Reich und heilte alle Krankheit und alle Gebrechen. Und da er das Volk sah, jammerte ihn des-

7*

selben, denn sie waren verschmachtet und zerstreut wie die Schafe, die keinen Hirten haben." – Das ist ein Grundwort der Seelsorge. In ihm stoßen wir auf den Menschen, der die Wirklichkeit des Menschen sieht und sich daran orientiert.

Die Wirklichkeit des Menschen sehen, heißt seine Bedürfnisse sehen. Jeder Mensch wird mit Urbedürfnissen geboren. Sie entfalten sich und wachsen mit ihm. Und wenn sie nicht erfüllt werden, stellen sich schwere Schädigungen ein.

Sie wollen aber nicht nur erfüllt werden, sondern der Mensch will sie auch an anderen erfüllen. Solche Urbedürfnisse sind: Vertrauen empfangen und geben, das Bedürfnis nach Anerkennung, Kontakt, Geborgenheit, Sicherheit, Selbständigkeit, Zärtlichkeit, Zugehörigkeit und nicht zuletzt das heute so gewaltig anwachsende Bedürfnis, Aggressionen loszuwerden.

Jesus hat sich derer, die in bezug auf die Erfüllung ihrer Urbedürfnisse zu kurz gekommen sind, angenommen. Er hat die Vergeblichkeitserfahrungen auf dem Wege einer therapeutischen Kommunikation zeichenhaft behoben oder erträglich gemacht. Er hat sogar in seinen Streitgesprächen – sie gehören zum historisch Gesichertsten – das Aggressionsbedürfnis gewisser Gruppen aufgenommen und erfüllt.

Von diesem Sehen der Menschlichkeit des Menschen her hat er die Unfähigkeit zum Erbarmen in seiner Gesellschaft angegriffen. Das Unmögliche aber, das alles umschloß, war die religionsgeschichtlich einmalige Souveränität seines Anspruchs, daß diejenigen, die von ihm angenommen wurden, von dem hinter ihm Stehenden, von dem in ihm sich Zeigenden angenommen worden seien. Wegen dieses Anspruchs hat Israel auf die Frage: „Braucht die theokratische Gesellschaft die Seelsorge Jesu?" geantwortet: Nein!

Methodisch ergibt sich daraus im Einklang mit dem Jesus der Evangelien und im Gegensatz zu jedweder Theokratie, die die Herrschaft Gottes als Verfassungsnorm postuliert, aber kirchliche Positionen behauptet, die Orientierung der Seelsorge am Menschen, der Hilfe braucht.

III.

Inhaltlich stehen wir damit vor dem Problem des Verhältnisses von Ratlosigkeit und Seelsorge in der modernen Gesellschaft. Im einzelnen geht es um die Frage nach der grundsätzlichen Ratbedürftigkeit des Menschen in unserer Zeit und nach der diesem Sachverhalt entsprechenden oder nicht entsprechenden Seelsorge der Kirche.

Wir gehen aus von der empirisch für den jetzt lebenden Menschen ganz allgemein geltenden Tatsache, daß er grundsätzlich ratbedürftig ist und zwar als Person wie als Institution. Kliniken, Kirchen, Schulen, Betriebe, Behörden sind von diesem Schicksal genauso betroffen wie der einzelne.

Das hängt mit der Veränderung der mitmenschlichen Beziehung in der technischen Welt zusammen. In ihr sieht sich der Mensch z. B. durch eine immer rasanter werdende Problemgeschwindigkeit einer zunehmenden Selbstentfremdung ausgesetzt, die sich in Orientierungslosigkeit und Verhaltensunsicherheit äußert. Das Überlieferte reicht nicht mehr aus, um das Neue einzuordnen.

„So entsteht immer, wenn wir einer Situation begegnen, die weder in meinem bisherigen Vorstellungs- und Erfahrungsbereich gestanden hat, noch sich in gewohnte Denk- und Erlebnisweisen einordnen läßt, zunächst Ratlosigkeit." (Brocher) Brocher schlug in diesem Zusammenhang vor, „die individuelle akute Ratlosigkeit in einer bestimmten Situation" mit Hilflosigkeit zu bezeichnen, „um die darin enthaltene Hoffnung auf Rat und fremde Hilfe mit ins Blickfeld zu bekommen. Ratlosigkeit dagegen scheint mehr ganze Gruppen oder Institutionen zu erfassen, die, mit einem neuen Problem konfrontiert, es zunächst nach gewohnten Verhaltensweisen zu bewältigen versuchen, um nach dem Scheitern dieses Versuchs der Gruppe, das heißt als Institution, dem Phänomen ratlos gegenüberzustehen".

Man muß dabei unbedingt beachten, daß die Hilflosigkeit der einzelnen und Ratlosigkeit der Gruppe sich verzahnen. Nehmen wir die Vorgänge an der Universität als Anschauungsmaterial. Hilflosigkeit des einzelnen entsteht, wenn eine Institution seine Bedürfnisprobleme verleugnet. Es kann geschehen, daß er sich durch Gefügigkeit davon befreit. Dadurch gibt er seine Bedrohtheit an die Institution ab, in der sie nun ein gespenstisches, untergründiges Dasein führt. Ohne es zu merken, nimmt er nun an der ihn umfassenden Ratlosigkeit der Institution teil.

Oder – das ist die andere Möglichkeit – er gibt seine Hilflosigkeit in Form einer Aggression an die Institution zurück, als einzelner oder als Gruppe. Die Institution versucht das Neue, Ungewohnte mit herkömmlichen Verfahrensweisen, nehmen wir einmal an, mit der Forderung nach Sozialanpassung oder Sanktionsdrohung, zu meistern, aber es mißlingt. Die Gelehrten – „Artisten in der Zirkuskuppel" – ratlos!

Nun besteht die täglich drohende Gefahr, daß die Institution (bzw. die andere Gruppe) ihre Ratlosigkeit auf die ihr Anvertrauten (bzw. auf die andere Gruppe) überträgt. Die Folge ist, daß die Ratlosigkeit wieder beim einzelnen als Hilflosigkeit ankommt und dieser erneut vor der Frage steht: Was fange ich mit meiner Hilflosigkeit an? Die Bereiche, in denen sich diese Vorgänge vollziehen, sind Legion.

Für Beratung und Seelsorge ergibt sich daraus (es handelt sich lediglich um eine Auswahl):

1. Individuum und Gesellschaft sind in einer höchst lebendigen Weise aufeinander bezogen und miteinander verflochten. Die alternative Seelsorge, am einzelnen oder an der Gesellschaft, ist falsch. Die Verzahnung muß gesehen werden.

2. Ratsuchender und Seelsorger sind in gleicher Weise von der Verzahnung betroffen. Jeder wird von seiner Gruppe gesteuert. Die Komplexität der Situation muß erkannt werden.

3. Jeder erfährt sich in der Begegnung mit dem anderen, wie er ist, gesteuert und verzahnt und nicht so, wie er glaubt, zu sein. Deswegen geht es darum, Kontrolle über seine Vorurteile und Affekte auszuüben und ausüben zu lassen.

4. Der direkte Rat, die nachdrückliche Überredung und die anempfohlene Wertung erweisen sich angesichts dieser Verflechtungen als kraftlos und ohne Sinn. An ihre Stelle tritt die kooperative Problemanalyse mit dem Nahziel, Vertrauen zu gewinnen.

5. Voraussetzungen für eine wirksame Seelsorgearbeit sind: „a) Analyse der Lebensgeschichte; b) Analyse der aktuellen Situation; c) Analyse der gegebenen Möglichkeiten in der Einzelperson und (in) ihrer Wirkungsmöglichkeit innerhalb der Gesellschaft." (Brocher)

6. Wesen, Intention, Mittel und Ziel der Seelsorge sind demzufolge: psychologische und theologische Deutung des Verhaltens des Seelsorgers und des Ratsuchenden; zielgerichtete Interaktion der Partner; kontrolliertes und methodisches Gespräch; Auflösung der Ratlosigkeit, Aktivierung des Möglichen, optimale Problembewältigung durch den Ratsuchenden selbst.

7. Seelsorge ist also weder Psychotherapie noch Anweisung und Erteilung von gutem Rat. Sie steht vielmehr zwischen der direkten und indirekten Form als eine auf den psychischen Aspekt menschlicher Personalität bezogene verbale Kommunikation mit therapeutischem Charakter. Als solche hat sie kein methodisches Proprium, sondern nimmt an den Methoden der ihr verwandten und benachbarten Bemühungen um den Menschen teil.

8. Das setzt voraus: Grundkenntnisse aus den sich ständig erweiternden anthropologischen Wissenschaften, um differential-diagnostisch Zuständigkeiten beurteilen zu können, weitgehende Beherrschung moderner Beratungsmethoden und die Ablösung der alten Intention, das Individuum den Kollektivnormen zuzuordnen, durch die Freilegung der dem einzelnen möglichen Haltung.

9. Dies alles stellt ungleich höhere Ausbildungsanforderungen an den Seelsorger, als es bisher der Fall war.

Angesichts dieser Konzeption von Seelsorge, deren Brauchbarkeit für die moderne Gesellschaft mir wenigstens akzeptabel erscheint, erhebt sich nun die Frage, ob Seelsorge der Kirche diesen Erfordernissen entspricht oder nicht. Man muß aber hier sehr behutsam sein aus zwei Gründen:

a) Der Dienst der Seelsorge, der am faßbarsten in der Einzelseelsorge entgegentritt, entzieht sich fast ganz der öffentlichen Einsicht. Er ist wie alles wirkliche Leben der Kirche unscheinbar und still. Er hat etwas von der Heimlichkeit des Nikodemus an sich, der „bei Nacht" heimlich zu Jesus kam. Diese Nichtoffenlegung hat auch ihre Probleme. Wir lassen sie jetzt auf sich beruhen.

b) Es gibt bis zum heutigen Tage „Charismatiker der Seelsorge", das heißt Menschen, die eine intuitive Fähigkeit der Durchsicht, der Unmittelbarkeit zum Gegenüber haben und von denen Gnadenwirkungen ausgehen.

Unter diesem Vorbehalt ist die folgende These über die Situation der Seelsorge zu verstehen: Die in Theorie und Praxis vorhandene Seelsorge der Kirche ist im Begriff, aus theologischen Fakultäten und Gemeindepfarrämtern auszuwandern und sich in evangelischen Beratungsstellen und eigenen Instituten anzusiedeln.

Zu den Ursachen ihrer Krise gehören die akademische Vernachlässigung, ein beschämender Dilettantismus und die Übermacht der Psychologie. Die Seelsorge hat besonders in der frühen Zeit der Psychoanalyse (vgl. J. Scharfenberg) das Gespräch mit Psychologie und Soziologie nicht nur nicht gesucht, sondern geradezu gemieden.

Die Geschichtlichkeit der Konflikte und die soziale Bedingtheit des Menschen blieben ihr durch eine Überbetonung der Anschauung, Seelsorge sei Ausrichten des Wortes Gottes an den einzelnen, in ihrer modernen, methodischen Ausarbeitung verborgen. Das Verhältnis von Seelsorge und Psychotherapie ist daher bis zur Stunde im wesentlichen noch ungeklärt. –

Die Lehre von der Seelsorge stellte sich noch 1966 so dar: Neben den traditionellen Hauptvorlesungen stehen nur selten Spezialvorlesungen. Es gibt so gut wie keine poimenischen Seminare. Der theologische Kandidat tritt bestenfalls mit einer gehörten Seelsorgevorlesung ins Amt und ist Seelsorger.

Kein Betrieb in der Wirtschaft, auch nicht der schlampigste, könnte sich das leisten. Demgegenüber beobachten wir eine den zu Ende gehenden Möglichkeiten des Religionsunterrichts in der Staatsschule völlig unangemessene Explosion der Religionspädagogik. Wo bleibt die Erwachsenenbildung und in ihrem Rahmen die Ausbildung für Beratung und Seelsorge? –

Die Folgen für die Praxis blieben nicht aus. Man glaubt, die von der Kirche kommenden Antworten bereits zu kennen. Das gilt besonders in bezug auf die Sphäre der Sexualität. Hier dürfte die Entfrem-

dung zwischen dem zentralen Auftrag der Kirche und den Schwierigkeiten der Menschen am größten sein. Man vermißt Sachkunde und
entsprechende Ausbildung. Darin liegt einer der Hauptgründe für die
Auswanderung der Seelsorge aus der Kirche. Man kann nur in den
seltensten Fällen auf mehr als ein Gespräch, auf befristete Partnerschaft hoffen. Das ist weniger ein Vorwurf an den einzelnen Seelsorger – sie wären überfordert –, wohl aber eine Anfrage an die Konstruktion des Pfarramtes, die dazu führt, daß die Ratsuchenden teils
aus Rücksicht, teils aus Resignation nicht mehr zum Pfarrer gehen.

Die Äußerung eines Analysanden von M. Boss wirft darauf ein bezeich-
nendes Licht: „Wenn ich mir vorstelle, daß an Ihrer Stelle ein Pfarrer
stünde, dem ich das berichte, wäre alles anders. Der Pfarrer würde sogleich
versuchen, mich zu führen. Er würde die Schilderungen meiner eigenen
Empfindungen gar nicht aushalten. Er könnte mich einfach nicht reden und
mich zu meinen Erlebnissen stehen lassen. Ein Pfarrer würde sagen, das sei
nicht der richtige Weg, nicht der Weg der Gnade. Aber in Wirklichkeit habe
ich bei den Pfarrern nie etwas von Gnade, sondern nur etwas von Bedrük-
kung empfunden. Was Gnade ist, habe ich erst in der Analyse erfahren."
Daß es sich hier um einen Jesuiten handelte, der unmittelbar vor der
Priesterweihe aus dem Orden austrat, spricht die evangelische Seelsorge
von ähnlichen Urteilen nicht frei. – „Braucht die moderne Gesellschaft die
Seelsorge der Kirche?" Diese nicht!

IV.

Das vorgestellte Bild ist nicht vollständig. Wir müssen es, um zu
einer differenzierteren Beantwortung zu kommen, genauer zeichnen.
Wir müssen den Wandel aufzeigen, der durch die Partnerschaft zwischen Seelsorge und Psychotherapie eingetreten oder zumindest im
Vollzug begriffen ist. Die entscheidenden Erkenntnisse, die zur Erneuerung der Seelsorge beigetragen haben und es stetig tun, wurden
außerhalb von Theologie und Kirche entdeckt.
Zunächst handelte es sich um Gegnerschaft. Aber die Konflikt-
trächtigkeit des menschlichen Zusammenlebens wurde größer. Die
Zeit blickte nach Hilfen aus. Die Psychoanalyse bot sie an. Wenn der
Widerstand der Theologie nicht im Ghetto enden sollte, mußte eine
Verhältnisbestimmung gefunden werden. Man fand sie im Konzept
der Hilfswissenschaft (E. Thurneysen). Das war ein Fortschritt, da
die Diskussion von der emotionalen auf die sachliche Ebene verlegt
wurde.
Dennoch war der Widerstand nicht aufgegeben. Die Leitfrage lautete nämlich: Wie können wir der umfassenden Ausarbeitung der
Psychotherapie gerecht werden, ohne die Alleinzuständigkeit der

Seelsorge, wenn es um den Menschen von Gott her gesehen geht, preiszugeben? So kam es zu einem auswählenden Ekklektizismus, der je nach Kenntnis und Neigung aus dem Arsenal der Psychologie entnahm, was ihm dienlich schien. Das konnte nicht von Dauer sein.

Das inzwischen eingetretene Verhältnis – nicht zuletzt durch Männer wie Uhsadel, Scharfenberg u. a. – möchte ich als Partnerschaft zwischen Seelsorge und Psychotherapie beschreiben. Was heißt Partnerschaft? Wir stellen es am Beispiel menschlicher Kommunikation durch Sprache dar.

Zwei Menschen sind zu denken, die, jeder eigenständig geprägt, zu charakterisieren sind. Sie akzeptieren sich, das heißt, sie stellen ihre beiderseitigen Vorurteile unter Kontrolle. Sie treten in eine dialektische Beziehung, in der jeder den andern anhört und ausreden läßt. Dadurch profiliert sich jeder der beiden immer deutlicher. Jeder bleibt also, der er ist. Aber gerade auf diesem Wege entdecken sie eine Gemeinsamkeit von Eigenschaften und ein sich häufendes Auftreten gleicher Beurteilung von Gegenständen, Personen und Ereignissen bei aller Verschiedenheit. So entsteht etwas Neues, musikalisch gesprochen das „Konzert", kommunikativ gesprochen, die Partnerschaft, das heißt die Gemeinsamkeit zweier verschieden Seienden und Bleibenden zur Bewältigung gleicher Aufgaben.

Das ist nun sinngemäß auf Seelsorge und Psychotherapie anzuwenden: Es handelt sich zunächst um zwei vorhandene, eindeutig geprägte Wissenschaftsbereiche. Sie akzeptieren sich, das heißt, sie stellen ihre gegenseitigen Vorurteile unter Kontrolle. Sie treten in eine dialektische Beziehung, in der einer den anderen ausreden läßt.

Dadurch profilieren sie sich in ihrer Verschiedenheit erst deutlich. Aber gerade auf diesem Wege kommt es zur Entdeckung einer Wechselbeziehung, das heißt zur Entdeckung des Zusammenkommens gleicher Merkmale, zu einem sich wiederholenden Auftreten gleicher Beurteilung von Phänomenen bei aller Verschiedenheit. So entsteht, wie es die unverfügbare Möglichkeit des Dialogs bereithält, etwas Dynamisch-Neues, die Partnerschaft zur Bewältigung gleicher Aufgaben.

Wir sprachen von der Entdeckung des Zusammenvorkommens gleicher Merkmale. Dieses Auftreten nennt man „Korrelation". Was wir als Vorgang zweimal beschrieben haben, war nichts anderes als die Methode der Korrelation, das heißt das schrittweise Aufeinanderbezogensein zweier an sich verschiedener Bereiche wie Seelsorge und Psychotherapie.

Ich will anhand von vier Punkten kurz den Nachweis führen.

1. Aufbau der Persönlichkeit: Ich erinnere an C. G. Jung: Persona, Ich, die Entdeckung der Schöpfung. So ist der Mensch. Die Psychologie vermittelt theologisch gesprochen einen Einblick in die Schöpfungswirklichkeit von

ungekannten Ausmaßen, einen Einblick in die Arbeit Gottes am sechsten Tag.

2. Der desintegrierte Mensch: Wie Personen und Ich, persönliches und kollektives Unterbewußtsein auseinanderfallen, gegeneinander sind, wie das zustande kommt durch Geschichte, Ereignis, Eingriff und Ich, nach welchen Gesetzmäßigkeiten das abläuft und welche Folgen es hat, beschreibt die Psychologie mit ihrer Sprache und ihren Mitteln. Sie beschreibt, theologisch gesprochen, was Sünde und Gesetz bedeuten, wie die Entfremdung des Menschen aussieht und wie er im alleinigen Anrennen gegen die Unerbittlichkeit scheitert.

3. Der akzeptierte Mensch: Ich erinnere an den therapeutischen Prozeß bei C. G. Jung (Bekenntnis, Trauma, Erziehung, Wandlung). Da wird nichts beschönigt. Da wird nichts verurteilt. Da ist einer für den andern da, erleidet ihn, nimmt ihn auf. Da ereignet sich das, was der Inhalt des irdischen Lebens Jesu war und was Paulus Römer 15 gültig formuliert hat.

4. Der gewandelte Mensch. Hier nützen keine Appelle, sondern Begleiten in die Freiheit der eigenen Entscheidung, Mobilisierung der Selbstverantwortung, Reifung durch Sterben des Menschen, wie er war. Es geht um Befreiung vom Gesetz, von den Zwängen der Desintegration, der Überintegration und Selbstentfremdung. Hier im Annehmen und Freisprechen geschieht das, was in der Theologie so uninteressant geworden ist: Rechtfertigung des Gottlosen.

Die Seelsorge der evangelischen Kirche beginnt durch diese Partnerschaft mit der Psychotherapie ein neues Profil zu gewinnen. Sie ist durch diese Partnerschaft, in der sie auf Realitäten wie „was Gnade ist, habe ich erst in der Analyse erfahren" stieß, die ihr den Spiegel vorhielten, aufs schwerste erschüttert. Und sie ist zugleich in dieser Begegnung neu konturiert worden, weil sie von außerhalb der Kirche erfuhr, worin ihre eigene Methode hätte bestehen sollen und in Zukunft bestehen muß: im vorbehaltlosen Annehmen des von sich und von Gott entfremdeten Menschen und in der methodischen Ausarbeitung und Kontrolle dieses Annehmens.

Zum neuen Profil tritt das Programm, das unverwechselbar eigene, denen entgegen, die Vermischung argwöhnen, zeigt gerade der Dialog, wodurch sich ein Partner vom andern unterscheidet. Das trifft in prägnantester Form auch für den Dialog zwischen Seelsorge und Psychotherapie zu. In ihm erscheint, daß das unverwechselbar Eigene der christlichen Seelsorge nicht methodischer, sondern dogmatischer Natur ist. Es liegt in der theologischen Qualifikation der Motive und Intentionen und im Zusammenhang von Seelsorge und Prophetie.

Unter theologischer Qualifikation der Motive und Intentionen ist der theologische Hintergrund, das persönliche Überzeugtsein von Grund, Inhalt und Zielgerichtetheit der evangelischen Botschaft, kurz der Glaube als das Bewegende und eine das Irreparable und

Inoperable menschlicher Nöte und Leiden umgreifende und darüber hinaus reichende Hoffnung gemeint. Sie äußert sich in einer besonderen Form der heilenden Beziehung, in der Verläßlichkeit der Seelsorge, wie Gott in Christus in einer empirisch nicht eindeutig verifizierbaren Weise.

Einfacher gesagt: Das „Christliche" der Seelsorge kommt im unterschiedlichen Charisma der Seelsorge zur Realisierung. Das gilt genauso vom Zusammenhang von Seelsorge und Prophetie, wobei unter „Prophetie" nicht volkstümlich das Voraussagen von Zukunft, sondern das Hineinsagen in die Gegenwart und das Ansagen von Zukunft, das zutiefst situationsbezogene Adressieren des Freispruchs Gottes zu verstehen ist. Das Prophetische ist in der Seelsorge unverfügbar und hält, theologisch deutend, Einsichten fest, die der Ratsuchende selbst gefunden hat, oder erhellt sie ihm.

Das Proprium beginnt, je länger, je nachhaltiger zu wirken: Neue Praxis der Seelsorge. Stichworte müssen genügen: Beratungsstellen, Telefonseelsorge, Institute, neue Ausbildung.

Nach Profil, Proprium und Praxis taucht nun ein neues Problem auf, die Seelsorge an der Gesellschaft. Vielleicht haben Sie erwartet, daß ich darüber mehr sage. Ich kann es nicht. Es ist mir zu schwer, nicht nur aus einem subjektiven, sondern einem objektiven Grund: Nach dem vorgetragenen Konzept wäre Seelsorge an der Gesellschaft eine auf den psychischen Aspekt menschlicher Sozialität bezogene verbale Kommunikation therapeutischen Charakters im Bekenntnis des Glaubens. Dafür sind meines Erachtens nur Ansätze vorhanden.

Aber Gesellschaftsseelsorge und Gesellschaftsdiakonie, also die auf den somatischen Aspekt bezogene Hilfe, werden begrifflich und sachlich noch nicht unterschieden. So kommt es, sozialpsychologisch und poimenisch gesehen, lediglich zu einem intuitiven Umgang mit den Gesellschaftsgruppen. Die unerhört komplizierten gruppenpsychologischen und psychiatrischen Vorgänge, wie sie in der letzten Zeit aufgehellt worden sind (Habermas/Adorno), sind noch nicht in Sicht.

Meines Erachtens bestünde das Wesen einer Gesellschaftsseelsorge in der sozialpsychologischen und sozialethischen Deutung des Verhaltens von Seelsorgeinstitutionen (z. B. Akademien) und ratbedürftigen Gruppen. Die Intention läge darin, den Automatismus der Gruppenentfremdung aufzuheben und zu durchbrechen. Das Mittel wäre der kontrollierte und methodische Dialog von einzelnen und Gruppen und Gruppen untereinander. Das Ziel ist die Auflösung von Gruppenideologien und ferngesteuertem Gruppenegoismus, um zu einer weitgehenden Eigenbewältigung dieser Probleme durch die Gruppen der technisch gegliederten Welt selbst zu gelangen.

Summa: Gott will Herr auch über das Zusammenspiel der Gesellschaft und ihrer Gruppen sein (E. Müller). Da ich aber nur Ansätze sehen kann, die über das Intuitive hinaus in Richtung auf die Methodik führen, besteht die Vermutung, daß, wenn unsere Frage lauten sollte: „Braucht unsere Gesellschaft als kranker Leib die Seelsorge der Kirche?" sie zu früh gestellt ist. So etwas hat es noch kaum gegeben.

V.

Bild und Wirklichkeit der Seelsorge der Kirche ist nun, wenigstens versuchsweise, gezeichnet, um unsere Beantwortung der Themafrage zu ermöglichen. Die verbale Antwort ist gut. Auf die reale kommt es an, das Bejahte zu tun.

„Braucht die moderne Gesellschaft die Seelsorge der Kirche?" Genügt es nicht, wenn sie, ohne auf ihrer unverwechselbaren Eigenart zu bestehen, die ohnehin nicht empirisch verifizierbar ist, einfach teilnimmt an der Hilfeleistung und Beratung, die nötig ist? Das gilt für die Friedlosigkeit in der Welt, die Rassenfrage, die Entmenschlichung durch Automation, das Altern, die Zukunft der Erde und des Kosmos.

Die Sinnfrage lauert überall, und die Nichtverfügbarkeit aller Dinge im Zeitalter der Machbarkeit wird entdeckt. Die Sinnfrage lauert, der es darum geht, ob wir wie Wasser von Klippe zu Klippe geworfen oder von einer hohen Hand gehalten werden.

Von Gott muß geredet werden, leise und überzeugend. Es gibt einen spezifischen Betrug der Kirche an der Welt, nicht mehr Kirche sein zu wollen, nicht mehr ihren ureigentlichen Auftrag zu sehen, Anwalt Gottes in der Welt zu sein und die Sache der Menschen bei Gott vertreten zu wollen. Sollte die Gesellschaft auf die Themafrage antworten: „Nein", so könnte es ein Reflex auf diesen Betrug der Kirche sein.

Exemplarische Seelsorge
Begriff, Aufgabe und Methode

I.

Die evangelische Seelsorge als Universitätsdisziplin befindet sich in ähnlicher Lage wie manche Gebiete der naturwissenschaftlichen und medizinischen Fakultät: bestimmte Bereiche sind im Begriff, die Universität zu verlassen und sich in besonderen Instituten und Stiftungen anzusiedeln. Zweige der Forschung wandern aus und mit ihnen ein Teil der Lehre.

So begann im Januar 1968 ein sich über drei Monate erstreckendes klinisch-poimenisches Seminar in Frankfurt über Krankenhaus-Seelsorge. Sein Initiator, Heinz Doebert, der Verfasser des Buches „Neuordnung der Seelsorge" (Göttingen 1967), äußerte sich dazu in einem ungedruckten Dokument: „Das klinisch-poimenische Seminar ist ein Novum ... Neu ist, daß solche Kurse eingerichtet werden und daß ein Lehrstoff (z. B. Sozialpathologie und Sozialtherapeutik) geboten wird, wie man ihn wohl nur selten in den Universitäten und Predigerseminaren findet ...[1].

Schon länger fand die Eheseelsorge eine der Bedeutung und Schwierigkeit ihrer Probleme angemessene Forschungs- und Ausbildungsstätte im „Evangelischen Zentralinstitut für Familienberatung" in Berlin. Die Bayerische Landeskirche unterhält in Josefstal am Schliersee ein eigenes Studienzentrum für Jugendarbeit und Jugendfragen, das künftig in Verbindung zur neuen Evangelisch-Theologischen Fakultät in München treten dürfte. Gerontologie und Geriatrie allerdings, die wissenschaftliche Erforschung der Alterskrankheiten und ihre Therapie, harren noch der Hereinnahme in unsere Disziplin.

Wo ist die Ursache für diese Emigration zu suchen? Die an der Universität bisher gelehrte Poimenik entsprach weithin in keiner Weise den von der grundsätzlichen Ratbedürftigkeit des heutigen Menschen an sie gestellten Forderungen. Weder genügte sie hinsichtlich des von ihr vermittelten Spezial- und Methodenwissens, noch stellte sie eine ausreichende Basis dar für Spezialausbildungen, die die neuen Seelsorgeaufgaben in der industriellen Gesellschaft notwendig machen.

---

[1] H. Doebert, Stoffplan des Klinisch-Poimenischen Seminars, Frankfurt 1967, 1 (unveröffentlichtes Skriptum).

Die Lehre von der Seelsorge als Zweig der Praktischen Theologie nahm somit teil an der unserer Disziplin leider zu Recht immer wieder nachgesagten Unschärfe. Sie besteht im Blick auf die Poimenik darin, daß sie ihren ureigensten Gegenstand, den Menschen, als ein von Gott zu seiner Bestimmung gerufenes und zu rufendes Geschöpf zu ungenau, zu unscharf, zu wenig exakt gesehen hat. So kam es, daß die kirchliche Seelsorge das doketische Vorbeisorgen am konkreten Menschen und seinen tief in seiner persönlichen Geschichte wurzelnden Konflikten als Stigma trägt.

An dieser Stelle muß aber nun hinzugefügt werden: So wie die Forschung und Lehre der Seelsorge die Tendenz aufweisen, aus der Universität auszuwandern, ist das Üben der Seelsorge im Begriff, aus dem Gemeindepfarramt auszuwandern. Es wandert hinüber und wird aufgenommen von den kirchlichen und kommunalen Beratungs-Institutionen der Ehe-, Erziehungs-, Jugend- und Familienberatung sowie von der Telefonseelsorge.

Diese Auswanderung der Seelsorge aus dem Gemeindepfarramt, ja aus dem ministerium verbi divini, zu dem sie von Rechts wegen gehört und die stärkere Inanspruchnahme anderer Instanzen scheint mir drei Gründe zu haben, die jetzt zwar nicht entfaltet werden können, aber doch wenigstens genannt werden sollen:

1. „Man glaubt, die von dort kommenden Antworten bereits im voraus zu kennen." Das gilt besonders in bezug auf die Sphäre der Sexualität[2].

2. Man vermißt Sachkunde und entsprechende Ausbildung. Die kirchliche Seelsorge wird den Verdacht nicht los, daß sie sich mit gänzlich unzureichenden Voraussetzungen um Schicksale bemühe, die in die Hand eines Fachtherapeuten gehören.

3. Man kann nur in den seltensten Fällen auf mehr als ein Gespräch, auf befristete Partnerschaft hoffen. Daraus ergeben sich bestimmte Anfragen an Struktur und Ökonomie des Gemeindepfarramtes.

Ohne Zweifel wird dadurch dem Schwund an Seelsorge in der evangelischen Kirche weiterhin Vorschub geleistet.

II.

Damit stehen wir nun vor der uns beschäftigenden Frage: Wie ist diesen Tatsachen und Tendenzen zu begegnen? Wie kommen wir zu einer an der Universität möglichen, im Gemeindepfarramt verwend-

---

[2] K. Hutten, Die sexuelle Revolution; in: Kirche in der Zeit 1966, 109–115. 111 f.

baren und für eventuelle Spezialaufgaben ausbaufähigen Grundausbildung in der Poimenik? Wie kann die Ausbildung der Seelsorge theologisch, anthropologisch und methodisch genügender fundiert werden?

In diesen so pragmatisch klingenden Fragen geht es keineswegs lediglich darum, dem Gebot der Stunde zu entsprechen. Es handelt sich vielmehr um den Versuch, im christlichen Leben und theologischen Lehren gerechter zu werden, worauf Seelsorge beruht: auf dem Kommen Gottes in Jesus zum Menschen.

Wir können es uns an dieser Stelle ersparen, auf die Problematik des Begriffes „Seelsorge" einzugehen, der ja nicht nur eine sokratisch-platonische, sondern auch eine biblisch-theologische Tradition besitzt; eine Tradition, die in der „Seele" gerade nicht das zum Reich der Ideen Gehörige im Gegensatz zum körperlichen Gefängnis sah, die vielmehr unter „Seele" das an einen Körper gebundene Leben, den durch einen Leib individualisierten Geist, das lebende Individuum als Vergängliches verstand. Das sind Vorstellungen, die dem in der gegenwärtigen Anthropologie geläufigen Begriff des „ganzen Menschen" sehr nahe kommen.

Zu diesem Menschen kam Gott, und seine Kondeszendenz ist als die Entschleierung seines Sich-Kümmerns um den Menschen anzusehen. Es hatte die Gestalt eines bestimmten, begrenzten und geordneten Zusammenseins mit ihm. Begrenzt war es, da es sich um eine in dieser Form befristete Partnerschaft handelte; bestimmt war es durch ein Für-den-anderen-Sein, dessen ganzheitlich-fürsorglicher Charakter in den synoptischen Heilungsperikopen am stärksten zur Geltung kommt. Hier wandte sich „nicht die edle, aber zufällige und vielleicht auch willkürliche Art und Haltung eines besonderen menschlichen Individuums, sondern nicht mehr und nicht weniger die Menschlichkeit Gottes selber" dem Menschen zu; geordnet war es durch seinen Gehorsam, „denn eben Gott gehorsam sein, ist in seiner Menschlichkeit unaufhörlich, weil ursprünglich damit verbunden: für die Menschen sein"[3].

Das bedeutet für die christologische Begründung der Seelsorge: Die den Menschen von Anfang an, d. h. seit der Schöpfung umhegende Sorge Gottes wird in Jesus Christus enthüllt. „Er ist darum für uns Menschen, weil Gott selbst für uns ist. Und Gott selbst ist für uns, indem der Mensch Jesus für uns ist."[4] Das in Jesus zutage getretene Sich-Kümmern Gottes um den Menschen hat die Gestalt einer zeitlich begrenzten, vom Tun des Erbarmens erfüllten und im Gehorsam an

---

[3] K. Barth, Die Menschlichkeit Jesu; in: Mensch und Menschlichkeit, Stuttgart 1956 (Körner), 120.
[4] K. Barth, aaO., 121.

Gott gebundenen Menschlichkeit. Es ist in jeder Hinsicht konkret. Das Kommen Jesu zum Menschen ist daher gekennzeichnet durch das Eingehen auf die Bedürfnisse des einzelnen als eines geschichtlich Existierenden und – was jetzt nicht dargestellt werden kann – durch das zurückbringende Sich-Annehmen um die von der heilen Gemeinschaft Gelösten.

Unter Überspringen, aber nicht Mißachten des ekklesiologischen und pneumatologischen Bezugs formulieren wir als unser Verständnis von Seelsorge: Seelsorge ist die Verlängerung und Zuspitzung der Menschwerdung Gottes in die Individualität und Sozialität des Menschen; sie geschieht im Namen Jesu durch die Gemeinde als seinen Leib und ist als solche das Sich-Kümmern Gottes um das Heilwerden des Menschen im Horizont seines Reiches.

Diese theologische Vor- oder Zwischenüberlegung schien notwendig, da es bei der uns bewegenden Frage um die bleibende Zugehörigkeit der Seelsorge zum Auftrag des Pfarrers und zu den Diensten der Gemeinde geht; da ihrer Auswanderung aus Hirtenamt und theologischer Fakultät begegnet und ihrer Ablösung durch größere Sachkunde und exaktere Methoden der anthropologischen Wissenschaften gewehrt werden soll – und zwar nun dadurch, daß wir als Theologen eben von diesen Wissenschaften lernen.

Im Zuge dieses Verfahrens stoßen wir auf das exemplarische Prinzip der neueren Pädagogik und auf die biographische Anamnese der anthropologischen Medizin.

III.

1. Die ungeheure Ausweitung jedes Sach- und Fachgebietes durch ständig neue Errungenschaften stellte die moderne Didaktik vor ein schwerwiegendes Problem. Mehr und mehr zeigte es sich, daß die lawinenhaft anschwellende Fülle der Stoffe auf dem Wege eines geordneten, aber enzyklopädisch bestimmten Lehrgangs nicht mehr zu bewältigen war. Die Forderung nach „Mut zur Lücke" konnte als Lösung nicht akzeptiert werden, da sie – worauf Helmut Angermeyer hinwies – selbst „noch dem additiven Denken des Lehrgangs verhaftet ist"[5]. Die Versuchung zu vollständiger Behandlung der Stoffe hielt also an und führte in weiten Bereichen zu Flüchtigkeit und Oberflächlichkeit, d. h. zu einer Scheinbewältigung des Lehrgutes.

Um ihr zu begegnen, wurde das Prinzip des exemplarischen Lehrens konzipiert. Den Anstoß dazu gab ein Tübinger Gespräch nam-

---

[5] H. Angermeyer, Didaktik und Methodik der Evangelischen Unterweisung. München 1965; 59. (Diesem Buch H. Angermeyers verdanke ich auch für das folgende wesentliche Anregungen.)

hafter Pädagogen (1951), in dem der Historiker Hermann Heimpel die Überzeugung vertrat, „daß im einzelnen das Allgemeine enthalten und auffindbar sei: mundus in gutta". „Daraus ergab sich ihm der Grundbegriff des ‚paradigmatischen Lernens und Lehrens'. Es käme, sagte er, nicht darauf an, alle Epochen und Gebiete gleichmäßig zu studieren, sondern an einzelnen Stellen eine echte Begegnung mit der geschichtlichen Welt zu haben und diese Begegnung als Erfahrung auf andere Gebiete anzuwenden."[6]

Zur Begründung und zum Fortgang des Tübinger Gesprächs hatte der Pädagoge Martin Wagenschein viel beigetragen und er war es auch, der durch seine Veröffentlichungen über das fortan nicht mehr „paradigmatisch", sondern „exemplarisch" genannte Prinzip eine breite Diskussion in Gang setzte. In ihr ging es um die „Reduktion der Gesamtheit verfügbarer Lehrstoffe auf solche von beispielhafter Eigenart, die gleichsam stellvertretend für eine Fülle anderer stehen". Dies bezeichnete Wagenschein als „das didaktische Prinzip des exemplarischen Lernens und Lehrens"[7].

Im einzelnen ist es durch folgende Stichworte zu kennzeichnen: 1. Verzicht auf Systematik und Vollständigkeit zugunsten einer Auswahl von Gegenständen mit Modellcharakter, die Aufschluß für das Ganze geben. 2. Gründliche Erarbeitung eines Teilgebietes und dadurch Freilegung und Vermittlung fundamentaler Einsichten und Erfahrungen für das gesamte Fach und für das Menschsein. 3. Daraus sich ergebend: Gültigkeit dieses Prinzips nicht nur für die Stoffauswahl, sondern auch für das Lehrverfahren. 4. Übertragbarkeit des am Exemplar erworbenen Wissens auf andere Gebiete bzw. Situationen.

Diese Zusammenstellung führt nun noch zu einer wichtigen Überlegung: Wann kann ein Stoff exemplarisch genannt werden? Die Didaktiker sind sich darüber im wesentlichen einig und formulieren: „Es muß ein aufschließender Fall sein, der repräsentativ, mustergültig und kennzeichnend ist. Es muß ihm eine starke Problemhaftigkeit innewohnen. Es muß sich daran Fundamentales freilegen lassen. Es müssen ursprüngliche Struktureinsichten offenbar werden ... Im übrigen müssen daran auch die typischen Arbeitsweisen des Faches deutlich werden und geübt werden können."[8]

---

[6] Zit. n. B. Gerner, Das exemplarische Prinzip. Beiträge zur Didaktik der Gegenwart. Darmstadt 1963, XI.

[7] Lexikon der Pädagogik. Ergänzungsband. Herder 1964, 206. – Vgl. M. Wagenschein. Das exemplarische Lehren als ein Weg zur Erneuerung des Unterrichts an den Gymnasien; in: Ursprüngliches Verstehen und exaktes Denken. Stuttgart 1965, 216–241.

[8] H. Heinrichs, Brennpunkte neuzeitlicher Didaktik. Bochum 1963[4], 125 (zit. n. H. Angermeyer, aaO., 60).

2. Es liegt nahe, zuerst danach zu fragen, welche Bedeutung dem Prinzip des Exemplarischen für das *Lehren* der Seelsorge zukommt. Wir gehen dabei von der Überzeugung aus, daß die Praxis der Seelsorge geeignete Fälle bereitstellt, in denen bei gründlicher Erschließung fundamentale Erkenntnisse enthalten sind, die einen viel größeren Bereich umfassen, als der Fall zunächst vermuten ließ. Kommt es im Lehren zu einer intensiven Begegnung damit, so können an Einzelmodellen die Strukturen des Gesamtstoffes deutlich werden. Die auch in der Poimenik immer erdrückender werdende Stoffülle wäre durch exemplarisches Verfahren an durchscheinenden Beispielen zu überwinden. Zugleich fallen eine Reihe elementarer Einsichten und Kenntnisse, das soziale, psychische und religiöse Verhalten der Menschen betreffend, mit an und nicht zuletzt Kenntnisse seelsorgerlicher Möglichkeiten, die darüber hinaus von Bedeutung sind.

Dabei besteht natürlich die Gefahr, den einzelnen Fall zu überfrachten. Er muß deshalb nach seiner „exemplarischen Trächtigkeit"[9] ausgewählt werden, damit man bei ihm Aufenthalt nehmen kann. Nur so lösen wir uns von jenem „didaktischen Materialismus", der die Seelsorgevorlesungen gefährdet und nicht nur sie.

Wie aber müssen wir dann das Verhältnis von exemplarischer Auswahl und nach wie vor notwendiger Gesamtübersicht über eine Disziplin bestimmen? Es handelt sich dabei keinesfalls um eine Alternative. Es handelt sich vielmehr um eine Ergänzung. In unserem Fall: um eine Ergänzung der Vorlesung durch piomenische Seminare und um die Neugruppierung poimenischer Vorlesungen um Falldarstellungen und -analysen. Bei ihnen bestünde die Möglichkeit, den Hörern in geeigneter Weise ein Mitspracherecht einzuräumen, um die Effektivität dieser Art Lehrveranstaltung zu steigern.

3. In ähnlicher Weise gilt es, das exemplarische Prinzip auf das *Üben* der Seelsorge zu übertragen. Ist es in der Religionspädagogik die Fülle der Texte, der Umfang der biblischen Bücher und die Menge der anschließenden Stoffe, so ist es in der seelsorgerlichen Praxis die Fülle der Menschen, die Unüberschaubarkeit der Gemeinden und die Menge der dadurch bedingten Handlungen, die ein exemplarisches Vorgehen unbedingt erforderlich machen.

Wie sieht seine Verwirklichung aus? Hugo Schnell trat dafür ein, daß einem Gemeindepfarrer nicht mehr als 1000 Menschen zugeordnet würden[10]. Von diesen 1000 wird nur ein geringerer oder größerer Teil erfaßt werden können. Aber selbst dann bedeutet der Gedan-

---

[9] H. Angermeyer, aaO., 61.

[10] H. Schnell. Die überschaubare Gemeinde. Berlin/Hamburg 1962, 41: „Als wünschenswerte Norm der überschaubaren Gemeinde hat die Pfarrei mit 1000 Gemeindegliedern, einem Pfarrer und einem Gotteshaus zu gelten."

ke einer exakten Seelsorge noch eine reine Utopie. Wir stehen also auch hier vor der Aufgabe der Reduktion, der Auswahl derjenigen Personen, die des Angenommenwerdens am dringlichsten bedürfen. Im Rahmen unseres Prinzips bieten sich dafür die beiden Wege der Konzentration auf Schwerpunkte und der gruppenweisen Zusammenstellung an.

a) Bei der Konzentration auf Schwerpunkte tritt der Begriff der exemplarischen in einen Gegensatz zur weithin herrschenden pauschalen Seelsorge; d. h. in einen Gegensatz zur flüchtigen, unerbetenen und oberflächlichen Berührung vieler Menschen, etwa durch sogenannte „seelsorgerliche" Besuche. Es geht hier nicht um ihre Preisgabe; man sollte sie aber hinsichtlich ihres Nutzens nüchterner veranschlagen. Sie gleichen der Lektüre einer riesigen Schrift, einem Unternehmen also, das, didaktisch gesehen, der Akzente, der Schwerpunkte, der Schlüssel-„Texte" bedarf; poimenisch gesehen: der Schlüsselpersonen. Wir finden sie, oder sie kommen zu uns mit ihrer großen Last. Man kann sie auch entdecken, ohne daß wir sie finden oder sie zu uns kommen wollten. Es sind zunächst ganz wenige. Aber wir üben an ihnen jenes bedingungslose προσλαμβάνεσθαι aus Röm. 15,7; jenes Aufnehmen, im Blick auf das Gustav Bally einmal sagte: Der Mensch muß in seinem Leben einmal die Erfahrung gemacht haben, mit allem, was er ist und bringt, vorbehaltlos angenommen worden zu sein. Dieses Annehmen ist sehr selten.

b) Diese so angenommenen und auf eine Weile, gewiß auf mehrere Wochen – pro Woche mindestens eine Stunde – begleiteten und gestützten Menschen stellen einen Stamm dar, um den sich konzentrische Kreise legen; d. h. durch sie veranlaßt und ermutigt, werden sich andere in die begleitende Seelsorge begeben. Je mehr es werden – im Blick auf die Wiederaufgerichteten ohnehin –, desto stärker legt sich ein gruppenseelsorgerisches Verfahren nahe. Wir denken dabei an ein von poimenischer Schulung getragenes Durchsprechen von Texten, Tagebüchern, Briefen, Äußerungen und Vorkommnissen, mit dem Ziel, die inneren Kräfte der Beteiligten zu aktivieren, ihre Glaubenshaltung zu klären und zu festigen, Konflikte zu lösen, Isolierte zu befreien und zwischenmenschliche Beziehungen zu wecken und zu fördern. Die tiefenpsychologische Gruppentherapie stellt dafür ein hohes Maß an Erfahrungen und Hilfen bereit, die von unserer Wissenschaft noch in keiner Weise verwertet worden sind.

Dieses auf dem Wege der Schwerpunktbildung oder gruppenweisen Zusammenstellung erfolgende Auswählen, Annehmen und Begleiten, das auf Glauben und Sachverstand beruht, bezeichnen wir als exemplarische Seelsorge.

IV.

Wir wollen nun das Bisherige an einer kurzen „Falldarstellung" demonstrieren. Wir verstehen sie sowohl als ein Modell exemplarischen Lehrens als auch aufschlußreich für exemplarisches Üben. Zugleich stellt sie uns abschließend vor die noch offene Frage nach Inhalt und Intensität seelsorgerlicher Befassung.

Ein Student der Romanistik in Examensnähe bittet um eine Aussprache. Als Grund gibt er an: Arbeitsunfähigkeit, Erregungszustände, Minderwertigkeitsgefühle, Aufstehschwierigkeiten. Er spricht das Verlangen nach innerer und äußerer Ordnung des Lebens aus; allein fühle er sich nach jahrelangen Versuchen nicht mehr imstande dazu. – Was kann man tun?

a) Man kann seine Unzuständigkeit erklären, da „Erregungszustände" auf das vegetative System, also in die Medizin verweisen. Auch die übrigen Befindlichkeiten lassen eine Verwurzelung in tieferen psychischen Bereichen vermuten. Aber er äußerte, er sei einige Zeit in ärztlicher Behandlung gestanden und medikamentös mit spannungsdämpfenden Psychopharmaka versorgt worden. Das sei hilfreich; er werde aber den Eindruck nicht los, diese Symptomtherapie müsse in Überlegungen, die seine ganze Existenz betreffen, eingebettet werden. An dieser Aussage ist das Wissen bedeutsam, daß Seelsorge eine Weise der Begegnung und ein darin beschlossenes Tun ist, die die gesamte Existenz angehen. Mit diesem Anspruch kam er auch.

b) Man kann vorhandene, aber normalerweise tragbare Lebensschwierigkeiten als durch die Nähe des Examens gesteigerte, bis zur Schwer- oder Unerträglichkeit gesteigerte Erscheinungen ansehen. Eine solche Diagnose würde in einer Annahme, die sich allerdings auf vielfache Erfahrung stützen kann, gründen und muß nicht unbedingt fehlgehen, wenn sie auch durch genauere Befragung des Ratsuchenden erhärtet werden müßte. Jedenfalls ist es denkbar, hier einzusetzen, den Studenten durch Ermutigung, die etwa auf den bisher gut geglückten Studienverlauf hinweist, zu stützen und ihm für die vor ihm liegende Zeit eine Stabilisierungshilfe durch Gespräch und Geleit anzubieten. Darüber hinaus möge er als Gesprächsgrundlage lesen: E. Stengel, Prüfungsangst und Prüfungsneurose; in: Psychoanalyse und Alltag. München 1965.

c) Man kann sich – das geschah ja bisher nur im unspezifischen Sinn – seines Auftrags als christlicher Seelsorger bewußt werden und die geäußerten Lebensnöte mit der Glaubenssphäre in Beziehung setzen; eingedenk der Tatsache, daß sich jeder Glaube oder Unglaube ins Sichtbare verdichtet bzw. daß alles, was dem Menschen begegnet, glaubend oder nicht glaubend verkraftet werden muß. Es wäre dann

naheliegend – und keine Karikatur der Seelsorge –, mit ihm über
dieses oder jenes biblische Wort zu sprechen und es ihm als erwägens-
wert vorzuschlagen. Seine Minderwertigkeitsgefühle möge und könne
er genommen bekommen, wenn er sich als ein von Gott voll und ganz
akzeptierter Mensch verstehe. Ich sage noch einmal: Es ist keine Karikatur der Seelsorge! Das von der Schrift gedeckte persönliche Wort
hat noch immer mehr getragen als die in besinnungsloser Anpassung
an den Menschen von jedem Schriftbezug gelösten Worte, die keinerlei neue Maßstäbe setzen. Aber es ist eine Verengung der Seelsorge,
eben „Seel-Sorge" in jenem doketisch gefährdeten Sinn, der den Menschen als „Seele", abgesehen von seiner Welt und gelöst von seiner
Umschlossenheit durch sie, „außer Situation" betrachtet.

Wie kann man dem entgehen? Man muß, entsprechend unserem
Verständnis von Seelsorge, das auf dem Hinabsteigen des Wortes in
die tiefe Menschlichkeit des Menschen beruht, die Geschichte seiner
Schwierigkeiten erhellen. Denn sie sind das Ergebnis eines womöglich
langen Werdens, der Endpunkt, die momentane Zuspitzung längst in
Gang befindlicher Entwicklungen. In psychischen und organischen
Symptomen bricht häufig genug ein bisher gemeistertes, unterdrück-
tes oder verborgenes Leiden elementar nach außen. Diese Tatsache
stellt uns vor die Aufgabe einer biographischen Anamnese.

„Anamnese" bezeichnet nach dem umfassenden Werk von
Grund/Siems „das – wirkliche oder vermeintliche – Wissen des
Kranken von seiner Krankheit und ihrer Entstehung."[11] Dieses Wissen gilt es durch Selbstredenlassen und Fragen in Erfahrung zu bringen. „Es handelt sich um einen Eigenbericht des Kranken über seine
Krankheit." Während wir als theologische Seelsorger eine tiefenpsychologische Analyse ohne das dazu notwendige Fachstudium nicht
vornehmen können und dürfen, ist es unter unseren Umständen möglich und erlaubt, anamnestische Methoden zu lernen und auch anzuwenden, und zwar um der Geschichtlichkeit der Krankheit willen. Es
ist uns allerdings dann nicht mehr möglich, bei der eben zitierten De-
finition von „Anamnese" stehen zu bleiben; denn sie versteht die
Krankheit – entgegen den Untersuchungen W. Kütemeyers[12] –
nicht „in ihrer Menschlichkeit", sondern als Symptomenkomplex und
die Anamnese „als Aufzählung früherer Erkrankungen, als Beschreibung von Beginn und Verlauf der Symptome und Beschwerden"[13].
Die Gesamtbiographie bleibt außer acht.

---

[11] G. Grund/H. Siems, Die Anamnese. Bedeutung und Methode der Krankenbe-
fragung. Leipzig 1961[5], 1.
[12] W. Kütemeyer, Die Krankheit in ihrer Menschlichkeit. Göttingen 1963.
[13] D. Rössler, Krankheit und Geschichte in der anthropologischen Medizin (R.
Siebeck und V. von Weizsäcker); in: Medicus Viator. Tübingen 1959, 173.

Aber gerade um sie ist es uns zu tun. Wie sehr die Medizin selbst sich zu ihr durchringen mußte und immer noch muß, zeigen die Darlegungen von D. Rössler über „Krankheit und Geschichte in der anthropologischen Medizin" (vgl. Anm. 13). Rössler macht es deutlich am Verhältnis von Victor von Weizsäcker zu Richard Siebeck. Während v. Weizsäcker, der die Bahnen der klassischen Pathologie damit verließ und weit über die traditionellen anamnestischen Methoden hinaus mit „Geschichte" ein Stück der biographischen Situation des Kranken, die Vorgeschichte der kritischen Situation „Krankheit" bezeichnet (weitere lebensgeschichtliche Zusammenhänge fehlen in seinen Falldarstellungen), versteht R. Siebeck unter „Geschichte" den Gesamtverlauf der Biographie. Seine Krankengeschichten sind Summarien des ganzen Lebens, und zwar erweisen sich für ihn biographische Einzelheiten auch dann als relevant, „wenn sich kein unmittelbarer Zusammenhang mit der gegenwärtigen Krankheit erkennen läßt"[14].

Siebeck selbst nennt in seinem großen Werk „Medizin in Bewegung" die so verstandene Anamnese „eine ‚Erinnerung', bei der das ‚Innen' sichtbar wird"; nicht nur das „Innen" der Krankheitsvorgeschichte, sondern der Lebensgeschichte; „... durch sie erfahren wir, wie der Kranke leidet und was es für ihn bedeutet, was er in seinem Wesen ist und wie er in der Welt steht ... sie eingehend und doch ohne Weitschweifigkeit zu erheben, ist eine große Kunst"[15].

Um diese Kunst, deren Erlernen in poimenische Seminare gehört, geht es nicht nur in der Medizin, sondern auch in der Seelsorge, wenn sie intensiver und genauer werden soll; denn:

1. Die biographische Anamnese ist selbst ein seelsorgerlicher Vorgang, eine Befreiung durch das Gespräch, das die Symptome von ihrer Deutung durch den Ratsuchenden reinigt und mit Hilfe des Seelsorgers den Weg zum objektiven Sachverhalt freimacht[16].

2. Die biographische Anamnese ist eine spezifische Form, einen Menschen anzunehmen, da sie sein ganzes Leben, sein Leid und seine Schwierigkeiten und nicht zuletzt auch seine Schuld umfaßt. Sie ist ein Akt der Vergebung.

3. Die biographische Anamnese ermöglicht ein genaues Erfassen des Menschen im Geflecht seiner komplizierten Lebensbeziehungen und schafft dadurch die Voraussetzungen für konkreten Zuspruch und situationsbezogenes Adressieren des biblischen Kerygmas.

[14] D. Rössler, aaO., 173.
[15] R. Siebeck, Medizin in Bewegung. Klinische Erkenntnisse und ärztliche Aufgabe. Stuttgart 1949, 26. 459.
[16] Vgl. F. Hartmann, Anamnese; in: Das Fischer-Lexikon. Medizin I, 25–29, bes. 27.

4. Die biographische Anamnese erweist sich somit als ein legitimes Mittel der christlichen Seelsorge. Sie stellt den Ratsuchenden in einen bergenden zeitlichen Raum hinein, den Gott durch sein menschlich vermitteltes Kommen in das Er-Innerte des Menschen betritt, um fortan im Prozeß des Heilens als Heil und im Prozeß des Sterbens als Frieden gegenwärtig zu sein.

Wir kehren zurück zu unserem Studenten. – Was hat der von uns veranlaßte Eigenbericht des Ratsuchenden, die „biographische Anamnese" erbracht? Sie eröffnete bisher nicht zutage getretene Problembereiche, die sich als das eigentliche Feld erbetener Seelsorge erwiesen. Erster Konfliktbereich: Durch frühe Verwaisung und andauerndes Heimatlossein kam ein Zug des Unsteten und Flüchtigen in sein Leben. Zweiter Konfliktbereich: Verständlich durch die Ungeborgenheit, suchte er die Freundschaft einer Studentin, wobei die große Intensität der Beziehung Probleme eigener Art heraufbeschwor. Dadurch wieder abgeschreckt, flüchtete er vor der Verbindlichkeit der Liebe, obgleich das Mädchen seinetwegen ihr Studium abgebrochen hatte. Dritter Konfliktbereich: Daraus wiederum resultierten Schuldgefühle, Lebens- und Zukunftsangst, Leistungsunfähigkeit, und der Kreis schloß sich durch erneutes Umfangenwerden von der Unstetigkeit seines Lebens. – Aufgrund dieses Befundes mußten die anstehenden Schwierigkeiten im Rahmen einer sich auf viele Wochen erstreckenden Kommunikation aufgearbeitet werden, in die zeitweise auch die Studentin miteinbezogen wurde; auf seine Bitte, mit ihrer Einwilligung.

Was einen geistigen oder seelischen Ursprung hat und geschichtlich geworden ist, muß mit geistigen – die orthodoxe Kirche zählt dazu das Geistliche – und seelischen Mitteln in einem dem geschichtlichen Werden zeitlich angemessenen Prozeß geheilt werden. Das ist der inhaltliche Grundsatz der exemplarischen Seelsorge.

Das Altwerden des Menschen
als Aufgabe der Seelsorge

Die Wissenschaft neigt dazu, das ihr Aufgegebene als Objekt zu betrachten. Sie bemüht sich deshalb um objektives Erkennen ihrer Gegenstände. Was der Erkennende persönlich dabei empfindet, bleibt in der Regel außer Betracht.

Das Altwerden ist aber eine höchst persönliche Sache. Man kann es zwar an anderen beobachten und seine Gesetze erforschen. Aber zugleich erlebt man es an sich selbst und ist davon betroffen. Es geht einen an.

Das Altwerden als Aufgabe der Seelsorge an anderen tritt also immer zum Altwerden als Aufgabe der Seelsorge an sich selbst. Das kommt schon begrifflich dadurch zum Ausdruck, daß „Aufgabe" das auf etwas Vorhandenes Darauf- oder Hinzugegebene ist. Zu der Aufgabe, die wir an uns selbst haben, tritt die Aufgabe, die wir an anderen wahrnehmen sollen.

Diesen Zusammenhang zu sehen, gehört zum Verständnis der Seelsorge; oder mit anderen Worten: nur in dem Maße, in dem wir eine Einstellung zu unserem Altwerden gefunden haben, können wir anderen helfen, eine Einstellung zu ihrem Altwerden zu finden. Wir können nicht mehr geben, als wir empfangen haben. Wir übertragen das, was wir sind und was uns hält oder das, was wir noch nicht sind und was uns unsicher macht. Aus diesem Grunde ist das Problem des Alterns eine objektive, zu erforschende und eine persönliche, zu bewältigende Sache in einem.

I. Das Alter. Grunderfahrungen und Krisen

Der Mensch unterliegt innerhalb seiner männlichen oder weiblichen Existenz abschnittweise einem gesetzmäßig sich wandelnden Anderssein. Wir denken dabei an die Phasen der Kindheit, der Jugendreifung, des Erwachsenseins, der zweiten Reifungszäsur und des Alters. Anatomisch und physiologisch ist es nicht unberechtigt, mit diesen Phasen die Vorstellung von Aufbau, einem gewissen Stillstand

---

[1] M. Bürger, Altern, in: Fischer-Lexikon Medizin I, 11–25.

[2] J. Fischer, Die Lebensalter der Ehe. Wachsen und Altern als Lebensaufgabe in Ehe und Familie. Hamburg 1957, 14.

und Abbau zu verbinden. Besonders die Rückbildungen im Bereich des Leiblichen im letzten Lebensabschnitt bestätigen das Bild dieser Kurve.

Da sich aber die Altersvorgänge von der Konzeption bis zum Tode erstrecken, also lebensdauernd sind, kommt es der Wirklichkeit näher, wenn wir in den Lebensabschnitten weder Aufbau noch Abbau, sondern stetigen, gleichwertigen Umbau sehen. Dieser Begriff ist dem von M. Bürger geprägten der „Biomorphose" (Lebenswandlung) ähnlich und wertet nicht. Er betont lediglich die Tatsache, „daß wir nicht nur älter, sondern mit jedem Tage auch anders werden"[1]. Menschliches Leben „entfaltet und verwirklicht nacheinander die jeweils vorhandenen Möglichkeiten und läßt ebenso stufenförmig bereits bewährte Fähigkeiten zurücktreten, damit wiederum neuen, noch nicht in Tätigkeit gewesenen Anlagen Raum gegeben wird"[2]. Wir bezeichnen also mit „Altwerden" einen lebenslangen Prozeß der Umschichtung, auf dessen psychischen Aspekt wir besonders achten.

Irgendwann tritt dieser Prozeß in seine letzte Phase ein. Dann wird sich der Mensch seines Altwerdens im eigentlichen Sinne bewußt. Dabei ist es gut, dieses „irgendwann" im psychischen Bereich nicht zeitlich festzulegen. Es kann sich – und geschieht heute sehr oft – früh aufdrängen. Das Innewerden des Alterns erfolgt durch Altersmahnungen. Bei der Mehrzahl der Menschen ist es die Organsprache, sind es Störungen im körperlichen Bereich, die ihnen jenseits der Lebensmitte erstmals das Faktum des Alterns zum Bewußtsein bringen. Aber auch Veränderungen im Zeitempfinden, der Gedächtnisfunktion und der Stimmungslage, der Wandel in der äußeren Erscheinung seiner selbst oder des Lebensgefährten gehören hierher. Nicht weniger das Nachlassen der erotischen Anziehungskraft, ein Versagen im intellektuellen Bereich und „eine oft völlig unbegründbare und für junge Menschen kaum einfühlbare Angst"[3].

Besondere Bedeutung im Anzeigen des Altwerdens haben Primärerlebnisse. Eine Krankheit und ein dadurch hervorgerufener Bruch der Lebenslinie, der Tod Nahestehender oder eine berufliche Katastrophe decken das bisher Uneingestandene, Verdrängte auf. Einmalig kommt das in einer Begebenheit aus dem Leben des 1917 verstorbenen Präsidenten des Bayerischen Oberkonsistoriums Hermann Bezzel, einer wahrhaft bischöflichen Gestalt, zum Vorschein. Sein geradezu polizeiwidriges Gedächtnis war berühmt und berüchtigt in der Landeskirche. Eines Tages lud er – er tat es öfter – zwei Studenten zum Mittagessen ein. Er unterhielt sich mit ihnen über Kirchengeschichte. Dabei unterlief ihm ein Irrtum in bezug auf eine Geschichts-

---

[3] A. Ochsenreither, Psychische Veränderungen in der 2. Lebenshälfte aus ärztlicher Sicht, in: WzM 1970, 2:40.

zahl aus dem Leben des Bernhard von Clairvaux. Von seinen beiden Gästen darauf aufmerksam gemacht, schwieg er fortan, brach das Essen ab und fuhr mit ihnen in die Bibliothek des Landeskirchenrates. Dort bestätigte sich die Fehlleistung seines Gedächtnisses. Er setzte sich nieder, stützte den Kopf in die Hände und sagte: „Rieseln des Sandes vom Grabe!" Er war seines Altwerdens innegeworden.

Dieses Innewerden verdichtet sich ungefähr um die Mitte des 6. Jahrzehntes, also in den 55iger Jahren zur Alterskrise. Wir müssen sie von den Altersmahnungen und dem darauf folgenden Altersabschnitt unterscheiden. Einige Jahre wohl umfassend ist sie durchzogen von Unruheerscheinungen des Überganges. Auch für einigermaßen ausgeglichene Menschen bringt sie ein Gefühl der Unsicherheit im Dasein und Lebensziel und wird wie eine „ins Unbekannte führende Veränderung aller Lebensbedingungen" empfunden. Bei unausgeglichenen „Menschen kann sie eine aufs letzte gehende Kraftprobe sein". Nicht von ungefähr steigt nach medizinischen Auskünften die Zahl der Infarkte in diesem Zeitraum eindeutig an. F. Künkel sah in ihr nicht nur die Krise eines Lebensalters „sondern unseres bisherigen Lebens überhaupt" und formulierte als ihren Nerv die Frage: „Wie finde ich mich mit der Gewißheit des baldigen Endes ab?"[4] Ist das richtig, dann muß aber die gleichgewichtige Frage: „Wie lebe ich die mir verbleibenden Jahre?" unbedingt hinzugefügt werden.

Verdichteten sich die Altersmahnungen zur Alterskrise, so eröffnet die Alterskrise den Abschnitt des eigentlichen Alters. Es ist eine Zeit bestimmter, damit zusammenhängender Grunderfahrungen. Wir bemühen uns, sie so einfach wie möglich zu formulieren, um ihren elementaren Charakter hervortreten zu lassen.

1. *Das Erlebnis der Grenze.* – Es bricht, um ein altes Wort zu gebrauchen, an den kleinen „Siechtümern" des Alltags auf: am Gehen, am Atmen, am Hören, am Sehen. Alles wird mühsamer. Immer mehr Linien, die nicht mehr überschritten werden können – das sind Grenzen! – tun sich auf. Das kann zu einer großen und reich machenden Ruhe führen, die nicht mehr wie die Jugendunruhe über die Linien drängt; aber auch eine Resignation hervorrufen, die Entmutigung verbreitet.

2. *Die Verkleinerung des Aufgabenkreises.* – Sie ist mit dem gegeben, was wir Ruhestand nennen, der – recht geordnet – nicht völlige Lösung von Aufgaben bedeutet, sondern nur deren Verringerung. „Bist weit schon auf der Reise / schau um dich her im Rund / und spiele leis und weise / dich in den Hintergrund."[4] Viele Menschen willigen ein in dieses Gesetz der geschaffenen Welt und tun es mit ei-

---

[4] O. Haendler, Das Alter im Lichte der Seelsorge, in: J. Scharfenberg/K. Winkler (Hg.), Tiefenpsychologie, Theologie und Seelsorge. Göttingen 1971, 238 f. 240.

ner gewissen Befreiung. Sie entrinnen dem Tempo und – wie mir ein Kollege sagte – den Erregungen der Universität. Für andere ist es der Beginn einer ins Ungemessene sich steigernden Monotonie.

3. *Das Gefühl der Vereinsamung.* – Wir haben in unserem Leben viele Bekannte. Ihre Zahl nimmt immer mehr zu. Aber wir haben nur wenige Weggenossen; Freunde, auf die wir uns wirklich verlassen können. Von ihnen geht einer nach dem andern dahin. Bald, je älter wir werden, sind wir allein. „Die vielen in der Lebensmitte nehmen den ganzen Raum ein, und die Jungen werden lauter um einen her."[4] Wir bleiben zurück hinter einem sich wandelnden Lebensgefühl. Für manche bedeutet das eine Wendung nach innen; für andere ein dumpfes Geworfensein auf sich selbst.

4. *Das Nachlassen der Erinnerung.* – Nachläßt die Erinnerung an unmittelbar Zurückliegendes. Zunimmt „nicht nur der subjektive Hang zum Einst, sondern auch der objektive Wert des Einst"[4]. So verbindet sich das Schwinden des Gedächtnisses mit der steigenden Gegenwärtigkeit aneinander gerückter und durchlebter Daseinsphasen, als stehe das Vergessen im Dienste des Bewahrens heilsam bewegender, aber oft auch böser Widerfahrnisse im Leben.

5. *Die Vereinfachung des Charakters.* – Der Mensch ist vieler Wandlungen fähig. Aber die seelische Grundstruktur spielt bei „der Prägung der Alterspersönlichkeit eine der wichtigsten und bereits teilweise auch voraus berechenbaren Rollen". Ich denke an eine einfache Frau, die sich durch äußere Anpassung und innere Unterjochung des ihr überlegenen Mannes durch Launen in einer differenzierteren Welt zurechtzufinden vermochte. Jetzt im Alter bricht ihr ursprüngliches Milieu wieder durch, und sie vernachlässigt sich stark. Alles Zu-fällige, Nicht-integrierte fällt wieder ab.

6. *Die Erfahrung des Vergänglichen.* – Mit den zugelegten Jahren wächst die Einsicht in die Unumkehrbarkeit und das Abnehmen der eigenen Zeit. Was der junge Mensch wohl sieht, sich aber durch das Noch-überschreiten-Können der Linien nicht zu seinem Eigentum macht, die Sterblichkeit aller Dinge, drängt sich dem Alternden auf. Das Kapitel „Das Alter" in A. Solschenizyns Buch „Der erste Kreis der Hölle" endet mit dem Satz: „Dieses lähmende Gefühl des nachlassenden Gedächtnisses, der dahinschwindenden Geisteskraft – der Einsamkeit zog drohend vor ihm auf, machte ihn hilflos, erschreckte ihn. Der Tod hatte in ihm schon sein Nest gebaut – aber er wollte es nicht glauben."[5]

7. *Das Haften am Vergangenen.* – Es hängt mit dem Schwinden der Hoffnung zusammen. Das Eigentümliche der Hoffnung besteht

---

[5] A. Solschenizyn, Der erste Kreis der Hölle. Frankfurt 1968, 141.

darin, daß sie sich, sofern immanent begründet, mit abnehmender Lebenszeit verringert. Es ist, als träfe sie auf eine Wand, die den auf sie gerichteten Strahl zurückwirft in die Richtung, aus der er kam. So tastet sich der alte Mensch zurück in das, was war und lebt in steter Gefahr, die Gegenwart und das heißt, die doch auch ihm eröffnete Zukunft, das Wesentliche zu verfehlen.

Damit stoßen wir unmittelbar auf das Besondere, das die christliche Seelsorge als Gabe an das Alter auszurichten und zu geben hat. Sie muß es aber zuvor selbst empfangen und sich selber sagen lassen. Deshalb:

II. Die Frage nach dem Sinn und der alte Mensch in biblischer Sicht

Übertragen wir V. v. Weizsäckers berühmte These, die Krankheit habe Sprachcharakter auf das Altersgeschehen, dann heißt das: Das Alter, seine Grunderfahrungen und Krisen teilen verborgene, zum Teil verdrängte Bewußtseinsinhalte durch Körpergeschehen mit. Wir sind darauf bereits aufmerksam geworden in der Organsprache der Altersmahnungen und in der von F. Künkel formulierten Mitteilung der Alterskrise, sie zeige die Gewißheit des sich nähernden Endes an. Dann aber dürfte den geschilderten Elementarerlebnissen der Altersphase gleichfalls ein Sprechendes innewohnen. Wir formulieren es vorsichtig als die Frage nach dem Erkennen eines das Undurchschaubare durchwaltenden Prinzips; einfacher und aus Protokollen über Gespräche mit alten Menschen zu belegen als die Frage, wozu es gut sei bzw. dienen soll. Die Frage nach dem Sinn wird also am Ende der Lebensgeschichte durch das Altersgeschehen noch einmal ausdrücklich gestellt.

Schon dieser Anruf, seine Aufforderung zum Fragen zu vernehmen, wäre eine Hilfe zum Bewältigen des Alters. Und das Alter, das diesen Anruf überbringt, gewährt im Gegensatz zu früheren Lebensphasen in der Regel auch den Raum, sich ihm zu stellen. Es gibt Menschen, die das tun. Unter den Einfachen nicht weniger als unter den Gebildeten. Dann können Belastungen und Möglichkeiten des Alters „auch religiös eine neue Situation schaffen"[6]. K. Rahner äußert sich in seinen Darlegungen „Zur Glaubenssituation des alternden Menschen" dazu: „Es ist normal, im Alter religiöser zu werden, und diese Religiosität hat keinen Grund, sich verdächtigen zu lassen, bloß weil sie nicht früher schon so deutlich gegeben war."[6]

Die Tragik des Menschen, auch des alten, besteht aber nun darin, daß er weithin dieser unthematischen, wirklichen, wenn auch nicht

---

[6] K. Rahner, Zur Glaubenssituation des alternden Menschen, in: Handbuch der Pastoraltheologie Bd. 3. Freiburg 1968, 533.

reflektierten Verwiesenheit auf den über ihn Verfügenden entflieht und seinem Anruf zu entrinnen versucht. Das kommt in der einfachsten Form dadurch zum Ausdruck, daß der Mensch wohl alt werden, aber nicht alt sein will. Psychologisch gesprochen: Er will seinen Schatten nicht annehmen; und zum Schatten gehört nicht nur das Böse, sondern auch das Dunkle, Erdhafte; und im Alter die „unerwarteten Schwierigkeiten und Belastungen, die aus den ganz persönlichen Eigenarten, Hemmungen und Empfindlichkeiten erwachsen"[4]. Eine andere Form des Nichtannehmens des Alters und seines Anrufes ist das Verhaftetsein an die dingliche Welt, die die Gestalt einer späten Lebensgier annehmen kann, das gänzliche Aufgehen in seinen körperlichen Beschwerden und das kreisende Sichversenken in das eigene Sein. Eine letzte, durch die Vergötzung der Jugend in unserer Zeit ungeheuer verbreite Form, den Anruf zur letzten Reifung zu überhören, ist die Flucht in die gespielte Jugendlichkeit. Merkwürdigerweise handelt es sich dabei sowohl um Menschen, die in ihrer Jugend zu kurz gekommen sind, sie also ein Leben lang nachzuholen begehren, als auch um solche, die eine Jugend ohne allen Verzicht und Widerstände ihr eigen nennen und sich von ihr nicht mehr trennen können. Das ist also das Merkwürdige am Menschen, daß er dem, was er theoretisch als etwas Natürliches und Normales erklärt, Alter und Tod, unentwegt zu entrinnen versucht durch Nichtannahme und Flucht.

Es ist nun die unbequeme Aufgabe der Theologie, dieser Flucht entgegenzutreten und dem Fliehenden thematisch auszurichten, was er sich als unthematischen Anruf verbirgt. Sie tritt also sozusagen in die Selbstverborgenheit des Menschen ein, um auf dem Felde seines Lebens, seiner Konflikte und Nöte, in unserem Fall in der Phase seines Alters dem das Wort zu verleihen, der im Sprachcharakter der Erfahrungen und Widerfahrnisse der eigentlich Rufende ist. Dadurch wird dem Alter ein wenig an Deutung, ein wenig an Durchsicht zu seiner besseren Bewältigung zuteil. Es ist die Stelle, an der wir uns in gebotener Beschränkung auf ein Stück biblischer Anthropologie besinnen[7].

W. Pannenberg hat im Gespräch mit den Humanwissenschaften gezeigt, daß es zum Wesen des Menschen gehört, über sich und die ihm zuhandene Welt, über die er zu verfügen meint, beständig hinauszufragen. Auf dieses Hinausfragen geht vor allem das Alte Testament ein, indem es die Geschehnisse der Geschichte und des menschlichen Seins transparent macht für den, der dahinter steht und hindurchtreten will. Deutlicher gesagt: Das Leben muß von Gott her verstanden werden.

1. Es ist – und nun in besonderer Weise als langes Leben – Ge-

---

[7] W. Rupprecht, Der alte Mensch. Eine biblische Besinnung. Stuttgart 1966.

schenk. Und zwar aus drei Gründen: Der Tod, im Alten Testament als ganz besonders dunkel empfunden, wird hinausgeschoben. Das bedeutet, die Fülle des Lebens kann erfahren und ausgekostet werden. „Alt und lebenssatt" starben die Patriarchen. Nicht des Lebens müde, sondern sie hatten gelebt und sich dem, was es enthielt, hingegeben, bewußt. Darüber waren sie weise geworden, voller Erfahrung, die Geheimnis und Kummer menschlichen Existierens, jenes tragödienhaften „Draußenseins" umschloß und als Rat weitergereicht werden konnte.

2. Gerade darin stand das Alter aber auch in Spannung zur folgenden Generation. Die schuldige Ehrerbietung, die zu fordern das Alte Testament nicht müde wird, wurde ihm schon damals offenbar nicht in angemessener Weise gewährt. Eine Stelle, die von einem alten Universitätslehrer unserer Tage verfaßt sein könnte, überliefert uns das: „Ich will ihnen Knaben zu Fürsten geben und Mutwillige sollen über sie herrschen ... Der Junge geht los auf den Alten und der Verachtete auf den Geehrten" (Jes. 3,4). Und Hiobs ironische Frage an seine alten Ratgeber: „Bei den Großvätern nur soll Weisheit sein und Verstand nur bei den Alten?" klingt nicht minder modern (Hi. 12,12).

3. Nüchtern wird deshalb das Altsein des Menschen als eine Zeit mancherlei und schwerer Nöte angesehen. Bemerkenswert ist dabei die schon in der Weisheit Israels vorhandene Einsicht, daß die vorhergehenden Phasen, insbesondere das Jungsein, die alten Tage prägen. Man wußte etwas von der Unerfülltheit des Alters als ursächlich in einem Ineinander von Schicksal und Schuld. So steht auch der alte Mensch, zeitlebens ein Fliehender, nicht nur unter Gottes Gnade, sondern auch unter seinem Gericht: „Ob sie gleich lange leben, so wird ihr Alter doch ohne Ehre sein" (Sir. 3,17).

4. Dennoch kann die Flucht des Menschen im Alter, wenn er nur eine Ahnung, Gott nicht entrinnen zu können, herübergerettet hat, zur Kehre werden, und er flieht zu Gott: „Verwirf mich nicht in meinem Alter, verlaß mich nicht, wenn ich schwach werde" (Ps. 71,9). In der Hinwendung zu dem, der ihm nachging ein Leben lang, weiß er sich, sein eigenes Altsein annehmend, zugleich angenommen und dessen gewiß im Prophetenwort: „Ich will euch tragen bis ihr grau werdet" (Jes. 46,4).

5. Merkwürdig im wahrsten Sinne des Wortes ist das Neue Testament. Es beginnt mit zwei alten Menschen, Simeon und Hanna, die im Gespräch mit Gott und in der Begegnung mit dem neugeborenen Kinde den Sinn ihres zu Ende gehenden Lebens gefunden haben. Sie preisen und verkündigen das Neue, das ihnen widerfahren ist, voller Freude mit den Worten: „Herr, nun lässest du deinen Diener in Frieden fahren, wie du gesagt hast; denn meine Augen haben deinen Heiland gesehen" (Luk. 2,29 f.). Dann treten sie ab und mit ihnen ver-

schwindet das Alter als eigener Stand aus dem Gesichtsfeld des Neuen Testamentes. Es ist, als sei in der Tatsache, daß sie den Christus gesehen haben, das Problem des alten Menschen fortan aufgehoben.

Es liegt nun nahe, aus dem zuletzt Gesagten die Konsequenz zu ziehen: Die Seelsorge am alten Menschen habe die Begegnung mit Christus als Ziel. Es liegt nahe und ist auch richtig; aber eine solche Spitzenformulierung würde uns vermutlich mehr belasten als nützlich sein. Sie trüge der Forderung einer „zeitgerechten Seelsorge" zu wenig Rechnung und würde auch verkennen, daß man dem Christus Gottes nur in der unverhüllten Menschlichkeit des Jesus von Nazareth begegnen konnte und begegnen kann. Die Wahrheit und ihre Praxis ist auch auf unserem Felde differenziert.

III. Das Verständnis der Altersseelsorge und ihr Vollzug

Ich möchte noch einmal bei den Alten am Anfang des Neuen Testamentes, bei Simeon einsetzen. Von ihm heißt es: Er „wartete auf den Trost Israels" (Luk. 2,25). Er wartete als einer, der den Anruf vernommen hat, ausdrücklich und bewußt. – Eine hohe Zahl von Älteren (etwa ab 50) und Alten wartet in unserem Land auf den Besuch des Pfarrers, auf die Hineinnahme in altersgemäße Kommunikationsformen der Gemeinde und auf einem bis in die Altersjahrgänge hineinreichenden Katechumenat der Kirche. Diese überraschende Aussage ist nach Abschluß der VELKD – Umfrage zum Gottesdienstbesuch möglich. Es warten also Tausende unausdrücklich, unthematisch und unbewußt „auf den Trost Israels". Wir stehen damit als Kirche vor einem gesellschaftsrelevanten Arbeitsfeld größten Ausmaßes. Es ist unter anderem die Seelsorge, mit der wir an diese Aufgabe herantreten.

Unter Seelsorge verstehen wir eine befristete Partnerschaft. Sie besteht im einfachen Sichaussprechen, im helfenden Dialog oder im kontrollierten, methodischen Gespräch, das sowohl mit einzelnen als auch mit Gruppen geführt werden kann. Ihr Ziel ist die Aktivierung des Möglichen im Partner und so gut es geht, die Problembewältigung durch ihn selbst. Streng situationsbezogen ist sie christlich dadurch, daß es in ihr um das Geltendmachen biblisch-theologischer Anthropologie im Bereich menschlicher Nöte und Konflikte geht. Dieses Geltendmachen erfolgt in einem für beide Partner unverfügbaren Zeitpunkt durch ausrichtendes und aufrichtendes Zusprechen des Evangeliums in persönlich verantworteter Formulierung. Christliche Seelsorge ist also parakletisches Beistehen und Begleiten in den Grundsituationen des Lebens vom Evangelium her.

In bezug auf die Grundsituation Altwerden und Altsein können wir nun nach einer in den vorangehenden Kapiteln erfolgten Andeutung einer psychologischen und theologischen Alterslehre drei Leitsätze für die Seelsorge an alten Menschen wagen: 1. Das Alter ist nicht Abbau, Endphase und Warten auf den Tod, sondern ein neuer Stand und eine eigene Existenzform mit neuen Möglichkeiten. In der Seelsorge geht es darum, das Altwerden aus Gottes schaffenden Händen anzunehmen als anvertraute Zeit. 2. Das Alter ist gekennzeichnet durch gesellschaftliche Isolierung und persönliche Einsamkeit. In der Seelsorge geht es darum, dem alten Menschen beizustehen in seiner kreatürlichen Preisgegebenheit und in seiner Suche nach Sinn. 3. Das Alter ist bestimmt durch die Abnahme des Möglichen und die Zunahme des Wirklichen. In der Seelsorge geht es darum, loszulassen und loslassen zu helfen im Horizont der christlichen Hoffnung.

Vom Verständnis der Altersseelsorge wenden wir uns nun zu ihrem Vollzug. Ich greife das Seelsorgegespräch und die Gruppenseelsorge heraus.

Zunächst halten wir fest: alles, was über das seelsorgerliche Gespräch und seine Methoden im allgemeinen gesagt, jetzt freilich nicht wiederholt werden kann, gilt auch im gerontologischen Bereich. Wir können aber auf einige Besonderheiten hinweisen.

Viele sind versucht, bei einer Begegnung mit einem alten Menschen, z. B. bei der Begrüßung, Jovialität und Jugendlichkeit an den Tag zu legen. Das rührt von einer Unsicherheit im Innern gegenüber dem Alter her und dann begrüßen wir unser Gegenüber mit dem gutgemeinten Lob: „Sie haben sich aber jung gehalten!" In einem solchen Satz schwingt die Abwertung stärker Gealterter und die Jugendlichkeit als Wermaßstab. Angemessener ist es, schon bei den ersten gewechselten Worten ganz bei dem andern und zugleich ganz bei sich selbst, also sachlich und persönlich zu sein; wie jene 90jährige Münchenerin, die – als Adenauer sie zum Geburtstag besuchte – zu ihm sagte: „Oid is er worn, der Hitler". Hier verbanden sich Sachlichkeit und Wärme aufs beste miteinander.

Auf die ersten gewechselten Worte folgt in der Regel eine Phase, in der der Ratsuchende erzählt. Zwar steht in allen Seelsorgebüchern, das Zuhören sei jetzt und überhaupt das Wichtigste, sozusagen das A und O im pastoralen Beruf. Rollenspiele und experimentelle Kontrollen bringen aber ans Licht, daß es gerade damit nicht besonders gut bestellt ist. Wir neigen dazu, den Berichterstatter durch Äußerungen und Fragen zu unterbrechen, ehe er geendet hat, also mitten im noch anhaltenden Erzählen. Die Gefahr, dies zu tun, wird erhöht durch eine gewisse Weitschweifigkeit der Sprache des Gealterten. Dennoch sollten wir uns hier einer besonderen Disziplin des Zuhörens unterwerfen. In der Breite des Dargelegten stecken Schlüsselerlebnisse und Bilder. In dem Rekurs auf Schlüsselerlebnisse, z. B. die Geschichte eines Unglücks oder einer Flucht tradiert der Mensch religiöses bzw. christliches Gut. Und im Gebrauch von Bildern, Vergleichen und Methaphern äußert er das Allerpersönlichste, das, was er als ihn unbedingt angehend empfand. In beidem gelangen die tiefverborgene Innenseite eines Menschen, seine Ängste und sein Scheitern, das, was ihn hält und seine Hoffnung an unser Ohr. Wenn wir vernommen haben, fällt uns die Aufgabe dessen zu, der am Ende der Josephsgeschichte lange schweigend, endlich redend, scheu und ganz unaufdringlich zu verstehen gab, daß es Gott ist, der dieses Leben und seine Geschichte wollte und in ihrer Weltlichkeit der eigentlich Führende war. Solches kann im Grunde nie oder nur selten gesagt, sondern nur Gespräch um Gespräch, Besuch um Besuch, hörend, schweigend, helfend und wechselseitig bedenkend entborgen werden. Denn Wahrheit ist auch in der Seelsorge das Ergebnis prozeßhaften Beistehens, und sie entschwindet, sobald sie gefunden, um wieder von neuem gesucht zu werden.

Und nun noch zur Gruppenseelsorge mit alten Menschen. Wir stehen hier ganz am Anfang, und es liegen fast keine Erfahrungen vor. Zur Leitung einer solchen Seelsorgegruppe bedarf es keiner Lehranalyse, nicht einmal eines längeren gruppendynamischen Trainings. Es bedarf aber einer Reihe von Eigenerfahrungen in tiefenpsychologisch geleiteten Gruppen, wie man sie heute im Rahmen der Pfarrerfort- und -weiterbildung erwerben kann. Die wichtigste Voraussetzung ist im Grunde eine geistliche: Die Bereitschaft zur völligen Rücknahme der eigenen Person; die dadurch ermöglichte, moderierende Begleitung der selbstarbeitenden Gruppe und die vorsichtige tiefenpsychologische und – ich füge hinzu – geistliche Deutung der in ihr sich ereignenden Dynamik.

Einer Erprobung wert erscheint mir folgendes Modell, das von dem katholischen Theologen E. Bartsch stammt und für eine Gruppe von 7 – 14 Teilnehmern bestimmt ist. (Es wurde allerdings nicht speziell für alte Menschen erarbeitet, kann aber wie folgt auf sie übertragen werden). Denken wir uns die Situation eines Altenwohnheims. Dort gibt es immer wieder Gemeinschaftsprobleme. Da sich der alte Mensch gedanklich stark mit den Mahlzeiten beschäftigt, vor allem, wenn er selbst nicht mehr für sich sorgen kann, entzündet sich die Unzufriedenheit oft an diesem Punkt. Wir wollen nun als Seelsorger dieses Problem mit den Alten aufgreifen, um ihnen weiterzuhelfen. Das Programm, auf mehrere Sitzungen (Wochen) verteilt, lautet: 1. Kontrast. 2. Diskussion. 3. Selbstbetrachtung der Gruppe. 4. Problemlösung. 5. Konfrontation mit biblischen Texten. 6. Aktion. 7. Danksagung.

Zu jedem Punkt sind abschließend ein paar Sätze der Erläuterung notwendig: 1. Der *Kontrast* wird dadurch hergestellt, daß zwei beauftragte Gruppenteilnehmer über das Thema miteinander verhandeln, wobei jeder eine gegensätzliche Meinung vertritt und dieselbe möglichst engagiert verteidigt. 2. Nach einiger Zeit wird die Gruppe eingeschaltet und nun erfolgt eine längere *Diskussion* über das aufgeworfene Problem. Jeder soll zu Wort kommen und seine Meinung dazu äußern. 3. Die nächste Phase dient nun der *Selbstbetrachtung der Gruppe.* Thema ist vorübergehend nicht mehr das Problem, sondern die Frage: „Wie sind die Gruppenteilnehmer miteinander umgegangen und wie hat sich das auf die Behandlung des Themas ausgewirkt?" Es geschieht sozusagen eine Rückbeobachtung, bei der auch die Gefühle, die man in der Gruppe und bei der Besprechung des Themas empfand, mitgeteilt werden. 4. Nach einer weiteren Zäsur wendet sich die Gruppe wieder dem Thema zu und überlegt, ob sich in den bisherigen Phasen Beiträge zu einer *Problemlösung* abgezeichnet haben. Alles Diesbezügliche wird zusammengetragen. 5. Danach geht die Gruppe zur *Konfrontation mit biblischen Texten* über; d. h. es wird gefragt: „Welche biblischen Texte fallen uns ein oder finden wir, die zum Besprochenen eine Beziehung haben?" Es empfiehlt sich, aus den gefundenen Texten einige auszuwählen und in den folgenden Sitzungen in der Weise eines biblischen Gesprächs zu behandeln. Da es sich um Mahlzeiten, um Essensproblematik, also um den tiefenpsychologischen Themenkreis des Ur-Hungers handelt, sind die biblischen Speisungsgeschichten bestimmt dabei. (Hier kehrt die „Bibelarbeit" in einer angemessenen und sehr realitätsbezogenen Form wieder zurück). 6. Ist diese Gesprächsreihe zu Ende, so fragen wir nach einer möglichen *Aktion*; d. h. welche Veränderungen sind im Verhalten der Gruppenteilnehmer bereits vorgegangen oder anzustreben bzw. was kann an konkreten Schritten realisiert werden? 7. Die Arbeit der Gruppe, die ja von vornherein eine befristete, um ein ganz bestimmtes Problem zentrierte war, schließt mit der *Danksagung*, genauer mit der Frage: „Wofür haben wir zu danken?" Die Teilnehmer werden aufgefordert, etwa im Sinne der in der katholischen Kirche geübten Gebetsmeinung einiges auszusprechen oder in den nächsten Tagen selbst ein ganz kurzes Gebet, das nur aus wenigen Sätzen bestehen soll, schriftlich zu formulieren.

Damit kommen wir zum Schluß und zugleich zum Ziel. Ich formuliere es in Anlehnung an den schwedischen Religionspsychologen H. Sundén: Wenn die Arbeitsrolle des nun Alternden beendet ist, soll die christliche Seelsorge ihm helfen, die Rolle des Partners Gottes im Gebet und im Tun des jetzt noch Möglichen an Menschlichkeit und Liebe zu übernehmen.

Theologie angesichts des Todes

Es gibt in unserem Leben so viele Male, daß wir zwischen unserem ersten und letzten Augenblick fast eine Unendlichkeit winziger Tode zu erleiden haben. Wir sterben viele Tode, ehe wir den letzten sterben. Es muß also neben die Tatsache des schließlichen Sterbenmüssens das Eindringen des Todes in alle Lebensbereiche, das Sich-Vorschieben seiner Störung gestellt werden. Diese Unmittelbarkeit zum Tode anerkennend, wird auch eine theologische Abhandlung die theoretische Darlegung durchbrechen und praktisch, d. h. selbst ein Teil jenes Gedenkens sein müssen, das den Menschen weise macht (vgl. Psalm 90,12). In den folgenden drei Kapiteln soll dies geschehen.

I. Vom Wachsen des Todes

Die durch den Tod begrenzte Zeit zu strukturieren ist in den Psalmen eine Fähigkeit, die erbeten werden muß. Der Mensch verfügt nicht über sie. Sie geht ihm ab. Es ist etwas in ihm, das sich ebenso konsequent vom Tod wegwendet, wie dieser unausweichlich auf ihn zukommt. Warum kann der Mensch, der moderne offenbar mehr als der frühere, dem Tod nicht ins Auge sehen? Warum verbirgt er ihn? Er ist ihm nicht gewachsen. Er hält mit dem Wachsen des Todes nicht Schritt. Wird ein Mensch geboren, hat er auch schon das Alter zum Sterben. Daß es dazu kommen wird, ist das Sicherste, was man über ein neugeborenes Kind aussagen kann. Der Tod wohnt dem Leben inne. Wir sind nicht nur von ihm umfangen, sondern er wohnt in unserem Leben und wächst heran im gleichen Maße, in dem unser Leben heranwächst. Wachsen heißt zunehmen an Größe und Gewicht. Mit zunehmender Lebenszeit und dies von Anfang an, nimmt der Tod an Größe, Schwere und Gewicht zu. Aber der Mensch wächst nicht mit, jedenfalls nicht in der gleichen Naturgesetzlichkeit. Sein Verhältnis zum Tode und dessen Realitätszunahme hinkt nach, bleibt unterentwickelt. Es müßte sich, wäre es anders, etwas Entsprechendes entwickeln. Es müßte etwas dem Tode Konkurrierendes, mit ihm Kämpfendes, etwas Reales von gleicher Schwere und gleichem Gewicht in ihm erstehen, damit er ihm gewachsen ist.

II. Die Todesstunde als Lebensaufgabe

Die Auseinandersetzung des Menschen mit dem Tod ist also an keine Altersstufe gebunden. Prinzipiell ist jedes Alter unmittelbar zum Tod. Da er das unserer Verfügung entzogene Gesetzte bzw. Verhängte darstellt, weiß niemand, ob er sich nicht unbeschadet seines Alters schon in der Lebensneige befindet. Deshalb hat die Todesstunde den Charakter der Lebensaufgabe.

Aber diese Aufgabe wird weithin nicht oder nicht mehr geleistet. Dabei handelt es sich keineswegs um ein nur individuelles Problem. Früher dürfte es leichter gewesen sein, ein erfülltes Leben zu haben. Feuer, Wasser, Hunger, Mißernten waren zwar enorme Risikofaktoren, aber zugleich auch Anreiz zum Leben. Die Lebensbewältigung stellte höhere Anforderungen an den Menschen. Diese Anreize zur Lebensentfaltung sind heute erheblich vermindert. Hand in Hand damit ist aber auch eine Sinnminderung eingetreten. Dafür ist die nervöse Belastung gestiegen und die Angst, diese Welt verlassen zu müssen, ohne richtig gelebt zu haben. Man wird mit dem Hamburger Kliniker Arthur Jores sagen dürfen, daß der Mensch sich heute mehr verfehlt als in früheren Zeiten und daß darauf seine soviel größere Todesangst beruht. Um ihr zu entgehen, nimmt er Erklärungsversuche, Weltanschauungslehren und Verhaltensweisen auf, die eben derselbe Tod, gegen den sie dienen sollen, dann zerschlägt. Eine Generation, die die letzten sexuellen Tabus aufgehoben sehen möchte, erfährt zur gleichen Zeit den Tod als potenziertes Tabu.

Das hat seine Rückwirkungen. Wer den Tod aus dem Leben verdrängt, macht seinen Blick künstlich kurzsichtig. Wer ihn ausklammert, darf nicht den Anspruch erheben, er habe ein zuverlässiges Bild vom Menschen. Darum ist die Verdrängung des Todes keine Kuriosität der Kulturgeschichte, sondern eine geistige Erkrankung. Die Auseinandersetzung mit dem Tod muß geleistet, die Einstellung zu ihm gefunden werden. Er erzwingt sie. Sie ist jedem Menschen in jeder Altersstufe aufgegeben, d. h. sie muß unter den jeweiligen Bedingungen der betreffenden Altersstufe geleistet werden. In der Beginnphase des Lebens ist die Einstellung der Eltern zum Tod das Schicksal der Kinder. Ich denke an ein Ehepaar, das sich zeitlebens gescheut hat, einen Menschen im Krankenhaus zu besuchen. Sie sagten, es erinnere sie zu sehr ans Sterben. Ihre inzwischen herangewachsenen Kinder können es auch nicht. In der Phase der Lebensmitte wird der Tod weithin als die große Betriebsstörung empfunden, die dem durch seine Fortschritte, Leistungen und Schaffenskraft selbstbewußt gewordenen Menschen das Konzept verdirbt. In der Endphase des Lebens ist es die Abnahme des Möglichen und die Zunahme des Wirklichen, wodurch die Auseinandersetzung mit dem Tod bedingt ist. Wir wollen uns ihr nun auf empirischem Wege nähern.

III. Der unverdrängte Tod

Ich zitiere zunächst den Bericht einer Zeitung: „Die Opfer eines schweren Verkehrsunfalls, der sich am Montag gegen 22.40 Uhr auf dem Autobahnzubringer B 26 A zwischen Rheinbrücke und Neudorf auf dem Streckenabschnitt Speyer-Hof ereignete, wurden die 20 jährigen Söhne zweier Geschäftsfamilien. Bei dem Aufprall auf einen unbeleuchteten, auf der Fahrbahn abgestellten US-Sattelauflieger kamen der Mechaniker Friedrich B. und der Kaufmann Heinrich M. ums Leben. Beide Insassen, die in ihr Fahrzeug eingeklemmt wurden, waren auf der Stelle tot. Ergänzend ist zu berichten, daß Zeugen keine vorhanden sind. Der Motorwagen des US-Fahrzeuges wurde kurz vorher abgeschleppt, der Sattelauflieger blieb unbeleuchtet zurück, warum, ist ungeklärt. In diesem Augenblick prallte das Fahrzeug der beiden jungen Männer auf. Durch Spezialgeräte mußten die Toten in mehrstündiger Arbeit herausgeschweißt werden." Soweit die Zeitung.

Und nun im Auszug der Brief des Pfarrers, der einen der Verunglückten zu bestatten hatte. „Wenn Sie den beigelegten Zeitungsabschnitt und den Durchschlag der Beerdigungsansprache gelesen haben, können Sie vielleicht schon ahnen, warum ich ihnen schreibe. Ich weiß kaum noch weiter angesichts dieses Ereignisses. Als ich am Dienstag nach dem Besuch beim Vater des Verunglückten nach Hause kam, vermochte ich nur noch meine Frau zu rufen, um ihr kurz zu berichten – und dann konnte ich nicht mehr. Es ist alles unfaßlich. Vor 10 Jahren etwa war die Familie aus Thüringen geflohen, nachdem der Vater aus dem Gefängnis entlassen war. Man hatte ihn als selbständigen Geschäftsmann mürbe machen wollen. Da er sein Handwerk gut versteht und seine Frau eine hervorragende Geschäftsfrau war, konnte sich die Familie hier wieder eine gute Existenz schaffen, unter viel Arbeit natürlich. Dann erkrankte die Frau an Magenkrebs. Es war ein Carzinom, bei dem es schon zu spät ist, wenn man es entdeckt. So mußten wir das Dahinsiechen der Frau, das Hin und Her der Familie zwischen Hoffnung und Verzweiflung mit ansehen. Im März starb die Frau, nur noch einem Totengerippe ähnlich, 42 Jahre alt, das jüngste Kind 6 Jahre. Und nun verunglückt der einzige Sohn, der das Geschäft übernehmen sollte, auf diese tragische Weise. Die andern Kinder sind Mädchen. Auf dem Grabstein der Familie, unter dem nun Mutter und Sohn liegen, stehen die Worte: Wir wissen nicht, warum." Der Pfarrer schreibt weiter: „Und ich kann auch keine Antwort geben. Als ich mit dem Vater des Verunglückten zusammensaß, konnte ich ihn lediglich davor warnen, nun nach einer bestimmten Schuld zu grübeln und zu suchen. Mehr konnte ich nicht. Und die Beerdigungsansprache zeigt ja auch, wo ich stehengeblieben bin und wohl auch heute noch stehe. Ich habe bisher nur einen sehr theoretischen Gott verkündet. So nahe ist er mir gerückt nach diesem Vorfall wie selten. Aber ich verstehe ihn nicht. Ich fürchte mich vor ihm. Ich bin müde, seelisch müde. Ich muß den Vater des Verunglückten bald wieder besuchen, aber ich weiß nicht, was ich ihm sagen soll. Ich wäre Ihnen sehr dankbar, wenn Sie mir bald antworten könnten."

In diesem Geschehen tritt uns der verdrängte Tod in seiner harten Realität entgegen. Als ich diesen Brief erhielt, lag mir Psalm 39,10 näher als eine Antwort: „Ich will schweigen und meinen Mund nicht auftun." Dem Pfarrer, der mit dem Vater des Verunglückten zu reden und dann zu predigen hatte, auch. Der Betroffenheit entspricht Schweigen. Aber der Pfarrer mußte etwas sagen und ich – durch seinen Briefschluß – auch. Denn auch das Sterben in unserer Nähe ist ein Anruf, der Antwort fordert. Der Anruf geht von dem aus, über den der Brief sagt: „So nahe ist er mir gerückt nach diesem Vorfall wie selten." Dieser, fast möchte man sagen, Zwang zur Antwort, diese Notwendigkeit, zu sprechen, weist auf vier Gesichtspunkte hin:

1. Wer angesichts des Todes zu sprechen hat, muß aus langem Schweigen kommen. Gültige Worte steigen aus dem Verstummen auf.

2. Was jetzt zu sagen ist, muß vorher, lange vorher bedacht worden sein. Das konkrete Ereignis verschließt den Mund.

3. Aus der noch vorhandenen, gewährten Distanz muß die Nähe zum Tod gewonnen werden. Mitten im Leben, sonst ist es zu spät.

4. Dieses Bedenken des Todes, ja, dieses Bedachtsein auf ihn, bestimmt und trägt dann das Schweigen, das entsteht, wenn er zuschlägt.

So schließt sich der Kreis: Bedenken, Schweigen, Reden, Bedenken . . .

Beginnen wir mit dem Bedenken aus der uns im Gegensatz zu diesem Pfarrer gewährten Distanz heraus.

1. Die Rätselhaftigkeit des Todes. Schon die Zeitungsnotiz weist darauf hin: der Sattelauflieger blieb unbeleuchtet zurück. Warum, ist ungeklärt. Man wird dieses Warum, das sich bis in die Grabinschrift fortsetzt, zu erklären versuchen. Das Ergebnis wird, sofern technisches Versagen ausscheidet, unverantwortliche Nachlässigkeit der Amerikaner sein – oder, wenn daran etwas verständlich oder entschuldbar ist, menschliches Versagen. Das Warum wird dadurch aber nicht beantwortet, sondern lediglich an das Verhalten der Beteiligten weitergerückt. Der Versuch, es dort zu beantworten, wird sich in der Tiefe der menschlichen Existenz verlieren. Die Rätselhaftigkeit bleibt.

2. Die Machtlosigkeit der vom Tode Geforderten. Der Tod ist unerbittlich. Als das Carzinom entdeckt wurde, war es schon zu spät. Er ist unausweichlich. Als die beiden Getöteten im letzten Augenblick die schwarze Wand des Sattelaufliegers auftauchen sahen, zerbrach ihr Leben schon. Der Tod herrscht, sich sichtbarer Mittel wie Krankheit, menschliches Versagen usw. bedienend, absolut. Es gibt keine Waffe gegen ihn. Der Mensch ist machtlos angesichts seiner Macht.

3. Die Maßlosigkeit des Todes. In einer mir bekannten Familie geschah es im Zeitraum zwischen 1945 und 1950, daß zwei Söhne, die Offiziere waren, dem Krieg zum Opfer fielen, der Vater an einem Lungeninfarkt, die Mutter an Krebs starben. Die einzig verbliebene Tochter, eine Ärztin, verlor ihren Mann, der ebenfalls Arzt war, mit 32 Jahren an einer in der Klinik erworbenen Infektion. Von ähnlicher Maßlosigkeit des Todes im Kriege und in der Nachkriegszeit haben wir Berichte genug. Aber auch in unserem Fall führen das frühe Sterben der Mutter und das jähe Ende des Sohnes nach den schweren Jahren der Familie zu der Frage, warum sich die Heimsuchung hier so häuft.

4. Die Ohnmacht der Betroffenen. Der Pfarrer, der die Familie die ganze Zeit begleitet, schließt sich mit ein: „So mußten wir das Dahinsiechen der Frau, das Hin und Her der Familie zwischen Hoffnung und Verzweiflung mit ansehen." Wenn Wissen Macht ist, wenn es zumindest ein gewisses Gefühl der Überlegenheit und des Überschauens gibt, dann drücken die Worte des Grabsteins „Wir wissen nicht, warum", etwas von dieser hoffnunglosen Ohnmacht des Menschen aus, in die der Tod ihn versetzt. Das dumpfe Suchen des Vaters nach irgendeiner Schuld ist ein verzweifelter Ausweg aus diesem Gefühl.

5. Die Anfechtung des Glaubens. In der Anfechtung – das Wort bringt ja zum Ausdruck, daß etwas gegen uns ankämpft, daß uns etwas bedrängt – in der Anfechtung verdunkeln sich die Verheißungen. In der Anfechtung geht Gott in die Unkenntlichkeit zurück, wird Gott zum Gegner. Man vergleiche hier die großen biblischen Anfechtungsperikopen, etwa Genesis 32 (Jakob am Jabbok) und die neutestamentliche Parallele Matthäus 15 (Jesus und die Syrophönizierin). Von dieser Gegnerschaft Gottes kündet noch einmal, nun in Stein gemeißelt, die Grabinschrift der sonst kirchlichen Familie. Ein Wort, das keine Zusage, keine Zukunft mehr kennt, nur das Verhängnis. Es ist, wenn es überhaupt noch einen Adressaten hat, eine

Anklage an Gott. Nicht minder erschütternd ist die Angefochtenheit des Pfarrers. Das Entsetzliche überträgt sich auch auf ihn (er übernimmt es): „Und dann konnte ich nicht mehr. Es ist alles unfaßlich." Nun drängt es gegen seinen Glauben, gegen sein Sehen der Verheißung, gegen sein Verhältnis zu Gott an. Er versucht, den Vater vor der Schuldergründung zu bewahren: „Mehr konnte ich nicht." Das, was die Seelsorge in der Verkündigung des Wortes Gottes an den einzelnen als Hilfe anbietet, sein Leben im Lichte Gottes zu sehen, ist gar keine Möglichkeit mehr für ihn. Denn Gott ist in der Anfechtung ja verborgen, unkenntlich, nicht mehr vorhanden, Feind. „Ich verstehe ihn nicht. Ich fürchte mich vor ihm. Ich bin müde, seelisch müde." Es ist kein Gott. Oder ist er doch? Aber dann kann er nicht gut sein! Und wenn alles nicht wahr, wenn alles unwirklich wäre, was ich von ihm verkündigt habe? Fragen, nur noch Fragen. Die Antwort bleibt aus.

6. Das Verstummen vor dem Tod. Die Wortlosigkeit des Toten, das Verstummen eines Getöteten, der daliegt, breitet sich aus. Man hat das Gefühl, jedes Wort, das man jetzt sagen möchte, ist schon als ungesagtes leer, schal und unzulänglich. Es zerschellt. Auch das Wort des Glaubens. Und so nimmt der Tod alles in sein Verstummen hinein, wie er damals Christus, das lebendige Wort Gottes, zum Verstummen gebracht hat. Auch den Pfarrer, die Seelsorge, die Predigt. Er schreibt: „Und ich kann auch keine Antwort geben. Die Beerdigungsansprache zeigt ja auch, wo ich stehen geblieben bin und wohl auch heute noch stehe." Diese Ansprache, die er seinem Brief beigelegt hat, war ergreifend in dem, wie er sich auf die Seite der Leidtragenden stellt. Keine Auslegung, lediglich eine Zusammenfügung alttestamentlicher Zitate aus dem Buch Hiob und dem Psalter. Und dann: „Ich muß den Vater des Verunglückten bald wieder besuchen, aber ich weiß nicht, was ich ihm sagen soll." Das Verstummen ist wie der Tod selbst etwas Umfassendes. Es umgreift alles, auch das Wort des Glaubens, der Hoffnung und des Trostes. Bleibt aber das Wort des Glaubens stumm, ohne Auferstehung, so verwest die Sprache.

7. Das Ende der Theologie. Es handelt sich um einen Pfarrer. Viele Beerdigungen lagen hinter ihm. Er wußte, was theologisch zum Tode zu sagen ist. Aber angesichts dieses ihm so nahegehenden Sterbens endete sein Wissen. Was er wußte, erscheint ihm jetzt als wirklichkeitsfremde Theorie: „Ich habe bisher nur einen sehr theoretischen Gott verkündet." Zugleich empfand er das ganze Geschehen als einen Realitätszuwachs: „So nahe ist er mir gerückt nach diesen Vorfällen wie selten." Da war eine Reflexion aus der Distanz heraus nicht mehr möglich, sondern nur noch, wie bei den Theophanien der Bibel, abgründige Furcht: „Ich verstehe ihn nicht. Ich fürchte mich vor ihm."

Und nun tat er etwas, das ihn als Glied der Gemeinde, als Christen kennzeichnet. Er blieb mit diesen ihn und seine Theologie entmächtigenden Erfahrungen nicht allein, sondern begab sich in die Seelsorge, suchte die consolatio fratrum: „Ich wäre Ihnen sehr dankbar, wenn Sie mir bald antworten könnten." Das ganze ist tiefsinnig und symptomatisch. Der Tod beendet auch die Theologie. Er zerstört das theologisierende Subjekt und unterbricht dadurch das Theologisieren des Nachgebliebenen. Sollte die Theologie der Todesfrage deshalb so lange ausgewichen sein, weil sie ihre Entmächtigung durch den Tod befürchtete? Sollte sie sich darum ins Diesseits geflüchtet haben, weil es ihr nicht ins Konzept paßte, daß der durch den Tod so bedrängend Naherückende und Theorien Zerschlagende jenseits der Todesgrenze ungefragt, autoritativ-allmächtig etwas Neues schafft? Erbaut sie sich am Kollektiv, an gesellschaftsrelevantem Denken und an sozialen Aktionen aus der Überlegung heraus, daß es ihre Ideologie von der Wissenschaft zerstören muß, wenn plötzlich offenkundig werden würde, daß sie in ihrer keinem Kundigen mehr zu verbergenden Ratlosigkeit des Todes bedürftig wäre? Ohne Glauben ist auch die Theologie dem Tod nicht gewachsen, denn er wächst über sie hinaus.

8. Der Anfang der Theologie. Die Theologie im christlichen Sinn begann mit dem Tode Jesu. Genauer, mit der Deutung seines Todes, die aufgrund der nachösterlichen Widerfahrnisse in Jüngerkreisen möglich war. Diese Widerfahrnisse wurden Inhalt der Verkündigung. Also die Verkündigung, die Zusage, enthüllt den Sinn des Faktums, des geschehenen Todes Jesu und richtet die dadurch Entmächtigten wieder auf. Sie löst ihr Verstummen. So lebt nun seitdem die Theologie von der Verkündigung und nicht umgekehrt. So wird sie, ob als Wissenschaft anerkannt oder nicht, wahre Theologie. Etwas davon zeichnete sich auch im Leben des Pfarrers ab. Er schrieb mir wenige Tage, nachdem ich ihm geantwortet hatte, einen Brief, in dem er mitteilte, er habe nun die Kraft gefunden, zu dem Vater des Verunglückten zu gehen, und es habe sich ein Gespräch ergeben, das fortgesetzt würde. Ein Gespräch, in dem der leidgeprüfte Mann die ganze Rätselhaftigkeit des Sterbens in seinem Hause dem anheimzustellen bereit war, der in allem der Dahinterstehende ist.

Der alte Mensch und sein Tod

I.

Was können wir noch tun?
Man spricht häufig davon, daß der Tod in unserer Zeit verdrängt werde. Gleichzeitig bringt ihn eine wachsende Zahl von Veröffentlichungen wieder ins Gespräch. Trotzdem besteht die Möglichkeit, daß alles beim alten, d. h. hier im verbalen, lediglich Geäußerten bleibt. Ob der Tod verdrängt oder verarbeitet wird, kommt abgesehen vom eigenen Sterben dann zum Vorschein, wenn ein uns Nahestehender stirbt. Das einfachste und verläßlichste Kriterium, gleichsam die Probe darauf, ist, Sterbenden beizustehen.

Es bleibt dabei zunächst gleichgültig, ob ein Kind, ein Erwachsener oder ein alter Mensch abgerufen wird. Immer stehen wir vor einer Aufgabe, die uns erschüttert, über unsere Kräfte zu gehen scheint und nach unserer Einstellung zum Tod und Sterben fragt. Sie deckt auf, wer wir sind und was uns hält. Deshalb beginnt die Vorbereitung auf das Beistehen genauso wie die Bereitung zum Sterben viel früher: mitten im Leben.

II.

Dazu gehört – und wir haben jetzt die Möglichkeit, ein Stück solcher Vorbereitung durchzuführen – daß wir uns drei Sachverhalte klarmachen:

1. *Die Einstellung des alten Menschen zum Tode ist ein Ergebnis seiner Lebensgeschichte.* – Zwar verhält sich jedes Alter unmittelbar zum Tod, da er jederzeit eintreten kann. Aber die Auseinandersetzung mit ihm muß unter den Bedingungen der jeweiligen Altersphase geleistet werden. Im Abschnitt des Alters erscheinen verminderte Lebenserwartung, Erfahrungen der Verletzlichkeit und der durch Körpergeschehen gesetzten Grenzen, sowie Isolations- und Sinnlosigkeitsgefühle bei vielen Menschen als bestimmende Faktoren. Dennoch wird der Tod nur in beschränktem Maße als Freund, u. U. als Erlösung von unerträglicher werdenden Übeln empfunden. In jedem Fall verdichten sich in den verschiedenen Einstellungen Spuren lebensgeschichtlicher Nähe oder Ferne zum Tode ins Sichtbare. Auch hier wird das Alter als Ergebnis früherer Lebensphasen, wird sein Summen-Charakter erkennbar. Oft deuten die Sterbenden davon etwas

an. Dann geht es darum, sie zu verstehen und sie damit nicht unverstanden allein stehen zu lassen.

2. *Sterben ist nicht nur eine Erfahrung der Einsamkeit, sondern auch der Gemeinschaft.* – Es hebt zwar das Individuum hervor; ist aber ein Geschehen, das sozialen Charakter hat. Es berührt und fordert in jedem Fall die Gemeinschaft. So wie der Sterbende von den emotionalen Ergebnissen seiner früher geleisteten Vorarbeit auf den Tod abhängig ist, hängt er nun als völlig Angewiesener von seinen Bezugspersonen und deren Einstellung zu ihm und seinem Sterben ab. Sie sind aufgerufen, die letzte Wegstrecke mitzugehen und sie in ihren einzelnen Abschnitten gleichsam mitzuerleben. Sofern sie sich nicht verschließen oder durch Flucht entziehen, sterben sie tatsächlich mit und werden in geheimnisvoller Weise klug, d. h. bereit gemacht, indem sie durch das Sterben eines anderen angehalten werden, ihr eigenes zu bedenken.

3. *Der aufgetragene Dienst wird oft durch ein unausdrückliches Christentum unterlassen.* – Die meisten Menschen haben sich heute vom christlichen Glauben entfernt oder leben ein Christentum aus zweiter Hand. Damit hängt es neben der Verbannung des Sterbens ins Nichtöffentliche zusammen, daß keine christlichen Lebenserfahrungen mehr über den Umgang mit Sterbenden weitergereicht werden. Dem Dienst an ihnen entzieht sich vor allem im modernen Krankenhaus ein merkwürdiger Verschiebemechanismus: Die Angehörigen bzw. die Pflegekräfte glauben an die Zuständigkeit des Arztes. Der Arzt aber ist für medizinische Therapie ausgebildet. Deshalb verweist er auf die Zuständigkeit des Pfarrers. Dieser aber kommt von außen, wenn er kommt, und er kommt dann punktuell und muß wieder gehen. So hofft er, daß wenigstens die Pflegekräfte bzw. die Angehörigen tun, was er nicht kann. Diesem Zirkel sieht sich heute die Aufgabe, Sterbenden beizustehen, gegenüber. Er kann nur so durchbrochen werden, daß in seinem Vorfeld ein Gespräch dieser Bezugsgruppen einsetzt. In ihm würde die Frage, was denn nun an spezifisch Christlichem der Sterbehilfe zuzubringen sei, die Frage aller Beteiligten sein, sofern sie eine Beziehung zum christlichen Glauben haben.

III.

Was können wir tun? Wir – das ist jeder von uns, sofern ihm ein Sterbender zum Nächsten gemacht wird, sofern er einer Haus-, Heim- oder therapeutischen Gemeinschaft angehört, in deren Mitte sich ein Mensch anschickt zu sterben. Wir – das sind wir als solche, die durch die Taufe zu Priestern und Seelsorgern berufen worden sind. Wir – das sind diejenigen, die in einer solchen Stunde einer Prüfung unterzogen werden, ob wir nicht nur den Tod, sondern auch den Glauben verdrängt haben. Beides geht oft Hand in Hand. Wir dürfen und sollen nach bestem Gewissen und Vermögen nun den Priesterdienst an einem Sterbenden tun, auf den er als Kind Gottes Anspruch hat. Welche Gestalt hat dieser Dienst?

1. *Wir lassen den Sterbenden unsere Nähe spüren.* – Das ist nicht selbstverständlich. Eigentlich haben wir gar keine Zeit – weder zu Hause noch im Krankenhaus – einen Menschen in Ruhe sterben zu lassen. Hinzu kommt: Das Leiden eines Menschen stößt ab oder greift an (und zwar den um so merkbarer, der sich selber nicht recht anzunehmen vermag). Deshalb ziehen sich die nächsten Bezugspersonen oft zurück oder übertragen ihre Auflehnung gegen seinen Zustand auf den Schwerkranken. Das Gefühl, daß sich die Menschen von ihm zurückziehen oder über ihn unwillig sind, steigert die seelische Erschütterung, in der er sich befindet, ins Ungemessene. Wir lassen deshalb den Sterbenden neben den nötigen pflegerischen und therapeutischen Verrichtungen unaufdringlich unsere Nähe spüren. Ein paar Worte, eine Geste der Gemeinschaft, die sich in gemessenen Abständen wiederholen, genügen. Als Jesus im Garten Gethsemane sein Sterben übernahm, bat er die Jünger, daß seine letzte Einsamkeit von der Gemeinschaft der Wachenden und Betenden getragen werde. Wenn unsere Nähe zum nächtlichen Wachen werden muß, dann sollen wir an diese Geschichte denken.

2. *Wir weichen einem Gespräch über den Ernst der Lage nicht aus.* – Die Nähe zu einem Sterbenden stellt uns unter Umständen vor eine schwierige Frage: Sollen wir einem Schwerkranken, der nach menschlichem Ermessen vor dem Ereignis des Todes steht, die Wahrheit sagen? Diese Frage gehört zu den Lebensproblemen, die man auf keinen Fall zielsicher beantworten kann. Sie setzt voraus, als wüßte der Todkranke nicht, wie es um ihn steht. Doch das ist umstritten! Zumindest zeigt die klinische und die seelsorgerliche Erfahrung, daß es viele Todkranke gibt, die um ihren Zustand wissen, es aber ihren Angehörigen verbergen. Vielleicht darf man gar nicht so fragen, wie es immer geschieht; denn wir haben keinen Auftrag, Diagnosen mitzuteilen. Die „Wahrheit" in solchen Gesprächen steht nicht zur Verfügung. Sie wächst in dem Maße, in dem ein Mensch seinem Ende entgegenwächst. Um sie zu finden, bedarf es in der Regel eines längeren Weges, der dazu verhilft, die gewählten Worte auf die Person und ihre Fassungskraft zu beziehen. Wenn sie, wie es dem griechischen Wortsinn von „Wahrheit" entspricht, behutsam „entborgen" wurde, dann lösen Zuspruch, Vergebung und Gebet den Dialog ab.

3. *Wir umgeben ihn mit den von der Kirche angebotenen Mitteln.*

– Die Ohnmacht und Angewiesenheit, in der sich der Sterbende jetzt befindet, greift um sich, ergreift auch die Umstehenden. Die Gefahr, daß wir wie die Jünger an Jesus vor seinem Sterben handeln, also „schlafen", ist jetzt am größten. In diese Armut und in dieses Verstummen hinein reicht uns die Kirche die Mittel und hilft unserer Schwachheit auf. Selbstverständlich gebrauchen wir sie nicht ohne Überlegung und Auswahl und immer personenbezogen. Aber das ergibt sich eigentlich von selbst.

a) *Das biblische Einzelwort.* – So spricht der Herr: „Fürchte dich nicht; denn ich habe dich erlöst; ich habe dich bei deinem Namen gerufen; du bist mein." „Fürwahr, er trug unsere Krankheit und lud auf sich unsere Schmerzen." Jesus Christus spricht: „In der Welt habt ihr Angst, aber seid getrost, ich habe die Welt überwunden." Diese und andere biblischen Worte werden dem Sterbenden zugesprochen, langsam, vernehmlich, ausdrücklich und nicht zu laut.

b) *Besondere Liedstrophen.* – Einige haben sich besonders bewährt in diesen letzten Stunden: „Wenn ich einmal soll scheiden . . ." (EKG 63, 9), „Mach End, o Herr, mach Ende . . ." (294, 12), „Wenn meine Kräfte brechen . . ." (316, 4). Da in unserer Gesellschaft immer weniger Menschen Liedern der Kirche lernend begegnen, vermindert sich ihre Ansprechbarkeit darauf in den letzten Stunden. Sofern sie aber solche Liedworte in sich getragen haben, reichen sie oft bis in die Bewußtlosigkeit hinein.

c) *Das Vater Unser.* – Es erreicht als letztes verbliebenes Glaubensgut auch ganz vom Glauben Entfremdete. Wir sprechen es langsam oder rufen es wie bei den biblischen Einzelworten Bitte für Bitte ins Ohr.

d) *Der Gebrauch des Gesangbuches.* – Wir denken jetzt nicht an die Lieder, sondern an den den meisten Gesangbüchern im Anhangteil beigegebenen Abschnitt „Im Angesicht des Todes" (EKG Bayerische Ausgabe S. 685–691). Dort finden wir Sprüche, Gebete und Lieder und eine Anleitung, mit Sterbenden seelsorgerlich umzugehen.

e) *Wachen und Beten.* – Beistehen wird oft zur Nachtwache auf der Grenze des Lebens. Sie ist der Ort der fortlaufenden Lesung. Dafür bieten sich ausgewählte Psalmen an, die Passionsgeschichte, die Abschiedsreden im Johannesevangelium und Stücke aus Paulus. Wir setzen nach größeren Abschnitten immer wieder ab. Die geistliche Lesung geschieht auch zum Schutz der Wachenden.

f) *Die Beichte.* – Selten wollen Sterbende noch etwas loswerden. Oder empfinden wir dies als selten nur, weil wir nicht sensibel genug für solche oft sehr verborgenen Kundgaben sind? Wenn wir sie merken, helfen wir dazu, das Beschwerende zu äußern und lassen darauf die Zusage der Vergebung folgen. Dies kann mit dem einfachen Satz

geschehen: „Auf Befehl unseres Herrn Jesu Christi spreche ich dich frei, ledig und los von allen deinen Sünden im Namen des Vaters und des Sohnes und des Heiligen Geistes. Friede sei mit dir!"
Das Beichtgeheimnis ist unverbrüchlich zu wahren.

g) *Das Abendmahl.* – Gibt der Schwerkranke und Sterbende den Wunsch nach dem Heiligen Abendmahl zu erkennen, dann benachrichtigen wir den nächsten erreichbaren Pfarrer. „Die Feier des Heiligen Abendmahles, am Sterbebett ... gefeiert, kann für alle Glieder des Hauses eine gesegnete, unvergeßliche Stunde werden" (EKG Bayern 685).

4. *Wir erweisen ihm den letzten Dienst, wenn sich das Ende naht.* – Nun haben Worte, die aufgenommen werden können, ihre Stunde gehabt. Gibt es ein über das Wort hinausgehendes Handeln der Gemeinde? Wir denken dabei an die Auflegung der Hände, durch welche in einer tiefgehenden Gebärde der Zuwendung zum Ausdruck gebracht wird: „Du bist gemeint." Praktisch hat die Handauflegung ihren Ort im Abschieds- oder Valetsegen. Er lautet in einer etwas verkürzten Form: „Es segne dich Gott der Vater, der dich nach seinem Ebenbild geschaffen hat. Es segne dich Gott der Sohn, der dich durch sein Leiden und Sterben erlöst hat. Es segne dich Gott der Heilige Geist, der dich zu seinem Tempel bereitet und geheiligt hat. Der dreieinige Gott sei dir gnädig im Gericht und segne dich zum ewigen Leben. Amen." Wie wird der Abschiedssegen vollzogen? Wir kündigen ihn den Umstehenden an. Wir treten hinzu und legen dem Sterbenden die Hand spürbar auf das Haupt. Wir sprechen den Segen und bezeichnen während des letzten Satzes den Heimgehenden mit dem Zeichen des Kreuzes.

5. *Wir befehlen ihn und uns der Barmherzigkeit Gottes.* – Wenn Christen Sterbenden beistehen, wird das, was sie tun können, zum Gottesdienst. Im Philipperbrief schrieb Paulus: „Christus soll groß werden, es sei durch Leben oder durch Tod." Das kann auch unter den ärmsten und ganz dramatischen Umständen geschehen. In diesem Gottesdienst beim Sterben hat nun auch, vor allem, wenn das Ende eingetreten ist, der Schmerz, die Klage, das Weinen, die Erschütterung ihren Raum. Wir brauchen diese Gefühle nicht zu unterdrücken. Deshalb befehlen wir den Verstorbenen und uns selbst in einem kurzen und wenn möglich freien Gebet der Gnade Gottes, in der unsere Toten geborgen und wir als Lebende bewahrt sind.

IV.

Das Gespräch mit Sterbenden und der Dienst an ihnen mag uns Angst machen; aber wir sollten nicht davor zurückschrecken; denn wir sehen hinter der Dunkelheit des Todes das Licht des ewigen Lebens. Die Erfahrungen, die von daher durch Worte der Schrift, der Verkündigung und der Zeugen des Glaubens bereits in unser Leben getreten sind, lassen in uns Ruhe und Gewißheit wachsen, die sich auf den Sterbenden übertragen und ihn die Todesfurcht überwinden helfen können. Wir geben auch hier, was wir empfangen haben.

Seelsorgerlichen Dienst an Sterbenden kann üben, wer aus der Distanz zum Tode eine Nähe zu ihm zu gewinnen bereit ist, wer einen kleinen Schatz biblischer Einzelworte und einige Liedstrophen, die in dieser Situation standhalten, mit sich trägt und wer den Mut des Glaubens besitzt, Gott im Gebet anzurufen.

Der Fortschritt im Verhältnis von Seelsorge und Beratung und die bleibenden Aufgaben

Es gibt Anzeichen, daß sich in der evangelischen Seelsorge, die von 1960–1975 eine tiefgreifende Veränderung erfahren hat, erneut Wandlungen vollziehen. Sie kommen nicht nur von innen, sondern auch von außen.

Zunächst blieben die marxistischen Angriffe auf den elitären und individualistischen Charakter der Psychoanalyse und der Tiefenpsychologie auf den Kreis, aus dem sie kamen, beschränkt. Jetzt aber gewinnen Überlegungen Raum, ob es Möglichkeiten und Wege gebe, durch Kurztherapien und einfachere und billigere Gesprächsmethoden, ja sogar durch therapeutisches Einwirken auf größere Auditorien, den wachsenden Konflikten vieler Menschen zu begegnen.

Die lang überhörte Stimme Viktor Frankls, der Mensch unserer Zeit leide nicht an einer sexuellen, sondern an einer existentiellen Frustration, und sein Sinnverlust müsse behandelt werden, findet langsam größere Beachtung. Der Psychoanalytiker Eysenck sagte in München, das einfühlende Verstehen sei nach wie vor A und O einer therapeutischen Beziehung; aber innerhalb derselben gelte es auch, Korrekturen auszusprechen und zu neuen Positionen zu verhelfen. Und ein Ordinarius der Psychologie äußerte kürzlich, ein psychisch nicht total deformierter Mensch dürfe auch einmal auf seinen Willen hingewiesen werden.

In der Zeitschrift „Psychologie heute" (1976, 5) wurde mit einer Überprüfung der in der Pastoralpsychologie wirksamen Methode von Carl Rogers begonnen, ob das unentwegt einfühlende Reflektieren der emotionalen Seite des Patienten diesem nicht das Gegenüber schuldig bleibe. Bekannte Pastoralpsychologen haben angefangen, ihre eigene Konzeption zu überprüfen, nachdem sie bisher im methodisch korrekten Vollzug des Seelsorgegesprächs und in der gelingenden Kommunikation das Therapeutikum gesehen haben und versuchen, dem biblischen Wort in der Seelsorge mehr Gewicht zu geben. Endlich hat Helmut Tacke (Glaubenshilfe als Lebenshilfe. Neukirchen 1975) mit einer an der Theologie Hans Joachim Iwands geschulten dogmatischen Schärfe eine unerhört kritische Auseinandersetzung mit der Pastoralpsychologie vorgenommen. Der Einspruch der bekennenden Gemeinschaften gegen die Gruppendynamik in der Kirche, der das nachweislich Förderliche und Gute der Pastoralpsychologie übersieht, hätte darauf Bezug nehmen sollen.

Es scheint mir nicht sinnvoll zu sein, diese Bemühungen mit Stichworten wie „Tendenzwende, Rechtsruck, Regression und Rückkehr der Konservativen" zu plakatieren. Es ist notwendig, vielmehr zu beachten, daß seit der Ölkrise das Bewußtsein der Menschen zumindest in den Industrie-Nationen von einem bemerkenswerten Instabilitätsgefühl geprägt wird. Die Frage „Was bleiben soll" (Walter Nigg) steht plötzlich überall im Mittelpunkt. Ohne Zweifel erkennen wir im Gefolge dieser Frage im Politischen Radikalisierungen, nun auch nach rechts und in der Theologie wissenschaftsfeindlichen Fundamentalismus, mit dem wir es inzwischen an den Fakultäten zu tun haben und eine vorgegebene Glaubenssicherheit, hinter der – psychologisch gesehen – ungeheure Ängste stehen. Es wird gut sein, weder zu fliehen noch zu verdammen, sondern – dies ist nun unsere Aufgabe – nach der Sache der Seelsorge auf dem Hintergrund der skizzierten Wandlungen zu fragen.

Da diese Wandlungen auch unseren kirchlichen Mitarbeitern, nicht zuletzt in den Beratungsstellen, zu schaffen machen oder zu denken geben, ist die Frage nach dem Verhältnis von Beratung und Seelsorge – nachdem sie einige Zeit zur Ruhe gekommen war – erneut in Bewegung geraten.

I.

In seiner ungefährlichen und langweiligen Form müßte das Thema heißen: „Überlegungen zum Verhältnis von Seelsorge und Beratung." In seiner gefährlichen und provozierenden Form würde es lauten: „Verfehlt die beratende Seelsorge den Menschen?" Ich habe eine in der Mitte liegende Formulierung gewählt: „Der Fortschritt im Verhältnis von Seelsorge und Beratung und die bleibenden Aufgaben." Ich möchte aber zur gefährlichen Form eine Bemerkung machen. Jahrelang wurde gefragt: „Verfehlt die verkündigende Seelsorge den Menschen?" Und ein vielstimmiges Ja war als Antwort zu hören. Sie habe – so schrieb J. Scharfenberg – die deutsche Seelsorge in einen wahren Dornröschenschlaf versetzt. Wie geht das Märchen weiter? Dann kam der Prinz übers Meer und hat Dornröschen und mit ihm das ganze Schloß wachgeküßt. Sie haben dann geheiratet, Schwierigkeiten miteinander gehabt und Kinder bekommen. Darüber ging manches Jahr hin, und nun sind sie älter, reifer und ruhiger geworden. Zurück vom Bild zur Sache! Wenn wir nun die gleiche Frage, ob sie den Menschen verfehle, an die beratende Seelsorge richten, dann drehen wir damit den Spieß nicht einfach um; es wird auch kein triumphierendes Ja als Antwort erscheinen. Vielmehr erlaubt es die Wahrheitssuche, ein Programm zu befragen, in dessen Mitte der Gedanke der Nächstenbezogenheit steht.

II.

1. Beratung und Seelsorge als Probleme der Kirche. — Es soll zunächst von der Beratung die Rede sein. Sie tut unter einem ebenso wenig zutreffenden aber auch ebenso ausreichenden Namen wie die Seelsorge in der Kirche ihre Arbeit. Über ihre Notwendigkeit bedarf es keiner Diskussion; ihre Tatsächlichkeit ist ein Faktum, was nicht mutwillig problematisiert werden darf. Oder mit anderen Worten: Beratendes und therapeutisches Handeln bedarf keiner theologischen Rechtfertigung, obgleich man sie geben kann. Es hat Raum und Recht in der Kirche. Diese will sowohl ihren Gliedern in allen Lebenssituationen beistehen als auch allen psychisch Notleidenden offenstehen. Man soll also in der Kirche Raum zur Beratung schaffen, ohne daß man sie ständig mit der Frage nach ihrer theologischen Legitimation beschwert. Daß sie sich freilich wie alle wissenschaftlich verantwortbaren Bemühungen, fragen lassen muß, ob ihre Grundlagen und Methoden sachlich gerechtfertigt waren und menschlich angemessen sind, ist dabei vorausgesetzt. Beratung ist also eine Tatsache, ein Geschehen, eine Einrichtung innerhalb der Kirche.

Es gibt sie aber auch außerhalb der Kirche. Folgen wir dem philosophischen Grundsatz, daß in der Benennung der Wirklichkeiten etwas von ihrem Wesen liege, dann weist allein schon die sprachliche Unterscheidung daraufhin, daß außerhalb etwas ausgeschlossen, innerhalb etwas eingeschlossen sein muß. Anders ausgedrückt: Daß es Beratung außerhalb der Kirche gibt, wirft die Frage auf, was die Beratung innerhalb der Kirche unterscheidend kennzeichnet, was denn eingeschlossen sei und welche Prägung sie dort habe.

Damit verbindet sich ein zweites Problem. Jede Handlung, auch die beratende, besonders als eine durch mehrjährige Ausbildung zustande gekommene, ist einem bestimmten Anschauungs- und Wertsystem verpflichtet. Innerhalb solcher Systeme herrschen bestimmte, zum Teil sehr ausgeprägte Vorstellungen vom Menschen. Tritt also ein humanwissenschaftliches Anschauungssystem mit einem „religiösen" Anschauungssystem in Beziehung, ist ein Dialog über die Wahrheit des Vertretenen unerläßlich. Für die Theologie gibt es dafür, wie für jede Wissenschaft, feste Regeln: 1. Der Anspruch des erfahrungswissenschaftlichen Menschenbildes ist zu diskutieren. 2. Die erfahrungswissenschaftlichen Methoden sind auf ihre Brauchbarkeit für theologische Gegenstände zu überprüfen. 3. Einzelergebnisse sind auf ihre Bedeutung für die Theologie hin zu befragen (F. Mildenberger). Die Anthropologie steht demnach als Zentralproblem zur Debatte.

Es sind also zwei Bedingungen, die eine Besinnung über die Beratung in der Kirche hervorrufen: Die Integration der Beratung in die Sendung der Kirche und die damit gesetzte dialogische Beziehung zweier (oder mehrerer) Anschauungssysteme.

Nun soll noch kurz von der Seelsorge die Rede sein. Sie bedurfte – auch das steht außer Zweifel – einer Erneuerung. Sie mußte der steigenden Konfliktbeladenheit der Menschen besser gerecht werden und eine größere Sensibilisierung für die verborgenen Unterstimmen des menschlichen Leidens gewinnen. Auch die These von ihrer Nicht-Methodisierbarkeit bedurfte einer Überprüfung, da sie die Ausbildung der Seelsorge in höchstem Maße beeinträchtigte. Zu dieser Erneuerung führte die Begegnung mit der klinischen Seelsorge, die aus den USA zu uns kam und mit der Tiefenpsychologie.

Aber nun trat im Verlauf dieser Erneuerung eine ähnliche Entwicklung wie in der wissenschaftlichen Bibelexegese ein. Wie dort gewann das Methodische eine eigenartige, die Inhalte beschattende, verändernde und verdrängende Schwerkraft. Fast ist man versucht, von einer messianischen Einkleidung der Tiefenpsychologie in der Seelsorge zu sprechen. Sie geht zwar zurück; man wird nüchterner; aber sie ist immer noch da. Das führte in vielen (und literarisch einwandfrei belegbaren) Fällen zu einer scheinbaren Verarbeitung. In Wirklichkeit entdeckt man eine theologisierend vereinnahmende Rezeption tiefenpsychologischer Anschauungen und Verfahrensweisen. Die Berater sind von diesem Problem der Kirche mit ihrer Seelsorge mitbetroffen; deshalb erwähne ich es hier. Es kann ihnen nicht gleichgültig sein, wie man mit dem Anschauungssystem, dem sie verpflichtet sind, dort verfährt. Und sofern sie Christen sind, kann es ihnen nicht gleichgültig sein, wie Seelsorger mit dem Auftrag, die Menschen vor die heilende Gegenwart Gottes zu stellen, umgehen. Die theologisierende Deutung ist das dritte Problem.

Wir können nun die anstehenden Fragen oder Folgelasten zusammenfassend formulieren: 1. Was bedeutet die Integration in die Sendung der Kirche für die Beratung? 2. Wozu führt der Dialog mit der biblisch-theologischen Anthropologie? 3. Was bedeutet die kirchliche Rezeption der Tiefenpsychologie für die Beratung?

2. Antwort-Versuche und theologische Anthropologie. – Es können wirklich nur Versuche, d. h. anfangende Bemühungen sein und einige einfache Auskünfte über die theologische Lehre vom Menschen. Ich beginne mit Frage drei (vgl. oben), da es in ihr um theologische Klarheit über den Auftrag der Seelsorge geht.

Um möglichen Mißverständnissen vorzubeugen, sei von vornherein festgestellt: Es liegt mir fern, Ungenügen und vielfaches Versagen einer als Sonderfall der Predigt verstandenen Seelsorge zu verheimlichen, sofern es erweisbar ist. Auch, was durch falsch verstandene christliche Erziehung angerichtet wurde – man spricht heute von „Gottesvergiftung" (T. Moser) – verdient keine Beschönigung. Es liegt mir aber ebenso fern, einer üblich gewordenen, über das Kritische hinausgehenden diffamierenden Berichterstattung über die „alte" Seelsorge beizupflichten und so zu tun, als hätte es bei den, mit den in der Kirche überkommenen Mitteln arbeitenden Seelsorgern nie einen rechten und sich in das psychische Erscheinungsbild einfühlenden Gebrauch gegeben. Die Weisheit der Scholastiker „abusus non tollit usum" scheint in Vergessenheit geraten zu sein. Hinter diesen Sätzen steht endlich auch nicht die Unruhe, die so vielen Pfarrern ein schlechtes Gewissen gab, das christliche Wort müsse sofort, und es müsse alles gesagt werden. Wenn Christus wirklich in seinen Boten wohnt, kann er warten wie Jesus von Nazareth, der 30 Jahre wartete, bis er hervortrat, bis seine Stunde kam.

Ich kann jetzt nicht auf die Ursachen eingehen, sondern nur soviel: Die Funktion des Zeugen wird in manchen pastoralpsychologischen Theorien geradezu als Störung empfunden und dies um so mehr, als rein psychologische Verfahrensweisen in theologisierender Vereinnahmung als heilbringend gedeutet werden. Man kann das am Kommunikationsbegriff aufzeigen. „Communicatio" ist ursprünglich ein kirchenlateinisch geprägter Begriff, in dem die Anteilgabe und Anteilhabe an den Heilsgütern die unauslöschliche Mitte darstellte. In seiner säkularisierten Form ist er nicht mehr auf eine inhaltliche Bezeugung der Heilsereignisse, die mit dem Christusnamen auszusagen und anzuzeigen wären, angewiesen. Vielmehr spricht man in der pastoralpsychologischen Literatur der geglückten Kommunikation selbst eine quasi religiöse Kraft zu, die Gemeinschaft stiftet und Heilung bereithält. Ihre Bedeutung wurde sogar mit Begriffen aus dem Bereich der Sakramente beschrieben.

Ich berühre an dieser Stelle noch einmal die Frage, ob eine Seelsorge, die nicht tut, was ihr die psychologische Theorie sogar zugesteht, nicht den Menschen verfehlt. Die Theorie gesteht ihr zu, sich zu dem zu bekennen, was sie für heilsam hält. Oder verlor sie gar, was sie für heilsam hielt und holt in diese Leere etwas anderes hinein? Noch kann ich keine Antwort geben; nur weiter fragen: Scheint sich nicht eine Ich-Schwäche der Theologie hier zu zeigen, die sie zu keinem guten Gesprächspartner für die anderen Wissenschaften macht? Namhafte Psychoanalytiker haben dies öffentlich ausgesprochen.

Was bedeutet das für die Berater? Es bedeutet, daß sie als Fachleute und als Christen ihre theologischen Partner zur Sache, zur Sache der Theologie, die in Wirklichkeit eine Person ist, zu rufen hätten. Diese etwas überraschende Antwort beruht auf dem Gespräch und auf der Zusammenarbeit mit vielen Psychologen und Psychoanalytikern. Sie sagen, daß häufig sie es seien, die in Gruppen mit Pfarrern und Christen anzeigen und aussprechen müßten, daß es sich jetzt um ein theologisches Problem handle, das zu besprechen sei. Es fällt ihnen auf, daß die Fähigkeit, den Glauben im Gespräch auszudrücken und zu ihm zu stehen, außerordentlich schwach entwickelt und ausgebildet sei. Sie wunderten sich z. B. darüber, als in einer Gruppe über Ehefragen und besonders über eheliche Untreue gesprochen wurde, daß auch die anwesenden Pfarrer nichts anderes geäußert hätten, als daß man dies eben verstehen müsse.

Nun zur zweiten Frage! Wozu führt der Dialog mit der biblisch-theologischen Anthropologie? Es können jetzt nur ein paar einfache Auskünfte sein. Dieser Dialog ist unermeßlich. Unermeßlich infolge der Erschließung des Geschöpfes Mensch durch die Wissenschaften in den letzten Jahren; im psychologischen Bereich seit Sigmund Freud. Aber unter dieser Erschließung nehmen die Kundigen etwas Merkwürdiges wahr: Der totale Ausgespähte beginnt sich zu entziehen.

Auf diesen Wegzug unter der Fülle des Gewußten fällt nun durch das in der Bibel bewahrte („offenbarte") Wissen vom Menschen ein besonderes Licht. Dabei tritt das Biblische nie in überhebliche Konkurrenz zum Wissenschaftlichen; will es aber durchdringen und durchlässig machen, eben für das Licht. Es geht aus von dem 755 mal im Alten Testament vorkommenden Begriff „näfäš", dem anthropologischen Zentralbegriff des hebräischen Denkens. Die Urbedeutung dieses Begriffes ist Gurgelkehle, das Organ der Nahrungsaufnahme, das nie zu stillende, immer neu bedürftige, nie zu befriedigende Organ. Näfäš spürt der Mensch, daß er aus sich selbst nicht leben kann; er ist der grundsätzlich Bedürftige, Unstillbare.

Zu beachten ist, daß keine Schrift des Alten Testamentes die „näfäš" für einen unzerstörbaren Lebenskern gehalten hat, der getrennt vom Leibe leben könnte. Die „näfäš" ist vielmehr das durch einen Leib individualisierte (und sozialisierte) Leben. Es ist die verborgene, bis zu einem gewissen Grade entzifferbare, innere Bewegtheit des bedürftigen Menschen. Deshalb ist der Mensch undefinierbar, nur zu beschreiben; aber man kommt nie zu Ende, weil es ein unerfülltes Angelegtsein auf . . ., ein unstillbares Aussein auf . . . eben die Gottesbildlichkeit ist, die in dem Unbeschreibbaren brennt. Daher wird – und nun kommen eine ganze Anzahl von Psalmen ins Spiel – auch Gott allein als der benannt, der die „näfäš" erkennt. Wir erkennen sie (einschließlich der Wissenschaften!) wirklich nur wie

„durch einen Spiegel", als Rätselbild und dunkles Wort. Wer weiß denn, was wir leiden, fühlen, wollen und was in uns wohnt? Es ist die fundamentale, prinzipiell unaufhebbare Einsamkeit, auf die wir stoßen. Apostel und Propheten haben darin die Gottesbedürftigkeit erkannt.

Und nun entschleiert sich das Undeutliche, ins Griechische verformte Wort „Seelsorge" ins Hebräische. Der, der die „näfäš" zu sich hin geschaffen hat, kommt der von ihm getrennten, unstillbaren sich um sie sorgend und für sie sorgend entgegen. Auf diesem Hintergrund gewinnen wir ein neues Verständnis vom Durstschrei des gekreuzigten Jesus. Hier hängt Gott als der schlechthin Bedürftige unter den unstillbar Durstigen und Leidenden. Hier sagt sich in ihm die ganze Bedürftigkeit des Menschengeschlechtes aus. Hier sehen wir den Menschen in seiner letzten Angewiesenheit. In der Seelsorge nimmt sich Gott des in Jesus als letztlich gottesbedürftig und offenbarten Menschen „per instrumenta" an, steht zu ihm, steht ihm bei und spricht zu ihm. Es muß sprechend werden, erkennbar sein, zum Ausdruck kommen, daß er es ist.

Nun spricht man im allgemeinen in der Seelsorge nicht über Gott, sondern über Menschliches und Menschen. In der Theorie spricht man vom „ganzen" Menschen. Damit ist gemeint, daß er in ein Verhältnis zu sich selbst, zu seinen Mitgeschöpfen, zur menschlichen Societas insgesamt und zur geschaffenen Welt gestellt und darin wiederherzustellen sei. Aber man unterläßt es, daß zur Ganzheit unabdingbar sein Durstcharakter, sein unstillbares, über sich hinausdrängendes Aussein, sein Verhältnis zu Gott, seine Gottesbedürftigkeit gehört. Man unterläßt es, davon zu sprechen und Zeuge der Erfüllbarkeit zu sein. Alle sprechen vom ganzen Menschen. Gesehen haben ihn nur wenige; die den Stern gesehen haben (J. G. Hamann), den Christus, in dem Bedürftigkeit und Erfüllbarkeit in eins abgebildet sind. Wozu führt der Dialog mit der biblisch-theologischen Anthropologie? Zur Erkenntnis des ganzen Menschen in der Erkenntnis seiner Gottesbedürftigkeit.

Wir kommen nun zur dritten Frage: Was bedeutet die Integration in die Sendung der Kirche für die Beratung? Es ist wohl die schwierigste Frage, und ein einzelner ist überfordert, ein interdisziplinäres Problem, das mitwandert, überzeugend zu behandeln. Überfordert, weil wir uns auf dem schmalen Grat bewegen, der den Zu-Spruch von der Zu-Mutung trennt. Und überfordert angesichts der Beratungswirklichkeit. Diese Wirklichkeit weist die unterschiedlichsten Einstellungen unter den kirchlichen Mitarbeitern auf. Die Skala beginnt bei denen, die in bewußter Bejahung ihrer Zugehörigkeit zur Kirche in derselben arbeiten und ihre Kirchengliedschaft als glaubende Zugehörigkeit zu Christus, die quer durch die Konfessionen geht, verstehen. Sie umfaßt diejenigen, die ohne gezielte Besinnung ihren therapeutischen Beruf dort ausüben und dafür geordnete Verhältnisse wünschen. Und sie reicht bis zu solchen, die die von ihnen für regressiv gehaltene Berufung auf die alten Bibeltexte für behandlungsbedürftig ansehen.

Eine nicht geringe Anzahl wird ihr Selbstverständnis mit theologischer Unterstützung durch die Hinweise auf die „christliche Motivation" erklären. Ich möchte das positiv so interpretieren: Das Verständnis der Beratung im Raum der Kirche geht vom diakonischen Auftrag aus. Sie bedient sich jener Erkenntnisse und Mittel, die sich erfahrungswissenschaftlich als heilsam erwiesen haben, vergleichbar den Behandlungen im medizinischen Bereich. Der Ratsuchende hat die Freiheit, die Beratung auf sein Problem zu beschränken, was der Berater voll respektiert. In der Regel wird als die das Verhalten auslösende Zielvorstellung die bedingungslose Annahme des Ratsuchenden genannt. Sieht man davon ab, daß dies im Munde eines Menschen ohnehin eine Übertreibung darstellt – bedingungslos annehmen kann nur der Unbedingte –, um dann genauer hinzusehen, erheben sich einige Fragen: Wird das Modewort „Motivation" unscharf gebraucht? Meint es etwa gar nicht, was es eigentlich bedeutet, ein „Ensemble" von Motiven, das dann den Kreis der Zielvorstellungen ungemein bereichert? Will es sich auf ein, eben das genannte Motiv beschränken? Sollte etwa die „Motivation" sprechende, aber „Motiv" meinende Rede weitere Nachfragen abwehren wollen? Die Nachfragen können unterbleiben, wenn es sich um Beratung außerhalb der Kirche handelt und wenn der Berater dort kein Christ ist, legen sich aber nahe, wenn wir es mit Beratung innerhalb der Kirche zu tun haben. Die „Nachfrage" wird jedoch häufig als Zumutung empfunden. In Wirklichkeit geht es in ihr um den vollen Sinn des Zu-Spruchs, d. h. um die Ermächtigung und Realisierung dessen, was Berater innerhalb der Kirche sind.

Berater haben teil an der Sendung der Kirche. Die Sendung der Kirche besitzt einen dreifachen Charakter: Sie besteht aus dem Wort der von Christus Ergriffenen und Getauften. Sie besteht aus der Gemeinschaft der Glaubenden. Sie besteht aus dem Dienst der Versöhnten. In diesen drei Sätzen ist das kerygmatische, das koinonische und das diakonische Element der Sendung ausgesprochen. Ganz ist die Sendung, wenn sich diese Charaktere durchdringen. Das bedeutet einmal und in erster Linie, daß Berater mit dem ihnen anvertrauten fachlichen Wissen und Können dem Ratsuchenden beistehen. Das wäre der diakonische Aspekt, der aber bei der kirchlichen Beratung vom koinonischen nicht scharf zu scheiden ist. Man darf nun aber aus der Sendung nicht eliminieren, was unveräußerlich zu ihr gehört: das verbale Zeugnis oder den Auftrag, die heilende Gegenwart Gottes auf dem Felde menschlicher Konflikte auch durch persönliches Wort zu vertreten. Dieser Auftrag wird vertreten durch das Geltendmachen der biblisch-theologischen Anthropologie, mit deren Hilfe die Beratung den Menschen sieht, wie Christus bzw. die Schrift ihn sieht, d. h. in seiner Gottesbedürftigkeit. Dieser Auftrag wird vertreten durch Wachsein für die oft in weltlichem Wort gestellte Glaubensfrage und durch die nach bestem Vermögen geschehende Beantwortung derselben; d. h. wo es sich ergibt oder geboten erscheint, sagen wir etwas von der Barmherzigkeit Gottes in die Bedürftigkeit des Menschen hinein und nicht nur an den bald erreichten Grenzen von Beratung und Therapie. Dieser Auftrag wird praktisch vertreten durch das Wissen von der Gemeinde, die hinter unserer so beschriebenen Haltung und vor uns als eventuell in Frage kommender Aufnahmeraum für den Ratsuchenden steht. Die Integration in die Sendung der Kirche bedeutet für die Beratung, daß sie zur Seelsorge werden kann und dafür offen ist.

3. Auf dem Wege zu einer parakletischen Seelsorge. – Wir fassen das Bisherige zusammen: Durch die dreifache Möglichkeit der kirchlichen Beratung, ihre theologischen Partner zur Sache zu rufen, den Menschen in seiner Gottesbedürftigkeit zu erkennen und offen zur Seelsorge hin sein zu können, wird der Beratung innerhalb der Kirche nicht zu ihrer fachlichen eine religiöse Aufgabe hinzugelegt. Vielmehr werden die Berater als Christen ermächtigt, zu sein, was sie sind. Dadurch wird ihre Reichweite größer, ihre Wirkung tiefer und ihr Beistehen der theologisch verstandenen menschlichen Ganzheit erst gemäß.

Wer das bejahen kann und zu realisieren versucht, wer die dem Psychologischen wie allen Wissenschaften eignenden Neigung, sich zu verschließen, herausneigt in die Begegnung mit Gott, der wird eine Selbsterfahrung machen, die den immanentistischen Charakter der meisten so bezeichneten Veranstaltungen sprengt. Er wird sich – ich spreche jetzt ohne schützende Beschönigung – als Sünder erfahren. Er wird sich als unerhört weit von Gott entfernt und unendlich arm und ungeschickt, etwas von Gott zu sagen, erkennen. Er wird sich als seelsorgebedürftig auf der gleichen Ebene wie sein Partner, der Ratsuchende, finden.

Könnte es sein, daß verkündigende Seelsorge vor dieser Erfahrung nach vorne flüchtend die Seelsorge zur Predigt machte, die den Nächsten ansprach, ohne ihn auszuhalten? Könnte es sein, daß beratende Seelsorge vor dieser Erfahrung nach hinten ausweichend die zeugnislose Kommunikation zum praktizierten Evangelium erklärte, das Gott in Anspruch nahm, ohne ihn zu geben? Diese „Höllenfahrt der Selbsterkenntnis" (J. G. Hamann), vor der wir flüchten, geht da vor sich, wo das Selbst des Menschen im Wesentlichen, in der Christusbezogenheit gründet. Sie ist die Quelle der Nächstenbezogenheit und stellt in einem letzten und tiefsten Sinn Berater, Seelsorger und Ratsuchende an den Ort, an dem sie Ausschau halten nach dem die gemeinsame Situation strukturierenden und sinnerfüllenden Wort. Es ist anderen Ursprungs als das, was wir zu sagen haben.

III.

Ich schließe mit einer Frage: Was sagen wir zum Beispiel, wenn das biographische Geborgenheitsdefizit eines Menschen so unermeßlich ist, daß es weder vom Therapeuten noch vom Ehepartner aufgearbeitet und erstattet werden kann? Da hilft weder das unter Umständen leichtfertige „Ja, wenn Sie sich ganz Christus überlassen würden, würde es gehen", noch das Wahrhaftige, aber Unerträgliche, es sei als Schicksal zu akzeptieren. Da hilft – ich komme schon wieder ins Antworten – nur noch jenes „da will ich nach dir blikken. . .". Es ist aber mehr eine Frage, ein Ausschauen, ein Nicht-Wissen, ein Angebot, das Hineingehen in ein Mysterium. . .

SPIRITUALITÄT

Der Heilige Geist im Leben des Menschen

I. Credo spiritum sanctum

Nicht ohne biblische Begründung haben wir uns daran gewöhnt, Glauben und Schauen voneinander zu unterscheiden und zu trennen, „denn wir wandeln im Glauben und nicht im Schauen" (2. Kor. 5,7). Aber in den ältesten Darstellungen haben die Christen überlebensgroße Augen. Der Evangelist Johannes bekommt als Symbol den Adler, der in die Sonne zu blicken vermag; und der Apostel des Epheserbriefes bittet für die Gemeinde: „Er erleuchte die Augen eures Herzens" (1,18). Es gibt also ein Sehen des Glaubens, das von unserem Begriff der Anschaulichkeit unabhängig ist. Dieses Sehen ist der Wirklichkeit des Heiligen Geistes allein angemessen.

Zwei Schriftzeugnisse, durch die ein riesiger Bogen von der Schöpfungszeit über die Zeit Jesu in die Zeit des Heiligen Geistes geschlagen wird, lassen das erkennen. 1. Mose 2: Gott haucht dem Geschöpf seinen Geist, seine Lebenskraft ein. Die Lebenskraft des Menschen ist also Gottes Geist – sagen wir unbefangen „Heiliger Geist". Ist er aber in uns, dann können wir seinen Geist von unserem Geist nicht unterscheiden. Joh. 20: Jesus haucht der Jüngergemeinde seinen Geist, sein neues Leben ein. Die Lebenserneuerung der Jüngergemeinde ist also Jesu Geist – sagen wir unbefangen: „Heiliger Geist." Ist er aber in uns, dann können wir seinen Geist von unserem Geist nicht unterscheiden. Das natürliche Auge sieht beide Male nur den Menschen, dort das Geschöpf, hier den Zeugen, nicht den Geist. Jetzt wird es deutlich, daß es eines anderen, neuen Sehens bedarf, eines von unseren Begriffen der Anschauung unabhängigen, prophetischen Sehens, wenn man den Heiligen Geist wahrnehmen, erkennen will.

Das geheimnisvolle Wort: „In deinem Lichte sehen wir das Licht" (Ps. 36,10) fängt auf einmal an zu leuchten. Wir bedürfen eines außerhalb von uns scheinenden, aber in uns eingehenden Lichtes, um das Licht sehen zu können. Wir bedürfen eines außerhalb von uns bewegten, aber uns bewegenden Geistes, um den Geist erfassen zu können. Die Überwindung unserer Schwierigkeiten hängt also primär mit dem Glauben zusammen, mit dem Leben im Licht, mit dem Ergriffenwerden vom Geist, mit der neuen Fähigkeit zu sehen. Deshalb steht unabweislich und ernst über allem, was wir jetzt sagen und miteinander bedenken: Credo spiritum sanctum; nicht – ich sehe, sondern ich glaube an den Heiligen Geist, und in diesem Glauben sehe ich ihn auch.

II. Erinnerung an den Katechismusglauben

Erinnern heißt hineingehen in das Gedächtnis, um dort ruhende Bewußtseinsinhalte, zum Teil Erlebtes, wieder hervorzubringen, ans Licht treten zu lassen. So einfach wollen wir beginnen. Vielleicht erscheint es uns zu einfach; denn gewöhnlich wird der Glaube heute sofort problematisiert, ehe man sich über seine Grundlagen verständigt hat. Im Katechismus hingegen – und darauf kommt es an – werden die Fundamentalia des christlichen Glaubens ausgesprochen. Deshalb beginnen wir mit dem dritten Glaubensartikel.

In Luthers Auslegung dazu sind gewichtige Themen bereits enthalten. „Ich glaube, daß ich nicht aus eigener Vernunft noch Kraft an Jesus Christus, meinen Herrn, glauben oder zu ihm kommen kann; sondern der Heilige Geist hat mich durch das Evangelium berufen, mit seinen Gaben erleuchtet, im rechten Glauben geheiligt und erhalten." Diese Sätze beschreiben den Heiligen Geist im Leben des Menschen. Gott wurde in Jesus Mensch. Nun tut er auch noch den letzten Schritt auf uns zu. Er sendet den Heiligen Geist, der in unsere konkrete, gegenwärtige Existenz eingreift, um das Werk Jesu zu vollenden und uns zum Glauben zu bringen.

„Gleichwie er die ganze Christenheit auf Erden beruft, sammelt, erleuchtet, heiligt und bei Jesus Christus erhält im rechten, einigen Glauben." Diese Sätze beschreiben den Heiligen Geist im Leben der Kirche. Das Wort „sammelt" tritt hinzu. Der Heilige Geist sammelt die Berufenen zur „Christenheit", zur Kirche. Sein Wirken an ihr geschieht analog der Wirksamkeit am einzelnen Individuum. Der einzelne wird in die Gemeinde der Glaubenden hineingestellt, an der nun insgesamt der Heilige Geist das Werk seines Eingreifens, Erneuerns und Bewahrens tut.

„In welcher Christenheit er mir und allen Gläubigen täglich alle Sünden reichlich vergibt und am Jüngsten Tage mich und alle Toten auferwecken wird und mir samt allen Gläubigen in Christus ein ewiges Leben geben wird. Das ist gewißlich wahr." Diese Sätze beschreiben den Heiligen Geist im Leben des Menschen und im Leben der Kirche. Diejenigen, die der Heilige Geist zur Gemeinde gesammelt hat, erhalten den Ertrag des Werkes Christi zugeeignet in täglicher Vergebung der Sünden und – jenseits der Todesgrenze – in ungefährdetem Sein bei dem, der schon in der Zeit der Herr ihres Lebens war.

Bei dieser Überschau drängt sich der Eindruck einer unverkennbaren Bevorzugung des einzelnen auf. Eine seelsorgerliche Intention durchzieht die Auslegung des Dritten Artikels: Der Heilige Geist geht auf den einzelnen ein; noch mehr: er ist die Zuspitzung des Heilshandelns Gottes auf mich.

Das paßt eigentlich gar nicht in eine Zeit, der es um die Entindividualisierung des Glaubens zu tun ist. In mühsamer Arbeit hat die Kirche ihren sozialen und politischen Auftrag, ihre Gesellschaftsbezogenheit entdeckt und aus der Phase, in der es vordringlich um Verinnerlichung und Pflege der Einzelseele ging, herausgefunden. Es gab Strecken, in denen man die unauflösliche Verflochtenheit des einzelnen mit der ihn umgebenden größeren und kleineren Welt gänzlich übersah, so daß auch die Arbeit der Kirchen und Gemeinden fast ganz dem isoliert verstandenen einzelnen, seiner Bekehrung, seiner Heiligung, seiner Kirchlichkeit galt. Deshalb wirkt die starke Betonung des einzelnen in seinem Glauben altertümlich und unmodern. Alles drängt heute vom Individuum zur Gesellschaft, von der Seelsorge zur sozialen Hilfe und – wenn wir recht sehen – auch immer mehr von der gottesdienstlichen Verkündigung zur – wie man will – wortlosen oder wortreichen Präsenz.

Dem Dritten Artikel ist dieses Drängen fremd. Eine alternative Lösung des Verhältnisses von Individuum und Gesellschaft kennt er nicht. Er ist vielmehr auf das atmende Ineinander von beiden bezogen. Ihm zufolge will der Heilige Geist an allen wirken, um sie zu einzelnen zu machen; an den einzelnen, um sie zur Gemeinde zu sammeln und an der Gemeinde, um sie zum Dienst und Opfer an die Gesamtheit zu senden.

Wer also macht die Menge zu einzelnen, wer die einzelnen zur Gemeinde und wer die Gemeinde zur Gesandtschaft Jesu Christi an die Welt? Wer ist die unvorstellbare Kraft, die das auch unter heutigen Umständen bewirkt? Gott will nach 1. Tim. 2,4 „daß allen Menschen geholfen werde". Geholfen ist ihnen, wenn „sie", d. h. jeder einzelne von ihnen, „zur Erkenntnis der Wahrheit kommen". Die rettende Wahrheit ist „der Mensch Jesus, der sich selbst gegeben hat für alle zur Erlösung". Wer setzt den Zugang zu dieser rettenden Wahrheit, zu der kein Mensch „aus eigener Vernunft noch Kraft ... kommen kann", in der diese Wahrheit so verschüttenden Zeit durch? Und wer beginnt die Geschichte dieser Durchsetzung, nicht ablassend, bis sie vollendet ist? Der Heilige Geist!

III. Wer ist der Heilige Geist

Mit dieser Frage stoßen wir auf den Heiligen Geist als Problem des Denkens. Denken, so abstrakt es an sich sein kann, bezieht sich immer auf vorgegebene Anschauung. Es ist an anschauliche Stützen gebunden. Da der unanschauliche Gott, der im Gegensatz zu den Wesen, die sinnlich faßbar sind, Geist ist, sich in die Anschauung begeben hat, hat er sich selbst zum Gegenstand des Denkens gemacht und unserem Denken dadurch eine Aufgabe gegeben.

a) *Der Begriff.* Die ursprünglichste Form der Erfüllung des Denkens ist das Benennen. Die hebräische wie die griechische Sprache gebrauchen für den Geist ein Wort, das zunächst einmal „Wind" heißt: hebr. ruach; griech. pneuma. Am Wind ist wichtig, daß man nicht weiß, woher er kommt, daß sich das Ungreifbare, die Luft, bewegt und daß diese Energie auf einmal wieder schwindet. Der Wind ist also eine ungreifbare Kraft. „Ruach" und „Pneuma" können in zweiter Linie auch „Atem" heißen; denn im Menschen, der atmen und sogar blasen kann, wohnt eine ähnliche Potenz, die offenbar dem Körper Lebensfähigkeit verleiht, die Lebenskraft, der Geist, der einen Teil des Menschen bildet. „Geist", unsichtbare Kraft, die kommt und wirkt und wieder geht, ist weiterhin Gott selbst und darin von uns Menschen, deren Kommen, Wirken, Gehen man kontrollieren kann, grundsätzlich unterschieden. Und „Geist" ist endlich das, was von Gott kommt zu denen, die zu Gott gehören, was „heilig" heißt, weil es sein Geist bleibt, auch wenn es zunächst ununterscheidbar eindringt in den Geist des Menschen. Heiliger Geist ist also Gott als ungreifbare Kraft in unserem Leben.

Im Rahmen dieser Begrifflichkeit reduzierte sich die Anschauung auf ein Minimum, auf die Ungreifbarkeit des Windes, so daß sie für das Bewußtsein beinahe ganz verschwand. Deswegen ist es so schwer, mit dem Wort „Geist" etwas anzufangen, und hier liegt vermutlich auch einer der Gründe für die lähmende Unklarheit und Verworrenheit des allgemeinen Denkens und Redens über den Heiligen Geist.

b) *Der Modalismus.* Nun hat es aber trotz oder vielleicht sogar wegen dieser Unanschaulichkeit nicht an Versuchen gefehlt, den Heiligen Geist denkend zu erfassen. Diese Versuche im Raum der christlichen Dogmengeschichte sind z. T. imponierend, wenn auch weithin unbeachtet, vergessen und verkannt. Auf einen von ihnen, den Modalismus, sind wir unversehens gestoßen; denn der Satz: „Der Heilige Geist ist Gott als ungreifbare Kraft in unserem Leben" ist eine modalistische Formulierung.

Die Modalisten (etwa im Jahre 200) in der alten Kirche lehrten, was dann die offizielle Kirche als Häresie verwarf, „den Vater, den

Sohn und der Geist nur als Modi, als Erscheinungsweisen, als auf uns hin gerichtete Aspekte des einen unteilbaren Gottes anzusehen". Diese Auffassung, die Gottes Einheit im strengsten Sinne wahren wollte, entsprach schon damals am meisten dem Gemeindeglauben. Sie dürfte aber auch noch für uns heute so etwas wie eine erste Annäherung an das trinitarische Geheimnis sein. Der Modalismus wurde ausgeschieden, weil er verkannte, worauf das Gespräch Jesu mit dem Vater weist, daß „die Drei, die wir zunächst nur in ihrer Existenz unterscheiden, auch in sich unterschieden sein müssen". Diese Unterschiedenheit des einen Gottes in sich selbst, wie sie dann mit Hilfe des Personbegriffes und der „Dreieinigkeit" formuliert wurde, verstrickt uns aber schon, indem wir davon sprechen, in eines der heikelsten theologischen Lehrstücke, in die Lehre von der Trinität und dürfte uns kaum weiterhelfen. So hat Walter Dirks wohl recht, wenn er sagt: Suchen wir auf das Unbekannte nach Menschenweise einen Reim zu finden, dann „weist uns die Schrift und die geistliche Erfahrung doch immer wieder den korrigierten Verständnisansatz der Modalisten als den menschlichsten Zugang zu Gott. Dann aber ist der Heilige Geist der eine unteilbare Gott in uns"[1].

c) *Idealismus und Reformation.* Gehen wir demzufolge davon aus, daß Gott als Heiliger Geist in unser Leben tritt, dann entsteht ein Problem, das in seiner ganzen Schärfe erst der Idealismus aufgeworfen hat. Es ist das Problem des Verhältnisses von Gottes Geist und Menschengeist, das sich unabweisbar stellt, wenn der Heilige Geist dem natürlichen Geist so nahe ist, daß er nicht mehr von ihm unterschieden werden kann. Von der dadurch in unser Blickfeld getretenen Frage werden wir auf keinen Fall absehen dürfen.

Die Reformation hat ein anderes Verdienst. Ihr Kampf gegen willkürliche Berufung auf den Geist hat zwar, ebenso wie die idealistischer Philosophie und Theologie nachgesagte Einschmelzung göttlichen Geistes in den des Menschen, eine nur schwer zu korrigierende Zurückhaltung und Verlegenheit in unserer Kirche gegenüber der pneumatologischen Frage hinterlassen. Aber ihre Auseinandersetzung mit den Schwärmern stellte doch auch die „entschlossen christologische Orientierung der Geistlehre", von der Ernst Käsemann bei Paulus spricht[2], ins helle Licht. Damit ist gemeint: Der Gott, der sich im Geist zum Menschen wendet und als ungreifbare Kraft in unser Dasein geht, trägt die Züge des Menschgewordenen. Nach 1. Kor. 15,45 muß Christus selbst als „Geist, der da lebendig macht", angesehen werden.„Das heißt, daß der Geist die irdische praesentia des erhöhten

---

[1] W. Dirks, Ich glaube an den Heiligen Geist, in: Das Glaubensbekenntnis. Aspekte für ein neues Verständnis. Stuttgart 1967, S. 50 ff.
[2] RGG II, 1274.

Herrn ist. Im Geist manifestiert sich genauer der Auferstandene mit seiner Auferstehungsmacht, die ... nach der Welt greift und die neue Schöpfung heraufführt."[3]

Nehmen wir an dieser Stelle unseren korrigierten modalistischen Verständnisansatz wieder auf, dann können wir nun formulieren: Der Heilige Geist ist der erhöhte Herr als Gottes ungreifbare Kraft in unserer Welt und unserem Leben. Diesen Satz, nein, diese personale Kraft gilt es nun, in bezug auf ihr Wirken im Leben des Menschen zu beschreiben.

IV. Der Heilige Geist als stetes Kommen des Erhöhten

Heinrich-Hermann Ulrich hat in seine „Bemerkungen zum Sektionsentwurf II für Uppsala"[4] den Begriff der Komm-und-Geh-Strukturen aufgenommen. Er besagt, daß Kommen und Gehen in rechtem Verhältnis zueinander stehen müssen und daß nicht die „Komm-Struktur", sondern das Hingehen zum Menschen das Denken der Gemeinde prägen soll. Beziehen wir diesen Begriff auf unsere Thematik, dann erkennen wir, daß dem Dreieinigen Gott in der Unterschiedenheit seiner Personen eine „Geh-Struktur" wesensgemäß ist. Der im Gesetz und den Propheten zum Volk des Alten Bundes kam, der in Jesus Nazarenus in die Welt einging, der machte sein Gehen, das wir mißverständlich als „Himmelfahrt" bezeichnen, zum Anfang seines raum-zeitlich uneingeschränkten, immerwährenden Kommens im Heiligen Geist. Erhöhung, Himmelfahrt und Pfingsten bedeuten: „Er kommt auch noch heute." Der Heilige Geist ist das stete Kommen des Erhöhten.

a) *Die Kondeszendenz des Geistes.* Unter „Kondeszendenz", einem Begriff, der von Origines bis Hermann Bezzel eine ehrwürdige und von letzterem erneuerte Geschichte hat, versteht man die Herunterlassung Gottes, um im Leben der Menschen dienend und helfend gegenwärtig zu sein. Der Kondeszendenzgedanke enthält als wichtigste Merkmale, „daß der in die Tiefe Heruntersteigende bleibt, was Er ist, und daß sein Heruntersteigen als Dienst zu verstehen ist"[5]. Das heißt: Göttlich ist Gott gerade dadurch, daß er barmherzig ist, daß ihn eine bis in die Tiefen aufwühlende Bewegung der Teilnahme erfüllt, aus der Aktion und Planung entspringen. Sohn Gottes ist Jesus Christus gerade dadurch, daß er als der Arme, Ausgestoßene und

---

[3] Ernst Käsemann, aaO.

[4] Aufbruch zur Sendung, in: Ökumenische Rundschau 1968 3, S. 240 ff.

[5] H. Lauerer, Die Kondeszendenz Gottes, in: Das Erbe Martin Luthers und die gegenwärtige theologische Forschung. Festschrift für D. Ludwig Ihmels. Leipzig 1928, S. 258 ff.

doch Angenommene, als der Verhüllte und gänzlich Umstrittene durch seine Zeit geht und zwar – um ihn mit den Worten der Ostkirche zu benennen – als „der große Diakon".

Das Luthertum, vor allem Martin Luther, Johann Georg Hamann und Hermann Bezzel, übertrugen den Kondeszendenzgedanken auf den Heiligen Geist. Der bereits erwähnten christologischen Orientierung der Geistlehre bei Paulus entsprechend, erkennen sie ihm die Züge des Kondeszendenten zu: Er kommt, er sucht, er sieht, er liebt, er löst, er erleidet den Menschen. Er ist sein Beistand in der Zeit. Er bleibt dabei auch in der Unscheinbarkeit der Mittel, an die er sich bindet, was er ist und verfolgt in der Enge eines Menschenlebens dienend größte Ziele. Geist Gottes und Jesu Christi ist der Heilige Geist gerade dadurch, daß er die Erniedrigung beider teilt, in die Beschränkung menschlichen Denkvermögens und menschlichen Geistes eingeht und nicht als Deus ex machina, sondern auf geschichtlichem Wege arbeitet und wirkt.

b) *Bindung und Freiheit.* Wie sieht der Weg seines Wirkens aus? Wie kommt er zu uns? Er bindet sich an Taufe, Verkündigung und Abendmahl und geht auf diese Weise in unser menschliches Lebendigsein hinein. Darin erblicken wir die Kondeszendenz des Geistes, daß der, der teilhat an der unbegrenzten Reichweite der Rechten Gottes, daß der, für den keine Grenzen mehr gezogen sind und der alles durchdringt, sich in diese geheiligten Unscheinbarkeiten hineinbegibt und sie in anbetungswürdiger Selbstbeschränkung als sein Gefährt benützt. Kondeszendenz des Geistes ist es, daß er in diesen, dem Widerspruch der Menschen so anheimgegebenen Mitteln uns anfaßt. Dadurch „hilft er unserer Schwachheit auf" (Röm. 8,26); denn von uns aus bringen wir den Glauben nicht auf. „Wir haben weder das intellektuelle Vermögen dazu, noch das Vermögen, unseren auf das Widergöttliche gerichteten Willen umzugestalten"[6]. Auch drängt sich uns der Eindruck auf, als werde es unter den Bedingungen der gegenwärtigen Welt immer schwerer, zu Jesus zu kommen. Der Bestätigungen, „daß ich nicht aus eigener Vernunft noch Kraft an Jesum Christum, meinen Herrn, glauben oder zu ihm kommen kann", haben wir genug. Deshalb kommt er zu uns und tritt in einer den ganzen Menschen betreffenden Weise von außen an uns heran, indem er „durch das Evangelium beruft". Die Verkündigung des Evangeliums in Wort und Sakrament muß demnach „als das primäre und grundlegende Werk des Heiligen Geistes verstanden" werden, und solange sie noch geschieht, ist der Heilige Geist unter uns[7].

---

[6] H. Girgensohn, Katechismusauslegung. Witten 1956, I, S. 148.
[7] Girgensohn, aaO.

Aber gerade in dieser Bindung bleibt der Geist, was er ist: der freie und souveräne Herr, dem es gefällt, auch unabhängig von Wort und Sakrament außerhalb der Kirche zu wirken. Er „begegnet uns auch, wenngleich unerkannt und unerkennbar, in den Dunkelheiten unseres Schicksals" und der Geschichte[8]. Er weckt den Wunsch nach Befreiung aus Gebundenheit, er sehnt sich in der Menschheit nach Frieden und deckt die Irrwege auf. Und wie vielfältig verschlungen, ja oft merkwürdig und manchmal turbulent sind die Führungen, mit denen er Menschen in die Rufweite des Evangeliums bringt! Aber in dem allen bleibt er der verborgene Gott und der verborgene Geist. Nur seine Kondeszendenz ist das Licht, das sein Wirken in der Welt so beleuchtet, daß es von Zeit zu Zeit dem Auge des Glaubens sichtbar wird.

c) *Gottes Geist und unser Leben.* Wir haben gesehen, wie er kommt. Er faßt von außen an. Luther formuliert zugespitzt: „Wenn du willst Teil haben am Heiligen Geist, so geschieht's nicht anders als durchs Wort."[9] Nun fragen wir: Wohin kommt er und zu wem? Die Antwort muß lauten: In das Leben des Menschen! Und zwar geht er nicht ohne unser Nein vorüber und tritt nicht ein ohne unser persönliches Ja. Er zwingt nicht. Er läßt den Menschen Freiheit.

Aber er nimmt den einzelnen ganz ernst: sein Leben als eine räumliche Erscheinung, als die ihm anvertraute Zeit. Die man nicht definieren, nur leben kann; und sein Menschsein, das von der Gemeinschaft her gesehen die kleinste Einheit ist, die Einmaligkeit und Unwiederholbarkeit des Geschöpfes. In diesem engen Raum, theologisch gesprochen, in die Zerrbildlichkeit des von der Sünde entstellten Lebens geht der Heilige Geist hinein und begegnet dort unserem Geist, jener geheimnisvollen, ungreifbaren Kraft, die dem Körper Lebensfähigkeit verleiht und der Ursprung unseres Denkens und Betätigens ist. Auch darin erblicken wir Kondeszendenz.

Es dürfte deutlich sein, daß wir jetzt unausweichlich vor dem längst aufgeworfenen Problem des Verhältnisses von Gottes Geist und Menschengeist stehen. Der Versuch, den einen als Schöpfer Geist vom andern als geschaffenen Geist lediglich zu unterscheiden, genügt ebensowenig wie die Annahme, der Geist des Menschen sei ein Anknüpfungs- und Berührungspunkt für Gottes Geist. Vielmehr erweist sich jetzt das Durchhalten des Kondeszendenzgedankens als außerordentliche Hilfe. Er bringt zum Ausdruck: Der Geist des Herrn geht dienend in den Menschengeist hinein und nimmt sich seiner an. Er bleibt dabei unvermischt, was er ist, Subjekt und Zeuge, persönliches Du und Gabe gegenüber unserm Geist und geht nie so in den Men-

---

[8] W. Elert, Der christliche Glaube. Berlin 1940, S. 484.
[9] E. Mülhaupt, Evangelienauslegung 1, S. 95.

schen über, daß dieser frei über ihn verfügen könnte. Als solcher arbeitet er aber auch ungeschieden in uns am Werk des neuen Lebens, an der Öffnung der Gott und Mensch gegenüber verschlossenen Kreatur und wirkt so, daß er unsere Individualität beläßt, kein zweites Ich neben unser erstes setzt und uns in den Bahnen unseres geistigen Lebens reinigt und erneuert[10].

V. Der Heilige Geist als weitergehendes Schaffen des Schöpfers

Hans Hartwig von Goessel und Arthur Stephan haben in ihrem Buch „Die missionarische Dimension" eine bemerkenswerte Aussage über den Heiligen Geist gemacht: „Die Laienfrage ist die Frage nach dem Heiligen Geist ... Denn der Geist macht den Laien!"[11] Den Laien kennzeichnen drei wichtige Merkmale: 1. eine Zugehörigkeit; d. h. er ist ein Mensch, der vom Heiligen Geist zum Volk Gottes hinzugetan, in den Leib Christi eingegliedert und mit seinem Herrn Jesus Christus persönlich verbunden wurde; 2. ein Vermögen; d. h. er ist ein Mensch, den der Heilige Geist mit einer neuen Kraft ausgestattet und ihn mit seinen eigenen Kräften in ein Instrument des Dienstes umgewandelt hat; 3. eine Aufgabe; d. h. er ist ein Mensch, den der Heilige Geist in die ihm eigene Bewegung zum Menschen hinreißt, ihn den Nächsten entdecken läßt und ihn im Namen Jesu zu seinem Beistand macht. Der Heilige Geist schafft also im Leben des Menschen, was noch nicht war und zwar immer wieder. Er ist das weitergehende Schaffen des Schöpfers.

a) *Erleuchten und Erkennen.* Der Heilige Geist faßt von außen an durch das Wort, „gibt Zeugnis unserm Geist" (Röm. 8,16) und schließt zugleich – das ist sein inneres Wirken – den Menschen von innen auf. Dieses Erschließen des durch seine entstellte Natur für Gott verschlossenen Menschen, das Öffnen des menschlichen Geistes für Gottes Wort, ist ein Schöpfungsakt. Er wird 2. Kor. 4,6 auch als solcher beschrieben: „Gott, der gesagt hat: ‚Aus Finsternis soll ein Licht leuchten‘, der ist aufgeleuchtet in unseren Herzen, so daß hell wurde die Erkenntnis der Herrlichkeit Gottes auf dem Angesichte Christi" (Übersetzung n. NTD 7, S. 122). Luther und die alten Dogmatiker sprechen demzufolge von „illuminate", Erleuchtung. Man darf aber dieses Aufgehen einer Einsicht nicht nur intellektuell verstehen. Es kann eine den Menschen umwerfende, alle Affekte entflammende Erkenntnis sein. Denn was aufleuchtet, ist „die Erkenntnis der Herrlichkeit Gottes". „Herrlichkeit", ein vieldeutiges, schwer zu erklären-

---

[10] Vgl. W. Trillhaas, Dogmatik. Berlin 1962, S. 431 ff. 435 f.
[11] Gladbeck 1965, S. 35.

des Wort, heißt seiner biblischen Intention gemäß „unbedingte Siegesgewalt". Geht diese unbedingte Siegesgewalt oder ihre Teilaspekte wie „Vergebung der Sünden, Auferstehung des Fleisches, ewiges Leben" usw. in einem Menschenherzen auf, dann findet eine Hinkehr statt, ein Hinzugetan-, ein Eingegliedert-, ein Mit-Christus-Verbunden-Werden. Der Mensch kommt zu Jesus. Er wird ein Glaubender. So ist jede Hinkehr zu Christus – immer wieder geht uns etwas auf – ein Erkennen durch den Heiligen Geist.

b) *Spiritus Creator.* Jeder Glaubende empfängt die Gabe des Geistes schlechthin: er ist von Gott angenommen und der göttlichen Arbeit an der Erneuerung unseres Lebens anheimgegeben. Darüber hinaus manifestiert und konkretisiert sich die geheimnisvolle Einung des Geistes Gottes mit dem Geist des Menschen in belebenden, aufbauenden und heilsamen Befähigungen verschiedenster Art und unterschiedlichster Intensität. Diese so beschaffenen Durchbrüche von Kräften der Gotteswelt, deren Kennzeichen die dienende und den Leib Christi erbauende Funktion ist, nennt das Neue Testament Charismata oder Gnadengaben. Auch sie setzen unsere Individualität mit ihren natürlichen Gaben nicht außer Kraft, sondern der Heilige Geist ist ihre neue Kraft. Er nimmt sie in seine Zucht, entdeckt und erweckt, entfaltet und steigert sie und führt sie ihrer Bestimmung zu: vom privaten Nutzen zum Aufbau der Gemeinde. In ihnen entbirgt sich der Schöpfergeist. Und wenn er wirklich der seine Gemeinde in die Gegenwart begleitende und mit ihr in die Zukunft wandernde Herr ist, dann wird er ihr nicht jene Gaben verleihen, die die Korinther gebraucht haben, sondern er wird uns Christen dieser Tage mit solchen Gaben ausstatten, die wir nötiger brauchen als sie. Das ist die Kondeszendenz des Geistes in seinen Gaben, „weil es gerade zu ihrem Wesen gehört, jeweils und in verschiedener Weise den Fähigkeiten des Einzelnen, den historischen und örtlichen Gegebenheiten und den Erfordernissen des Leibes Christi wie der Welt zu entsprechen"[12].

c) *Sendung und Seelsorge.* Die Gnadengaben, auch wenn sie primär der Gemeinde dienen, haben etwas über sie Hinausweisendes; denn die Gemeinde ist der Leib Christi in seiner irdischen, für die Welt gegebenen Gestalt. Das liegt daran, daß der Geist, der Gaben und Gemeinde schafft, eine Kraft ist, die zum Menschen drängt. Alle Geistträger, alle Laien sind deshalb Gesandte des im Geiste gegenwärtigen erhöhten Herrn.

Ihre Sendung gilt gewiß nicht nur einzelnen Menschen, sondern auch den sozialen Gefügen, in denen sie leben und unter denen sie sehr oft leiden, kurz „aller Welt". So entspricht es der Herrschaft

---

[12] Hendrik Berkhof, Theologie des Heiligen Geistes. Neukirchen 1968, S. 105 – Rezension in Heft 5/1968.

Christi. Aber es wächst zur Stunde in der Christenheit ein total ver-
standenes Sendungsbewußtsein empor, das „alle zunächst vorliegen-
den Erfahrungsräume" (Trutz Rendtorff) überschreitet. Es sucht in
globaler Erweiterung die der Kirche entfremdete, pluralistische Gesellschaft als Adressat kirchlichen Handelns zurückzugewinnen mit
der starken Tendenz, der Gesellschaftsdiakonie vor Mission und Seelsorge den Vorrang zu geben. Darüber kommt es zu einer Verkennung
und Überforderung der Sendung des einzelnen, so daß der katholische Theologe Urs von Balthasar kürzlich sagte: „Viele moderne
Christen haben sich für ihre Flucht weg von Gott den Namen Sendung als evangelische Tarnung zugelegt."

Aber Gesandte Jesu Christi fliehen nicht; denn in ihnen kommt
der Erhöhte als ungreifbare Gotteskraft zur Welt. Darum ist in ihrer
Sendung, vor allem der einzelnen, der Auftrag zur Seelsorge unmittelbar mit eingeschlossen; denn in der Seelsorge handelt es sich um „Paraklese", d. h. um dialogische Verstehenshilfe menschlicher Grundsituationen vom Wort Gottes her. In der Kraft des „Parakleten" oder
Beistandes, wie Johannes den Heiligen Geist nennt, sollen wir aufbre-
chen und hingehen und mitten in der Welt das einfache Leben des Jesus von Nazareth führen, das im Mitleben, Den-Menschen-Beistehen
und Mitleiden als Hinweis auf das angebrochene Reich besteht. Dann
gehören Mission, Diakonie und Seelsorge untrennbar zusammen, und
der Geist selbst wird es sein, der diese Aspekte der Sendung situa-
tionsgemäß zur Geltung bringt.

IV. Der Heilige Geist als gnädiges Bewahren des Glaubens

Das zu „Bewahren" hinzugefügte Wort „gnädig" ist keine fromme
Formel. Es weist darauf hin, daß das neue Leben des Menschen, sein
Geöffnetsein für Gott und Gottes Sache in der Welt keinen unzerstörbaren Charakter besitzt. Der Glaube weiß sich vielmehr von der
Möglichkeit des Sichverschließens ständig begleitet, vom Abfall bis
zuletzt bedroht und ihm ohne das bewahrende Werk des Geistes auch
unzweifelhaft ausgeliefert. In der Gnade des Bewahrens begegnen
wir nun noch einer letzten Manifestation des Geistes im Leben des
Menschen.

a) *Morphologie des Glaubens.* Wenn „morphé" die äußere Erscheinung, die Gestalt und „Glauben" sich Jesus anvertrauen heißt, dann
bedeutet „Morphologie des Glaubens" das Bedenken dessen, was vom
Glauben sinnlich faßbar ist nach Umriß und Verhaltensweise. Faßt
der Heilige Geist einen Menschen an und erleuchtet ihn, dann nimmt
er dadurch Einfluß auf seine Lebensführung. Dann tritt neben die

Tatsache, daß ihm das Evangelium erschlossen wird, auch die andere, daß er sich dem Evangelium fortan erschließt. Dadurch erhält der Geist im Glauben.

Dieses Erschlossensein für das Evangelium erscheint in vierfacher Gestalt: 1. im Hören der Verkündigung in der Vielfalt ihrer Weise; 2. im Beten als unmittelbare, persönliche Antwort darauf; 3. im Zusammensein mit der hörenden und betenden Gemeinde und 4. in der daraus erwachsenden brüderlichen Liebe. Das ist das Neue, was im Leben eines vom Geist Ergriffenen erscheint. Aber die Kondeszendenz des Geistes bewährt sich auch hier. Sie hebt die Individualität des Glaubenden und seines Glaubens Art nicht auf. Wie er als einzelner und in Gemeinschaft die vierfache Grundgestalt realisiert, ist ganz verschieden und höchst situationsbedingt; nur daß diese ohnehin vorhandenen Formen der Kommunikation wie Hören, Antworten, Zusammensein und Liebe jetzt auch in der Gestalt des Gottesdienstes und des Dienstes im Namen Jesu am Menschen in der Lebensweise anwesend sind. Der Heilige Geist gestaltet und gibt doch einer Fülle von Gestaltungen freien Raum.

b) *Anfechtung und Erfahrbarkeit.* Der Glaube stützt sich nicht auf Erfahrung. So ist auch die Erneuerung des Menschen durch den Hl. Geist eine „unanschauliche, allein auf Grund des Evangeliums zu glaubende Wirklichkeit"[13]. Und doch ragt sie in dem, was die Schrift „Früchte des Geistes" nennt, in den Bereich des Sichtbaren und Erfahrbaren hinein. Darüber hinaus gibt es Berührungen des Geistes Gottes, „heimlich fortwirkende Erinnerungen"[14] und plötzliches oder langsames In-Erscheinung-Treten innerer oder äußerer Vorgänge als geistgewirkt, von denen zu sprechen nur im Gespräch und Zeugnis möglich ist.

Meistens aber bleibt für uns das neue Leben in schmerzlicher Verborgenheit. Die Anfechtung zieht herauf, und um Anfechtung handelt es sich immer, wenn Zusagen in Frage gestellt werden, Gott bzw. der Heilige Geist in die Unkenntlichkeit zurücktritt oder in ihr verbleibt und es zur Auseinandersetzung mit ihm kommt. Dann können wir erkennen, daß die Einung zwischen Gottes Geist und unserem Leben kein einheitlich erneuertes Ich als Zeichen seines Wirkens schafft, „sondern das Zeichen der Gegenwart des Geistes ist gerade der Zwiespalt, der Kampf" zwischen Gottes heiligem und des Menschen fleischlichem Geist[15]. So hilft paradoxerweise die Anfechtung dem

---

[13] E. Schlink, Theologie der lutherischen Bekenntnisschriften. München 1946², S. 158.
[14] Trillhaas, aaO., S. 418.
[15] P. Althaus; zit. nach Schlink, aaO., S. 160.

Glauben, der sich nicht auf Erfahrung stützt, aber durch Anfechtung und Erfahrbarkeit gestützt wird.

c) *Der Geist der Hoffnung.* Nach dem impliziten Urteil von 1. Petr. 1,3 gibt sich der nicht wiedergeborene Mensch toten Hoffnungen hin; d. h. worauf er seine Hoffnung gründet, das Pfand dessen, was er erhofft, ist seine Hoffnung selbst. Sie stirbt mit ihm dahin. Der in seiner Existenz gewandelte Mensch hingegen gründet seine Hoffnung auf den Geist. Der Geist stellt das Pfand seiner Hoffnung dar. Das griechische Wort dafür, „arrabon", „Anzahlung", bringt eine Leistung zum Ausdruck, „durch die sich der Betreffende dem Empfänger gegenüber zu weiterer Leistung verpflichtet"[16]. Das bedeutet: An der Tatsache, daß es trotz der Gabe des Geistes nicht zu einer vollständigen Umwandlung unserer Natur kommt, entzündet sich die Hoffnung; die Hoffnung, daß wir einmal rein dargestellt werden als Ebenbilder Christi, als Menschen, ganz nach Gottes Willen; die Hoffnung, daß sich die Erneuerung vollendet.

Diese Hoffnung ist eine ungeheure Kraft im Menschenleben. Sie ist die Kraft des Progressiven. Sie verläßt Traditionen, die, obgleich lange gesegnet, jetzt nicht mehr genügen; sie entzieht sich Ordnungen, die keine angemessenen Gefäße der Liebe Gottes oder ihr entgegen sind; sie bricht ins Unbekannte auf, nur auf die Zusage hin, daß ihr dort Gott auch begegnen wird. Aber sie ist nicht blind wie der Fanatismus, der nur das Seine sieht und sucht. Sie jagt, Christus ständig vor Augen, ihm nach, um seine Ziele zu verwirklichen, von ihm ergriffen und gedrängt. Sie kann aus diesem Grunde alles für die Menschen hoffen und auch tun.

Der Träger dieser Hoffnung ist, auch wenn der Geist des Menschen als Subjekt erscheint, der Heilige Geist. Er, den man nach Apostelmeinung betrüben kann (Eph. 4,30), er, der den Mißerfolg in seiner Arbeit kennt, der – ich rede töricht – unter seiner Leitung die Christenheit in ihrer Masse kirchenfeindlich und gottabgewandt vorfinden muß, der eilt unablässig hoffend und wirkend durch die Zeit, mitreißend, was sich zu ihm bekennt, von sich stoßend, was ihn hindert; der sehnt sich selbst mit der von ihm ergriffenen Gemeinde und ruft zu dem, dem er dient und verklärt und zu Willen ist: „Komm, Herr Jesu!" Das einzige Wort, das der Heilige Geist in der ganzen Bibel spricht, das auf dem letzten Blatt der Bibel, Offb. 22,17, steht, heißt: „Komm!"

---

[16] W. Bauer, WzNT, S. 198.

Das Zeugnis der Christen
im nachchristlichen Zeitalter

I. Zeit der Zeugen

Ohne Zweifel gehört das Zeugnis des Christen auch gegenwärtig zu den wichtigsten Themen der Theologie. Als Begründung dafür sei auf einen der wichtigsten Vorträge der Weltkirchenkonferenz in Neu-Delhi 1961 hingewiesen: Paul D. Devanandan, „Zu Zeugen berufen"[1]. Devanandan beginnt mit dem bezeichnenden Satz: „Niemand kann den Christennamen für sich in Anspruch nehmen, der nicht von Gottes Erlösungswerk in Christus Jesus als einer gegenwärtigen Wirklichkeit lebendiges Zeugnis ablegt."[2]

Gleichzeitig macht sich gegenüber diesem Thema und seiner Behandlung aber auch eine gewisse Reserve bemerkbar. Wir stoßen darauf beispielsweise bei W. Jetter, „Was wird aus der Kirche?": „Es kommt wenig Gutes heraus, wenn die Kirche in ihren Lebens- und Wirkformen deren Zeugnischarakter absichtsvoll im Schilde führt."[3] Wir verstehen das, wenn wir an alte oder immer noch vorhandene Zeugnis gebende Veranstaltungen christlicher Gemeinschaften denken.

Ganz allgemein kann man darüber hinaus feststellen, daß es zu einem Zurückgehen des Zeugnisses unter den Christen gekommen ist. Das hängt mit einer inzwischen entstandenen Empfindlichkeit, zwischen Kirche und Welt zu unterscheiden, zusammen. Es soll alles vermieden werden, was den Eindruck eines Sonderbesitzes erwecken könnte. Das führte zu der Tendenz, das werbende Zeugnis auf die bloße, meist wortlose Anwesenheit in der Welt zurückzudrängen, in deren Rahmen sich von Fall zu Fall die Möglichkeit der Auskunft über den Glauben ergibt.

Diese Tendenz dürfte mit der Intention der neutestamentlichen Schriften kaum in Einklang zu bringen sein. Das zeigt etwa der Schluß des lukanischen Evangeliums: Lukas 24,50–53. Der Blick, der Jesus sucht, findet nicht ihn, sondern die Jünger, d. h. er trifft

---

[1] In W. A. Vissert Hooft (Hrsg.), Neu Delhi 1961. Dokumentarbericht. Stuttgart 1962, S. 489–498. Vgl. ferner: G. Friedrich, Zeugnis und Zeuge. Eine biblische Besinnung; in: Anstöße. Berichte aus der Arbeit der Evangelischen Akademie Hofgeismar. 1957, 2: S. 30–44.

[2] AaO., S. 489.   [3] Stuttgart 1968, S. 69.

auf die Zeugen. Bei ihnen und nur bei ihnen, in ihrem Wort trifft er auf Jesus. Sie markieren, daß es sich in der jetzt anbrechenden Zeit um „seine Zeit" (1. Tim. 2,6) handelt. Es ist die Zeit des Weitersagens, durch welches der Erhöhte das Heilsgeschehen zum Weltgeschehen macht. Sich bindend an das Wort seiner Zeugen ist er nun auf immer gegenwärtig; nicht mehr sichtbar als Christus Jesus, sondern unsichtbar real im Heiligen Geist. Der Zeuge steht am Ende des Evangeliums. Die Zeit des Zeugen hat begonnen.

Eine innere Nötigung: das Widerfahrnis des Gekreuzigten als des Lebendigen, der „helle Schein" (2. Kor. 4,6), die Kraft des Ergriffenseins drängt sie dazu. Sie müssen von allem Gesehenen, Gehörten, Erfahrenen sprechen. Das werbende Eintreten für die Königsherrschaft Christi wird für sie seit Pfingsten geradezu zur Nötigung.

Das theologische Motiv verbindet sich mit einem anthropologischen. Ein Geschehen kann für Menschen, die nicht dabei waren, nur lebendig und gegenwärtig werden durch Bericht von solchen, die es gesehen bzw. erfahren haben. Sprache vermittelt Tatsachen. Geschehenes wird bekannt durch Bericht von Augenzeugen oder durch Weitererzählen von Erfahrenszeugen. Darin liegt der unantastbare Kern christlichen Zeugentums: Die Sache Christi wurde gestern und sie wird heute und morgen neben der geordneten Verkündigung durch das persönlich gedeckte Wort von Augen- und Erfahrenszeugen bekanntgemacht.

Wir stoßen damit auf das Vorhandensein des christlichen Zeugnisses. Es ist immer untrennbar das Zeugnis einzelner und des konkreten Körpers der Kirche. Das ekklesiologische Denken kennt die Scheidung des einzelnen von der Gemeinschaft nicht, selbst wenn unserem Empfinden nach nur ein einzelner spricht. Das Vorhandensein des christlichen Zeugnisses mögen drei einfache Beispiele belegen.

1. Der Heidelberger Internist Richard Siebeck (1883–1965) schrieb 1949 ein medizinisches Lehrbuch, in dem von Gott die Rede ist[4]. Das müsse so sein, äußerte Siebeck, da Gott auch im medizinischen Beruf zum Menschen spreche, so daß nach der Bedeutung dieses Sprechens zu fragen sei. Zwei Sätze Siebecks verdeutlichen das: „Das Ende unseres Weges ist der Tod, der doch in jede Stunde unseres Lebens hereinleuchtet. Nur vom Sinn des Todes aus kann Leben und Gesundheit richtig verstanden werden – der Sinn des Todes aber ist das neue Leben, das uns verheißen ist." „Wenn wir unsere Fehler erkennen, – in ihrem wahren Grund, nicht in so naheliegenden Ausflüchten und Ausreden – wenn wir in ‚getroster Verzweiflung' treu bleiben, dann mag es uns gegeben werden, daß unser ehrliches Hel-

---

[4] Medizin in Bewegung. Klinische Erkenntnisse und ärztliche Aufgabe. Stuttgart 1949.

fenwollen zu einem Helfenkönnen wird; daß wir, wie gesagt wird, wohl ‚Diener der Natur' sind, aber darin zugleich auch *Zeugen des Geistes,* der uns erfüllen möchte, damit wir aus der Liebe Gottes uns untereinander in Liebe dienen."[5] Siebeck versteht Verantwortung vom Ergriffensein durch das Wort Gottes her.

2. Derselbe Mann – es sei mir eine persönliche Erinnerung gestattet – hielt viel davon, daß eine Kurrende der Evangelischen Studentengemeinde regelmäßig in seiner Klinik sang und in die Zimmer der Kranken das Evangelium brachte. Wiederholt zog er im weißen Mantel, den Baß unterstützend mit, bereit auch, das auf den Stationen verlesene Evangelium zu verantworten. Ein schweigender Zeuge und doch vernehmbar als solcher.

3. Ein junger Diplomkaufmann, der während meiner Studentenpfarrerzeit mit mir zusammenarbeitete, kam nach seinem Studium bald in einem Großkaufhaus in eine leitende Stellung. Dort geriet er in eine Krise seines Glaubens. Als er sich einmal für längere Zeit bei dem Direktor des Unternehmens verabschiedete – er kannte ihn lediglich als einen im Wirtschaftsleben gänzlich aufgehenden Mann –, sagte dieser beim Hinausgehen plötzlich zu ihm: „Behalten Sie ihren Glauben lieb!" Dieses unerwartete Wort aus dem Munde eines Menschen, dessen innere Gründung er ganz woanders vermutet hatte, übte eine stabilisierende Wirkung auf den angefochtenen Glauben des jungen Abteilungsleiters aus.

Drei einfache, wenig auffallende Beispiele! Was ist in ihnen geschehen? In ihnen traten Menschen vor unser Auge, die Kunde bekommen und das Wort des lebendigen Christus vernommen haben. Auf normalem Wege menschlicher Kommunikation in eine bestimmte Situation geführt, sahen sie sich in dieser Situation genötigt, sei es durch schriftliches Wort, durch wortloses Dabeisein oder durch mündliche Äußerung durchsichtig zu werden und etwas vom Grunde sehen zu lassen, kundzugeben. Was nötigte sie dazu, während andere in analogen Situationen verstummen oder weggehen? Man könnte es psychologisch ziemlich genau analysieren. Gewonnen wäre wenig. Was nötigte sie dazu? Die theologische Antwort lautet: der, dessen Bestreben es ist, den Augenblick mit einer Ewigkeitsgabe zu erfüllen, um ihn dadurch als veränderten der Zeit zurückzugeben. Unter „Zeugnis" verstehen wir demzufolge jenen sprachlichen oder verhaltensmäßigen Vorgang, durch den ein Mensch in einer bestimmten Situation die Wirklichkeit Gottes als bestimmende Kraft bezeugt.

Die Kontinuität in der Diskontinuität von Struktur und Gestalt des christlichen Zeugnisses besteht darin, daß es Zeugnis vom lebendigen Gott ist. Entweder weist es wörtlich auf ihn hin oder zeigt die

---

[5] AaO., S. 510, 511 (Kursivierung von mir).

geistliche Dimension einer Sachfrage auf oder nimmt die Form eines schweigenden Bekenntnisses dazu an. Die erwähnten Beispiele zeigen das. Ist es, wie oben erwähnt, der, dessen Bestreben es ist, den Augenblick mit einer Ewigkeitsgabe zu erfüllen, also der Heilige Geist selber, der es im Zusammentreten von Offenbarungsträger und Situation zum Zeugnis kommen läßt, dann müssen noch zwei Merkmale genannt werden: 1. Das Zeugnis ist an den Kairos gebunden. „Kairos" heißt im Neuen Testament die innerhalb der ablaufenden von Gott gesetzte Zeit, die Gottesstunde. Sie kommt und geht. Sie muß ergriffen, ausgenützt, „ausgekauft" (Kol. 4,5) werden. Sonst eilt sie ungenützt vorüber. Nur der Wachende wird ihrer gewahr. 2. Das Zeugnis nimmt als geistgewirktes an der Verborgenheit seines Urhebers teil. Wort und Verhalten eines Menschen, der Zeuge ist, kann anders ausgelegt, verstanden und beurteilt werden. Im Blick auf das unerschrockene Wort und Verhalten eines Pfarrers, der vor einigen Jahren in der DDR zu einem längeren Gefängnisaufenthalt verurteilt worden war, bemerkten einige: „Er war schon immer unvorsichtig." Christliches Zeugnis kann nur im Glauben als solches erkannt werden.

II. Zeugnis und Säkularität

Von der Identität des Zeugnisses war die Rede. Nun gehen wir über zu seiner Variabilität. Dabei tritt uns noch einmal der Zusammenhang zwischen Zeugnis und dem, der bezeugt wird, vor Augen. Auch das Zeugnis bleibt, wie der Bezeugte, was es ist und gibt sich, wie er, ganz in die Notwendigkeit der Situation hinein. Es ist immer Kundgabe der bestimmenden Kraft des Lebendigen, und es ist immer – wie Gottes Sein – im Werden, ganz eingehend auf die Bedürfnisse des Augenblicks und darum sich verändernd. Es ist, um eine Formulierung Johann Georg Hamanns zu gebrauchen, „ganz göttlich und ganz menschlich", ohne daß dieses Paradoxon ausgeglichen werden kann.

Die Variabilität des Zeugnisses, seine Veränderungen werden durch die Situation hervorgerufen. „Situation" kommt vom lateinischen Wort *situs*: Terrain, Verhältnisse, das Je und Je der Stunde. Dieses Je und Je der Stunde schreibt dem Zeugen sein Verhalten vor. „Vorschreiben" verstehen wir jetzt nicht mehr ausschließlich, sondern in dem Sinne, daß das Verhalten des Offenbarungsträgers bzw. des Zeugen (sein Angeredetsein ist die Konstante) der Situation entsprechend, d. h. angemessen sein muß.

Die Zeugnissituationen im einzelnen sind Legion; daher unbeschreibbar. Sie sind aber umschlossen von der Zeitlage im Großen, von übergeordneten Bedingungen, von der Gesamtsituation. Diese Gesamtsituation charakterisiert unser Thema als Säkularität, als nachchristliches Zeitalter. Was heißt das? Wenn wir vom nachchristlichen Zeitalter sprechen, dann muß es vorher einen ebensolchen, alle Menschen umschließenden Zeitraum gegeben haben, das christliche Zeitalter. Sein Sinnbild war die Kathedrale. Man kann es in Würzburg, Heidelberg und anderswo noch sehen: zwischen die Pfeiler eingebaut sind kleine Läden, oder Markt ist darum herum. Das ganze Leben des Menschen vollzieht sich unter dem Dach der Kathedrale oder in ihrem Schatten. Das Zeitalter der Kathedrale hat unsere Kultur, unser Denken und Fühlen ungeheuer stark geprägt. Aber nun sind die Menschen aus diesem Raum herausgegangen und haben dieses Kraftfeld verlassen. Vielleicht ist diese Bewegung, die schon vor etwa zwei Jahrhunderten anhob, noch nicht abgeschlossen. Im Gang ist sie ohne Zweifel. Es gibt Phasen, in denen man sie deutlich wahrnehmen kann. So sind die Kirchenaustritte und die Abmeldungen vom Religionsunterricht ein ganz normales Symptom dieses Geschehens. Die Menschen entziehen sich der Kathedrale. Sie lassen ihr Denken, ihr Sprechen, ihr Tun nicht mehr religiös bzw. kirchlich kontrollieren.

Offenbar ist dieses Herausgehen des Menschen aus der „Kathedrale" in ein radikales Stadium getreten. Die Anfänge schwellen zu Bewegungen an und vollenden sich. Die Herausgegangenen beginnen nunmehr in einem nachchristlichen Raum zu leben. Nachchristlich heißt: sie haben ihre Prägung noch im christlichen Raum empfangen. Diese Prägung hält an; aber sie verringert sich und wird abgeworfen. Die Frage entsteht: Was wird sich von dieser Prägung halten? Werden etwa die Züge der Menschlichkeit, die der moderne Sozialstaat doch wohl als christliches Erbe trägt, dauern und sich vertiefen? Oder werden sie unter dem Zwang, die Menschheit zu ernähren, ihre Aggressionen in Schach zu halten und ihren Kriegen zu wehren, verschwinden zugunsten eines totalitären, unmenschlichen Kontroll- und Spitzelsystems? Wir nähern uns dem Jahr 1984, das George Orwell in seinem berühmten Roman „1984" beschrieben hat: ein totalitäres System, in dem jeder Mensch durch eine Fernsehkamera überwacht wird[6].

Im Vorübergehen rufen wir in Erinnerung, daß Friedrich Gogarten das Hinübergehen des Menschen in die Freiheit von der religiösen Kontrolle, in die Freisetzung der technisch-wissenschaftlichen Errungenschaften als ein Ergebnis der christlichen Verkündigung verstanden hat. Gogarten und andere, die diese gewiß nicht umstrittene These teilen, haben je länger je mehr aber auch mit Entsetzen gefragt,

---

[6] Zürich 1950.

was der Mensch nun mit dieser errungenen Freiheit anfange. Wird er sie zu seinem Segen oder zu seinem Verderben gebrauchen?

Mit diesen Darlegungen und Fragen haben wir schon begonnen, die nachchristliche Situation zu schildern. Es ist unmöglich, in unserem Rahmen ein genügendes Bild von ihr zu entwerfen. Es ist vielleicht auch gar nicht nötig für den, der mit jenem das Innerste aufwühlenden Erbarmen Jesu (Matth. 9,36) die Orientierungslosigkeit der Menschen sieht, ihr Preisgegebensein an die sich überstürzenden geistigen Strömungen, Heilslehren und Ideologien. Wir können lediglich etwas dazu verhelfen, sich diesen Blick schärfen zu lassen und einige Merkmale der Welt in der Säkularität aufzeigen.

1. Wir werden in den nächsten Jahrzehnten vermutlich das Fortschreiten einer begonnenen gesellschaftlichen Veränderung miterleben. Wir werden Zeugen und Mitbetroffene einer geistigen Revolution umfassenden Ausmaßes sein. Spiel und Arbeit gehen ineinander über. Der Aushöhlungsprozeß traditioneller Werte vollendet sich. An die Stelle bisheriger Bindungen wie Familie, Sitte, Pflichtbewußtsein, Arbeitswille, Triebverzicht treten neue Maßstäbe und Normen: Selbstverwirklichung, Konsumdenken, bewußtes Außenseitertum mit nihilistischen und anarchistischen Anschauungen; treten aber auch bewußte Übernahme von Verantwortung und intensivere, vor allem psychologische Reflexion zwischenmenschlicher Beziehungen.

2. Im Zusammenhang damit verändert sich in eingreifender Weise das menschliche Bewußtsein. Mit einem Wort kann sie dahingehend zusammengefaßt werden, daß sich der Mensch von überkommenen Ordnungen, Denkschemata und Verhaltensweisen löst und an die Dinge unvoreingenommener herantritt; jedenfalls nicht so, wie er es gelernt hat. Er tut es, wie man jetzt schon bemerken kann, mit einem daherschießenden Selbstbewußtsein, hinter dem sich bei genauerer Betrachtung eine große Labilität verbirgt. Der Rektor eines bayerischen Predigerseminars brachte diesen Sachverhalt auf eine kurze, ausgezeichnete Formel in bezug auf seine Kandidaten: „Sie sagen provozierend ‚Herr Dietzfelbinger‘; weinen aber, wenn man ihre Predigt kritisiert."

3. Ein weiteres Kennzeichen dieser Welt, in der wir leben, ist ihre Mobilität. Und zwar zunächst eine äußere, an die wir uns bereits zu gewöhnen beginnen. In wenigen Stunden vermögen wir heute Entfernungen zu durchmessen, die früher eine Zeitspanne von Monaten und Jahren erforderten. Die Welt, der Erdball schrumpft zusammen und wird zur Provinz. Es wird also in Zukunft provinzielles Denken im Weltmaßstab geben. Wir müssen uns aber auch auf eine innere Mobilität einstellen, die wir bereits mit der Umwertung aller Werte angedeutet haben. Derartige Veränderungen sind Zeichen eines Auf-

bruchs und zwar eines Aufbruchs in eine bedrohliche Zukunft hinein. Es ist deshalb keineswegs verwunderlich, wenn man bei allem Desinteresse Kirche und Christen doch hier und da fragt, was ihre Botschaft angesichts dieser Umwälzungen zu leisten vermag.

4. Ein weiteres Merkmal ist die Überschwemmung des Menschen mit Information. Die Information reicht bis in den Weltraum hinaus. Ein Gang in die Buchhandlung kann heute zum Alptraum werden. Ein Menschenleben reicht nicht mehr aus, selbst das, was nur dem eigenen Beruf zugeordnet ist, zu lesen. Das schlechte Gewissen, über dieses oder jenes nicht genügend informiert zu sein, wird drängender. Das Nichtinformiertsein wird bereits zur Waffe unter den Menschen: „Was, das haben Sie nicht gelesen?“ Man kann im Grunde nur noch darauf antworten: „Werde ich auch nicht lesen!“ Bestimmte Inhalte muß das Gedächtnis verdrängen, um neue aufnehmen zu können. Immunität gegenüber Information wird eines der Probleme sein, vor denen wir künftig stehen, und es bedarf nur des einfachen Hinweises, daß davon Verkündigung und Zeugnis der Kirche nicht unberührt bleiben.

5. Auch an den Vorgang der Demokratisierung gilt es zu denken. Er gehört der Sache nach wohl, im Blick auf seine politischen Implikationen jedoch nur sehr geprüft in die Kirche. Unter Demokratisierung verstehen wir, daß der Kreis der Mitverantwortlichen und Mitsprechenden größer und eine Durchsichtigkeit und Kontrollierbarkeit aller wesentlichen Entscheidungen erreicht wird. Hand in Hand damit geht allerdings die vor allem an den Universitäten längst offenkundig gewordene Gefahr, daß jeder bei jedem mitredet und bei nichts verantwortlich zeichnet.

6. Die Kontinente und ihre Bewohner rücken zusammen. Die undurchsichtige Verflochtenheit der politischen Sphären, Nachrichtengebung, Technik und Verkehr führen dazu, daß jede lokale Unruhe potentiell zur Weltunruhe werden kann. Es ist infolgedessen damit zu rechnen, daß der Erdball und unser eigenes Land in absehbarer Zeit nicht mehr zur Ruhe kommen. Geistige Strömungen und popularisierte philosophisch-weltanschauliche Strömungen werden durch die genannten Kanäle die Menschen wie Seuchen ergreifen und sie zu Millionen hinnehmen[7].

7. Dies alles wird dazu führen, daß sich der Menschen ausnahmslos eine noch nie gekannte Ratlosigkeit bemächtigt. Die Probleme sozialer und individueller Art entwickeln sich so schnell, daß sich jeder

---

[7] Vgl. 1. Korinther 12,2 „mit Macht von ihnen hingerissen“; nicht wie damals von stummen, sondern von redenden Götzen.

Mensch an irgendeiner Stelle hoffnungslos antiquiert vorkommt. Er wird immer stärker als einzelner und als Gruppe auf Rat und Hilfe angewiesen sein, um sich zurechtzufinden. Das wird weiterhin zu einer Bedeutungszunahme der Psychologie führen. Wird sie die Ratlosigkeit des Menschen bewältigen helfen und erstatten oder zu einem Instrument raffinierter Manipulation sich entwickeln? – Mit diesen wenigen Punkten sei, wenn auch nur in andeutender Weise die Zeitlage beschrieben, die Gesamtsituation, die die Situation des christlichen Zeugnisses im einzelnen umschließt.

Dieses Zeitalter ist also bestimmend für das Zeugnis; bestimmend nicht im Sinne der Herrschaft, die etwas vorzuschreiben hätte, sondern als unbedingt zum Zeugnis gehörender Adressat. Dieser Adressat ist als Partner ernst zu nehmen; d. h. die Rede muß ihm angemessen, seiner Situation entsprechend sein. Damit sehen wir uns vor das Problem der Situationsentsprechung oder Situationsbezogenheit des christlichen Zeugnisses gestellt.

Für sie gibt es folgende Möglichkeiten: 1. Es gibt das Gegenteil, das nicht situationsbezogene Zeugnis. In diesem Fall bestehen zwischen Zeugnis und Adressat keinerlei Beziehungen. Der Zeuge setzt das, was er zu bezeugen hat, einfach ab ohne Rücksicht auf die Aufnahmefähigkeit, auf das Verständnis des Adressaten. Er macht keinerlei Versuch, auf ihn einzugehen. Er kümmert sich nicht um das Je und Je der Stunde. So geschieht es, wenn etwa auf Rückfenstern von Kraftwagen „Gerade Du brauchst Jesus" steht. Viel Ärgerlichkeit und Verdunkelung der Sache Jesu Christi gehen auf Kosten solcher aufgedrängten Zeugnisse, bei denen die Blindheit menschlicher Willkür und Subjektivität den *Kairos* (Gelegenheit) bestimmt und ihn gerade dadurch verfehlt.

2. Das situationsbezogene Zeugnis. Zwischen Zeuge und Adressat besteht eine Beziehung. Diese Beziehung kann verschieden gestaltet sein. – a) Die Identifikation. Der Zeuge identifiziert sich mit dem Adressaten. Dann ist kein Abstand, kein Unterschied mehr zwischen beiden. Das Zeugnis wird nicht mehr hörbar. Dies scheint mir vor allem da der Fall zu sein, wo der Apostolat der Christen auf ihre wortlose Anwesenheit reduziert wird. – b) Die Distanz. Hier handelt es sich um das genaue Gegenteil der eben geschilderten Haltung. Der Abstand zwischen Zeuge und Adressat ist zu groß. Der Zeuge bemüht sich zwar um Entsprechung; aber sie gelingt ihm aus sachlichen oder persönlichen Gründen nicht. Hier dürfte die Gefährdung einer Reihe von Christen und christlichen Gruppen liegen, die sich unter das Diktat der Angst vor der sogenannten modernen Theologie begeben haben. Sie sind zu ängstlich, um „aus dem Lager" (Hebr. 13,13) herauszugehen, wo natürlich die Gefahr besteht, daß sie mit ihren

Auffassungen „gekreuzigt" werden. – c) Die Kondeszendenz. Unter Kondeszendenz ist zu verstehen, daß Gott in Christus sich dienend und erleidend der Menschheit gab, sich den Gesetzen des Werdens und Wachsens unterwarf und doch zugleich – ein erneutes Paradoxon – blieb, der er war, sich selber und seinem Vater treu. Nach reformatorischer Lehre nimmt der Heilige Geist an der Kondeszendenz des Sohnes teil. Ist es aber der Heilige Geist, der es beim Zusammentreffen von Offenbarungsträgern und Situation zum Zeugnis kommen läßt, dann geht er ungeschieden in die Situation hinein und bleibt doch unvermischt mit ihr. Darin besteht die Situationsbezogenheit des christlichen Zeugnisses: Es geht ganz in die Situation hinein, entspricht dem Je und Je der Stunde und bleibt doch Gegenüber, Du und Gabe in derselben.

III. Bekennen und Bezeugen

Wir nehmen als Christen, die zugleich Zeugen sind, teil an Gottes Kondeszendenz. Wir sind dem Mitmenschen verbunden und Gott verpflichtet, von Gott angenommen und zugleich in die Welt entlassen. Daraus entstehen die beiden fundamentalen Aufgaben, mit der Schrift und als Zeitgenossen zu reden. Die eine Aufgabe, mit der Schrift zu reden, steht jetzt nicht zur Diskussion. Es geht um eine zweite, die erste voraussetzende Aufgabe. Unter diesem Vorzeichen nehmen wir unsere Bestimmungen des nachchristlichen Zeitalters wieder auf und stellen folgendes fest:

1. *Die nachchristliche Welt ist selbst Trägerin eines Zeugnisses.* – In Jesaja 1,2a „Höret, ihr Himmel, und Erde, nimm zu Ohren, denn der Herr redet!" wird das denkbar weiteste Forum, Himmel und Erde, zum Zeugen der Anklage Gottes gegen sein Volk aufgerufen. Die nachchristliche Welt ist Zeugin der Anklage Gottes gegen sein Volk. Es müßte jetzt – was nicht möglich ist – auf das Problem des Gegensatzes gegen die Kirche und auf die Unruhe in ihren eigenen Reihen eingegangen werden um zu vernehmen, wie viel Zeugnis gegen uns in den uns zunächst so empörend erscheinenden Vorgängen verborgen und offenbar ist. Wer also in der nachchristlichen Welt Zeugnis ablegen will, kann es nicht tun, ohne seinerseits das Zeugnis zu vernehmen, das sie über uns zur Demütigung und zum Gericht spricht. Wir können also nur büßende Zeugen sein, bekennende und sich aufs neue zur Nachfolge hinkehrende. Das sieht konkret so aus: Manchmal möchte ich sagen: „Ich kann mich doch nicht unablässig für die Sünden der Kirche im Lauf der Jahrhunderte entschuldigen!" Aber ich sage es nicht; sondern gehe in meiner Zustimmung zur Kri-

tik an Christentum und Kirche so weit mit, wie ich es sachlich und der Wahrheit entsprechend verantworten kann.

2. *Das Zeugnis in der nachchristlichen Welt hat vorwiegend die Gestalt des Dialogs.* – Die Notwendigkeit dieser Gestalt ist durch die Stichworte „Bewußtseinsveränderung", „Demokratisierung" und „Ratlosigkeit" gegeben. Unter Dialog verstehen wir die möglichst vorurteilsfreie Unterredung zwischen zwei oder mehreren Personen. Dialog ist etwas anders als Diskussion. In der Diskussion geht es um das Durchsetzen eigener Standpunkte und Ziele. Die Diskussion kann ein Überredungs- und Überzeugungsversuch sein. Der Dialog läßt den Ausgang offen. Seine Atmosphäre ist heiterer. Verbissene Christen sind meistens schlechte Zeugen. Weder Überredung noch Überzeugung kennzeichnen den Dialog, sondern Überraschung. Zum Dialog gehört das Unerwartete, das gemeinsame Verlangen nach Wahrheit, nicht das Bewußtsein, sie zu besitzen. Was das Zeugnis betrifft, so wird es sich um die dialogischen Formen des Sachgespräches, des Seelsorgegespräches und des Streitgespräches handeln.

a) *Das Sachgespräch.* – Es ist viel leichter, sich mit Heldenbrust gegen einen reißenden Strom zu stemmen als in einem Sachgespräch die geistliche Dimension aufzuzeigen. Man spürt etwas von der Tatsache, daß Gott verdrängt worden ist und erkennt, daß er nicht einmal in dem Raum eines Gespräches Herberge hat. Vielleicht liegt das Wesentliche gerade darin, daß man im Dialog die verhandelte Sache und den aus ihr Herausgedrängten zusammen bedenkt. Eduard Thurneysen hat diese Art des Bedenkens, Hörens und Sprechens, die die Sache des Menschen und die Sache Gottes in einem Vorgang vernimmt und vernehmen läßt, unübertrefflich beschrieben: „Es muß ein gebundenes, ein gehorsames, und das heißt ein den anderen Menschen im Zuhören innerlich bereits mit in den Bereich des Wortes hereinnehmendes Hören sein"[8]. Das ist sinngemäß auch auf das Sprechen zu übertragen und schließt, was wir (vgl. oben) über den *Kairos* gesagt haben, mit ein. Ihn abzuwarten, ihn erkennen zu lernen und dann den Mut des Glaubens und die angemessene Sprache zu erbitten, das gehört zum Zeugnis im Sachgespräch.

b) *Das Seelsorgegespräch.* – Wir erinnern uns an die aufkommende Ratlosigkeit innerhalb der komplizierter werdenden Welt. Sie macht unsere Zeit zur „Stunde der Seelsorge"[9]. Das Gespräch in der Seelsorge gehört zu den Feldern, auf denen der Christ sich als Zeuge gefordert sieht. Es ist in sehr vielen Fällen ein methodisches Gespräch, dessen Christlichkeit nicht im religiösen Charakter seiner Thematik liegt. So erweist es sich als dem Sachgespräch nahe ver-

---

[8] Die Lehre von der Seelsorge. München 1948, S. 110 ff., 112.
[9] Vgl. das gleichnamige von H. Jetter herausgegebene Buch. Heidelberg 1970.

wandt; durch die Modifikation psychologischer Gesprächsmethoden wird es dem psychischen Aspekt menschlicher Nöte angemessener. Auch wenn die Aufnahme der Psychologie in die Seelsorge die gegenwärtigen Bemühungen der Poimenik kennzeichnet, darf darüber die theologische Dimension seelsorgerlicher Gespräche nicht verlorengehen. Sie kommt, wo es Atmosphäre und Verlauf des Gespräches zulassen, dadurch zum Ausdruck, daß das Besprochene in den Horizont des Evangeliums und der gnädigen Herunterlassung Gottes gerückt wird. Daß dabei das Bezugssystem der Gedanken und Gefühle nur in Ausnahmefällen verlassen werden darf, sollte selbstverständlich für einen sich als Zeugen verstehenden Seelsorger sein.

c) *Das Streitgespräch.* – Es ist im Neuen Testament und im Wirken Jesu als Möglichkeit des christlichen Zeugnisses reichlich vorhanden. Als Gestalt und Mittel unseres eigenen Zeugnisses müssen wir es erst wieder entdecken. Da, wo wir es kennen und nicht zu entdecken brauchen, als Art der Kommunikation unter Theologen, hat es eher abstoßenden als überzeugenden Charakter. Auch muß unterschieden werden zwischen dem Streit des starren Protestes, der verständnislosen Polemik und dem Streit im Grunde Zusammengehörender, denen es um die Klärung einer Sache geht und die sich darüber aufs neue gewinnen wollen. Wir haben noch wenig Erfahrung darin, wie man inmitten heftiger Auseinandersetzungen und ungewohnter Härte der Argumentationen zum Zeugnis durchstößt. Wir haben aber erfahren, daß es in solchen Gesprächen Augenblicke gibt, in denen die Form der Diskussion verlassen werden muß, weil sie vom anderen verlassen wird, in denen nur noch Bekenntnis gegen Bekenntnis steht. Nur noch im Leiden erweist sich die persönliche Gründung des Bekennenden und Bezeugenden so unerläßlich wie hier.

3. *Das Zeugnis in der nachchristlichen Welt trägt die Gestalt des Eintretens für bedrängte Menschen.* – Die Notwendigkeit dieser Gestalt ist vor allem durch die Stichworte „Mobilität" und „Weltunruhe" gegeben. Die unerhörten Umwälzungen, die heute durch die Gesellschaft gehen, lassen über Nacht Menschen an den Rand dieser Gesellschaft gelangen, die bisher zu den Geachteten oder lediglich Unbeachteten, Unauffälligen zählten. Man spricht heute überall davon, daß es Aufgabe der Kirche sei, für bedrängte Minderheiten einzutreten. Das ist selbstverständlich richtig. Wir dürfen uns aber nicht durch bestimmte politische Ideologien vorschreiben lassen, wer diese Minderheiten sind, sondern nur durch die Realität ihrer Bedrängnis. Es kann nämlich geschehen, daß man seinem Zeugenauftrag nur dadurch gerecht wird, daß man sich auf die Seite von Menschengruppen und Ständen stellt, die zu Sündenböcken der Gesellschaft gestempelt werden und an denen sich Massenaggressionen abreagieren. So

haben wir heute und wohl zu allen Zeiten Arme unter uns, die ganz gut verdienen, zu denen sich Jesus aber gesellen will, weil ihnen durch die Gewalt der Worte und die Unfähigkeit, sich mit gleichem Terror zu wehren, Leid zugefügt wird. Für sie einzutreten, kann ein Zeugnis sein, das auf der ganzen Linie dem gleichen Mißverständnis ausgesetzt ist, wie das Zeugnis Jesu. In der Treue, das Warum unseres Eintretens unentwegt zu begründen, wird dann das „Christliche" in Intention und Motivation aufleuchten. Das Zeugnis gewinnt unter solchen Umständen eine große Nähe zum Bekenntnis; denn man kann sich nicht zu Christus bekennen, ohne sich für diejenigen einzusetzen, unter deren Armut und Leiden er sich verbirgt.

4. *Das Zeugnis in der nachchristlichen Welt nimmt immer wieder die Gestalt des Leidens an.* – Gewiß war das Leiden auch eine Gestalt des Zeugnisses in der christlichen Welt. Jetzt und in Zukunft wird es Leiden unter den in Teil II aufgezeigten Bedingungen sein. Wir erwähnten unter den Merkmalen des säkularen Zeitalters das bewußte Außenseitertum. Es könnte sein, daß sich ein Christ plötzlich unter ihnen und zu ihnen gezählt vorfindet. Wo alle zur Kirche, zum Christentum gehören, in einer sogenannten christlichen Gesellschaft, wird die christliche Existenz in ihrer abgeblaßten Form als etwas Normales empfunden. Je mehr aber sich derartige Verhältnisse ändern, desto stärker werden bewußte Christen als Außenseiter, als Narren der Gesellschaft erscheinen. Glaubende müssen dieses Schicksal der „Törichten in Christo" auf sich nehmen; nur ja nicht selbst gewählt, sondern hineingeführt in Situationen, in denen sie plötzlich, wenn sie vom Evangelium her argumentieren, allein sind, von Worten, Blicken und Gebärden der Verachtung festgenagelt. Das sind keine theoretischen Sätze. Man kann sie erleben. Das Leiden, das nach dem Neuen Testament zum Zeugnis über andere gelitten wird, wird im Zeitalter der Rationalität und der Reflexion so aussehen, daß man die Bekennerzeugen ärgerlich oder auch mitleidig als dumm und borniert, rückständig und reaktionär bezeichnet; d. h. nicht der Rede und der Beachtung wert.

Wir können deshalb nicht umhin, am Schluß unserer Darlegungen noch ein paar Sätze über das Martyrium anzufügen, das doch wohl der Fluchtpunkt des tatsächlichen Christuszeugnisses ist. Im Martyrium werden die Zeugen der Augen und Ohren, der Zunge und der Lippen zu Zeugen des Leibes und Lebens, zu Blutzeugen. Es muß nicht immer das Blutzeugnis sein. Es gibt genug Formen, die es dazu nicht kommen lassen, dennoch aber eine psychologisch gezielte Weise tödlicher oder zumindest kränkender Peinigung darstellen. Darüber zu sprechen wird weithin als Pessimismus angesehen, auch in der Kirche. Wir besitzen daher fast keine Theologie des Martyriums in unseren Tagen. Wo ein Ansatz zu ihr gemacht oder darauf hingewiesen wurde, trat geflissentliche Überhörung auf den Plan[10]. Merkwürdigerweise hat auch im Gegensatz zum Tode Traugott Hahns nach dem 1. Weltkrieg das Sterben Dietrich Bonhoeffers nach dem 2. Weltkrieg nicht zu einer Besinnung über den gewaltsamen Tod von Christen geführt. Damit ging die Christenheit, zumindest bei uns in Deutschland, an einer entscheidenden Dimension ihres Lebens und Form ihres Zeugnisses vorüber. Im Neuen Testament ist die Feindschaft der Umwelt, die daraus entstehende Betrübung der Christen und deren Haltung in diesen Nöten eine spezifische Form der Bezeugung des Evangeliums. Die altkirchliche Martyriumstheologie sieht darin die Haltung des Christus selbst, der in den Seinen wirkt und sich so ins Sichtbare verdichtet. Im Festhalten am Zeugnis der Hoffnung in einer Situation, in der man sich von Gott verlassen, von den Menschen vereinsamt und dämonischen Mächten preisgegeben vorkommt, wird Christus in seinen Zeugen anschaubar. Die Möglichkeit solchen Zeugnisses ist nicht nur Verhängnis, sondern Verheißung für die Kirche. Durch Leiden um ihres Zeugnisses willen werden einzelne und wird die Kirche gesegnet. Das ist die ernsteste, vielleicht uns unmittelbar bevorstehende Gestalt des Zeugnisses im nachchristlichen Zeitalter.

---

[10] In den Werken oder Predigten von Hans von Campenhausen, Herbert Girgensohn, Arnold Schabert und Eduard Steinwand ist eine Nähe zum Martyrium vorhanden.

Askese und Freiheit zum Feiern

Die Welt braucht den Verzicht

I. Von der Übung im christlichen Leben

Als die Ölkrise ausbrach, wurde an einigen Sonntagen ein Fahrverbot für Privatautos behördlich verfügt. Der Verzicht auf Ausflugsfahrten und damit der Verzicht auf Benzinverbrauch wurde von den Bundesbürgern als notwendig eingesehen und hingenommen.

Ganz anders würde es vermutlich aussehen, wenn ohne Verfügung von oben dazu aufgerufen würde: jede Familie möge pro Woche auf ein Pfund Mehl, Zucker oder Fleisch verzichten, um endlich einen gerechten Ausgleich mit den Hunger leidenden Ländern herzustellen. Ein solcher Aufruf würde wahrscheinlich sofort zahllose Einwände erstehen lassen.

Wenn es den Leuten nicht ans eigene Leben geht oder wenn nicht eine staatliche Anordnung dafür sorgt, ist der vielbesprochene Konsumverzicht nicht ihre Sache. Die bloße Ermahnung hilft nichts. Der lediglich zum Verbrauchen erzogene Mensch steht der Askese in jeder Form fern.

Doch trotz allen Unbehagens hat die Askese wieder Bedeutung gewonnen in unserer Zeit. In der Ablehnung überlieferter und übertriebener Formen, soweit sie im Raum der Kirchen noch in die Gegenwart ragen, regt sich eine konstruktive Kritik; „nicht weniges, was früher gut war, ist es heute einfach deshalb nicht mehr, weil die Situation sich geändert hat, in wir leben" (K. Rahner). Im Protest der Jugendlichen gegen fehlende Askese bei den Älteren kündigt sich ein neues Gespür dafür an, daß eine Einübung in Selbstbeschränkungen verschiedenster Art von lebenserhaltender Bedeutung in der Überflußgesellschaft sein kann. Deshalb geht vom Stichwort „Askese" auch etwas Faszinierendes aus; denn es verheißt noch unentdeckte Möglichkeiten.

Das griechische Wort „Askesis" (Übung) hatte einen vorwiegend positiven Sinn. Es bezeichnete das Tun des Athleten zum Erreichen eines sportlichen Zieles. Durch beharrliches Training und Beschränkung in bezug auf Genußmittel und sexuelles Leben härtete er seinen Körper ab und konzentrierte seine Kräfte auf den Einsatz.

II. Begegnung zweier Welten

Diesen Weg zur sportlichen Ertüchtigung übertrug man schon früh auf das geistige Leben der Menschen. Die Askese wurde jetzt zur bewußten, fast bis ins Technische ausgebildeten Übung in der Beherrschung der Gedanken und Triebe. Im Zuge dieser Tendenz zur Selbstverinnerlichung gewann das Moment der Enthaltsamkeit zunehmende Bedeutung. Als die Zeit des Neuen Testaments begann, hatten sich die Akzente der Askese verschoben.

Begibt man sich aus dem hellenistischen Spätjudentum ins Neue Testament, so hat man das Gefühl, einen hellen, lichten Raum zu betreten. Da begegnen sich zwei Welten. Eine solche Begegnung erfolgte, als Angehörige des Kreises um Johannes, den Täufer, Jesus fragten: „Warum fasten die Jünger des Johannes und der Pharisäer, und deine Jünger fasten nicht?" Die Antwort Jesu lautete: „Wie können die Hochzeitsleute fasten, wenn der Bräutigam bei ihnen ist?" Sie können jetzt nicht fasten; denn es ist Freudenzeit. Die den Menschen beschwerenden Auflagen, die gegen seinen Körper gerichtet sind, gelten nicht mehr.

Das Neue Testament enthält neben seiner Weltfreudigkeit jedoch auch offenkundige Weltdistanz. An seinen asketischen Klängen haben sich viele gestoßen, ohne den grundsätzlichen Unterschied zwischen Spätantike und Bibel ernsthaft zu beachten.

Dank statt Zwang

Da ist zuerst vom Verzicht im christlichen Leben die Rede. Paulus vergleicht den Christen mit einem Wettkämpfer, „der sich in Zucht hält und auf alles verzichtet" (1. Kor. 9,25). Davon sprechen mehrere Regeln; z. B. „Haltet euch frei von der Gier nach Geld und seid zufrieden mit dem, was ihr habt" (Hebr. 13,5). In solchen Regeln haben wir situationsbedingte Konkretisierungen des Verzichts im christlichen Leben vor uns. Ein zweiter Aussagekreis handelt von der Übung im christlichen Leben. Er nimmt das Element des Trainings aus der Betätigung des Athleten auf. In biblischen Zusammenhängen ist die Übung in der Gottesfurcht, die Schärfung der Sinne, Gutes und Böses zu unterscheiden und die Bewahrung eines guten Gewissens gemeint.

In der Welt des Glaubens gibt es Dinge, die erlernt werden können und geübt werden müssen. Alle asketischen Anweisungen des Neuen Testaments sind nie Zwang, vielmehr Dank und Antwort auf ergangenes Wort Gottes.

Das Niveau dieser neutestamentlichen Klarheit und Nüchternheit konnte nicht gehalten werden. Religiöse Anschauungen, man müsse sich durch Entsagung und Entsinnlichung mit den göttlichen Mächten verbinden, nahmen später überhand. Es entstand die Forderung, durch Askese dem Leben Christi gleichförmig zu werden. Seitdem denkt der moderne Mensch, wenn er von Asketen hört, an Übertreibung, Säulenheilige, Inquisition und Antisexualität.

Der reformatorische Protest richtete sich gegen die zwei großen Gefährdungen der mittelalterlichen Askese: Leibfeindlichkeit, Verdienstgedanke (das heißt, man verdient sich durch Kasteiung die Gnade) und Gesetzlichkeit. Die Reformatoren dachten wieder biblisch und nüchtern: Man soll sich keine selbstgewählten Kasteiungen auferlegen; Kreuz und Leiden kommen von selbst. Besondere Askese, wenn sie geübt wird, hat den Sinn, den Leib für die göttlichen Dinge geeigneter zu machen.

Was heißt nun heute Verzicht, was heißt Übung im christlichen Leben; was heißt Freiheit zum Feiern?

III. Der Weg aus dem Teufelskreis

Langsam, viel zu langsam wächst die Erkenntnis, daß die Industrienationen aus dem Teufelskreis „Beanspruchen – Verbrauchen", „Produzieren – Wegwerfen" herauskommen müssen. Nur durch Einschränkung im Materiellen hier kann Ausgleich bei Unbemittelten dort erfolgen. Wie das im Blick auf die Armut unterentwickelter Länder am besten geschieht, wird volkswirtschaftlicher und politischer Kompetenz zu überlassen sein.

Wir werden dadurch als Christen kenntlich sein, daß wir durch Einschränkung im Persönlichen einen Beitrag zur Überwindung eines überpersönlichen Problems leisten. Ohne bejahten Verzicht im Materiellen scheint unsere Welt weniger und weniger bestehen zu können. Sie erträgt das vom Menschen produzierte Material nicht mehr und geht unter seiner Last zugrunde.

Ohne Verzicht kommen wir aber auch in unserem eigenen Leben nicht zurecht. Menschen, die nicht verzichten können und beständig in einer Anspruchshaltung leben, stellen eine schwere Belastung für ihre Umwelt dar. Reif werden hängt damit zusammen, seine Wünsche mit der Wirklichkeit in Einklang zu bringen, also verzichten zu lernen.

Nun liegt aber im Wort „Verzichten" auch etwas Aktives und die Freiheit der Wahl. Verzichten ist immer etwas von uns Ausgehendes.

Wir wählen einen Verzicht, wenn uns bestimmte Aufgaben oder

persönliche Umstände dazu bewegen. Wir verzichten auf Schlaf, wenn wir eine wichtige Arbeit vollenden, auf Freizeit, wenn wir mehr verdienen wollen. Wir verzichten auf Alkohol, wenn wir ihn nicht vertragen und auf eine Reise, wenn im Zielgebiet Terror und Seuchen herrschen. Der freiwillige Verzicht steht demnach in der Regel im Dienste der Lebenserhaltung oder Lebenssteigerung.

IV. Entsagung statt Auflehnung

Freiwilliger Verzicht wird aber auch Gott und Menschen zuliebe geübt. Wir verzichten auf einen Termin, um einen Krankenbesuch zu machen. Wir verzichten auf eine Fernsehsendung, um eine kirchliche Abendveranstaltung zu besuchen. Das sind sehr unscheinbare Beispiele; aber sie deuten an, „auf welchem Gebiet jene kleinen, alltäglichen Verzichte zu suchen sind, auf die es im geistlichen Leben auch heute noch ankommt" (K. Rahner).

Ungleich einschneidender ist der auferlegte Verzicht. Er gehört zu den größten Kümmernissen des Lebens. Er ist da vorhanden, wo ein Mensch auf Befriedigung im Beruf, tragende Gemeinschaft, Ehe, Kinder, Wiedererlangung der Gesundheit und Einigkeit im Glauben verzichten muß. Derartige Versagungen werden immer als Verkürzung des Lebens empfunden, als Benachteiligung; denn alles, was das Leben unausgefüllt, einsam, sinnlos und unglücklich erscheinen läßt, ist irgendwie mit einem Verzichtenmüssen verbunden. Der betreffende Mensch hat keine echte Wahl mehr. Er muß ein Verhältnis zum Unabänderlichen finden, es entweder als auch sinnerfüllt annehmen lernen oder in der beständigen Nichtannahme verzweifeln.

Im Gefolge eines unbewältigten Verzichts steht häufig die Auflehnung gegen alles, gegen Menschen, gegen Gott. Die Bewältigung hingegen beginnt, wo ein Mensch fragt, welches Wissen ihm durch die Wegnahme zuwachsen soll. Die Bewältigung schreitet fort, wenn seelsorgerliche Menschen dem Leidenden darin Beistand leisten.

Eine Hilfe sind die Worte Jesu vom Kreuz-Tragen (Mt. 10,38; Lk. 14,27). Sie erinnern die glaubende Gemeinde, daß Gott nicht über dem Weltleid wohnt, sondern unter die Leidenden gegangen ist. Sie eröffnen ihr, daß der Weg der Nachfolge nicht ohne Selbstentsagung begangen werden kann. Sie helfen tragen, daß wir letztlich den Sinn der namenlosen, leidvollen Verzichte nicht wissen. Sie lassen ahnen, daß letztlich in der Minderung des Lebens eine Mitteilung wohnt, eine Zulegung, durch die Gott zu sich zieht. . .

V. Das Leben als Übungsplatz

Fragen wir weiter nach der Übung im christlichen Leben. Neben die bejahte Entsagung, um die Nachfolge durchzuhalten, tritt die bewußte Einübung in den Glauben, um in seinen Vollzügen heimisch zu werden.

Üben heißt: etwas zum Erwerb einer Fähigkeit und zu ihrer Bewahrung wiederholt tun. Wir bekommen einen Ton auf der Flöte oder einen Buchstaben des Alphabets gezeigt, und wir wiederholen ihn so lange, bis wir ihn können. Und wenn wir ein Flötenstück oder eine sinnvolle Abfolge von Worten, zum Beispiel ein Gedicht können, müssen wir es in gewissen Abständen wiederholen, um es zu bewahren.

Dies gilt auch für den geistlichen Bereich; denn der Glaube ist mehr als bloße Gesinnung. Er ist auch gelebter Vollzug. Deshalb können die Elemente, die ihm Gestalt geben, gelernt und geübt werden. So sehr die Heilsfrage sich allein durch Glauben entscheidet – Glauben heißt sich verlassen auf Gott und Christus, den Sohn – so sehr bedürfen der Übung, das heißt der geregelten Wiederkehr: das Bibellesen, das Beten, die Meditation, der Umgang mit biblischen Einzelworten, die zum arbeitenden Wissen in uns werden sollen, um das gemeinsame bibelbezogene Gespräch. Geübt werden müssen: der Gang zum Gottesdienst besonders mit der Familie, das Hören der Predigt, das Verhältnis zur Liturgie. Der Übung bedarf das Tun des ergangenen Wortes in der konkreten Situation. So haben die Apostel ihre Ermahnungen verstanden: das tägliche Leben als Übungsplatz des Geglaubten. Gerade die Evangelische Theologie mit ihrem Hang zur Gelehrtenreligion wird sich diesen „asketischen" Zug wieder aneignen müssen.

VI. Ruhen in Gott

Freiheit zum Feiern! Menschen, die nicht unaufhörlich ihren Ansprüchen leben, die verzichten und sich in Gott ehrende und dem Nächsten nützende Betätigungen einüben, stellen eine Wohltat für ihre Umgebung dar. Von ihnen geht etwas aus, das wir Freiheit zum Feiern nennen. Befreit von den Verstrickungen in die nicht endenwollende Selbstbesorgung ruhen sie in Gott und begehen seinen Tag.

Man kann sie von den andern kaum unterscheiden. Manchmal aber merkt man, daß sie ihre Wurzeln nicht mehr im Wortgeräusch, sondern im Wort Gottes haben. Sie sind stiller; deshalb haben sie mehr zu sagen.

Das Martyrium —
Verhängnis oder Verheißung?

I.

Der Hebräerbrief enthält eine Aufforderung, die zu den bekanntesten Worten des Neuen Testamentes gehört: „Gedenket an eure Lehrer, die euch das Wort Gottes gesagt haben; ihr Ende schauet an und folget ihrem Glauben nach" (13,7). Auf diese Mahnung beruft man sich häufig, wenn von einem verstorbenen Lehrer der Kirche die Rede ist. Der Apostel des Hebräerbriefes hat sie jedoch vermutlich weiter gefaßt. Er bezog sie – vielleicht sogar in erster Linie – auf diejenigen Christen, die ihr werbendes Zeugnis für Christus mit dem Tode besiegelt haben. Er meinte die Märtyrer.

In der urchristlichen Gemeinde war der Märtyrer unter allen Umständen ein Zeuge. Nicht jeder beliebige Christ, der seines Glaubens wegen starb, erhielt hier diesen ehrenden Namen. Er blieb für die vorbehalten, deren Verkündigungsamt sich in der Hingabe des Lebens vollendete. Erst später wurden auch Laien, die für ihren Glauben starben, als Märtyrer bezeichnet. Märtyrer im christlichen Sinn heißen seitdem alle, die für ihr Zeugnis von Jesus und für ihren Glauben an ihn getötet werden. Ihr Ende sollen wir anschauen und ihrem Glauben folgen. An sie soll die Kirche gedenken.

II.

Dieses Gedächtnis ist bei uns weithin unterblieben. Während die römischen Christen und die Kirche des Ostens in einer dauernden und inneren Beziehung zu ihren Märtyrern stehen, haben wir nur ein sehr undeutliches Verhältnis zu ihnen gefunden.

Wir wissen zwar, daß es seit Stephanus eine große Zahl von Blutzeugen in der Kirche gegeben hat, die ihr Bekenntnis zu Christus mit dem Tode bezahlten. Aber im allgemeinen sah man in unserer Kirche im Märtyrertum ein Zeichen der Standhaftigkeit, vor dem man Ehrfurcht hatte, das man jedoch nur nachlässig zu Herzen nahm. Und was die Jahre und Jahrhunderte der Verfolgung betraf, so empfand man sie vielfach als eine barbarische und durch Fanatismus verblendete Zeit, die endgültig der Vergangenheit angehört. Friedrich Schleiermacher hielt das Martyrium für überholt. Im Jahre 1833 sagte er:

„Jetzt liegen die Zeiten der Verfolgung um des Evangeliums willen hinter uns."

Der plötzliche Durchbruch eines neuen Martyriums auf den Missionsfeldern im 19. Jahrhundert und durch die Machtergreifung der Bolschewiken in Rußland und der Nationalsozialisten in Deutschland wirkte darum fürs erste wie ein Schock, der Leib und Seele lähmte. Dieses Erschrecken verband sich nach dem ersten Weltkrieg mit dem Namen des Dorpater Universitätspredigers Traugott Hahn und nach dem zweiten Weltkrieg mit dem Namen Dietrich Bonhoeffers. Aber schon bei ihm trat die Tatsache seines Zeugentodes hinter den Problemen, die seine Theologie hinterließ, zurück. Der Gedanke des Martyriums kam nicht zum Tragen.

Das ist um so merkwürdiger, als das Leiden in Gestalt der Kirchenverfolgung in der DDR erneut an unsere Türe klopft. Auch wenn man in bezug darauf unter dem Martyrium nicht nur das Blutzeugnis, sondern jede Drangsal um Christi willen versteht, können wir diesen Geschehnissen gegenüber keine Zuschauerhaltung einnehmen. Vieles, was wir von dort hören, müßte auf uns und unsere Kirche schlechthin alarmierend wirken. Die Art dagegen, wie man bei uns im Westen zum Teil darauf reagiert, zeigt sehr deutlich, daß man sich mit dem Wesen des Martyriums noch nicht auseinandergesetzt hat. Wir leben in einer dem Martyrium entfremdeten Kirche.

Eine Kirche wird dem Martyrium entfremdet, wenn sie von den öffentlichen Mächten anerkannt bzw. geduldet wird oder wenn in ihr Unklarheit hinsichtlich ihres Auftrages herrscht. Unsere Kirche ist einerseits von einer unterdrückten Einrichtung zu einer privilegierten Größe aufgestiegen, deren Wort bei Entscheidungen des öffentlichen Lebens gehört wird. Andererseits gleicht sie, was ihren Auftrag betrifft, einer Philosophenschule und einem Sprechsaal der Meinungen. Unter der Vielzahl ihrer Stimmen ist die Frage nach der Bedeutung von Verfolgung und Leiden für ihr geistliches Leben fast ganz verstummt. Eine plötzlich oder langsam hereinbrechende Unterbindung ihrer gegenwärtigen Möglichkeiten würde infolgedessen wie ein schweres Unglück wirken. Einer repräsentierenden Kirche ist der Gedanke, daß der moderne Mensch ihren gutgemeinten Dienst mit Feuer und Schwert oder mit noch hinterhältigeren Mitteln quittieren könnte, im Grunde fremd. Ihr muß das Gedächtnis an die Märtyrer entbehrlich und das Martyrium als reines Verhängnis erscheinen.

III.

Im Neuen Testament hingegen ist das Martyrium nicht Verhängnis, sondern Verheißung. Es wird als beinahe selbstverständliche Begleiterscheinung der Verkündigung und des Bekenntnisses verstanden. In seinen Sendeworten weist Jesus ohne Umschweife darauf hin: „Siehe, ich sende euch wie Schafe mitten unter die Wölfe" (Mt. 10,16). Nicht Herdentrieb, sondern Wagemut und Leidensbereitschaft wird von den Jüngern erwartet. Kein Staatsgesetz wird sie schützen, keine öffentliche Meinung sie tragen, keine Waffe für sie eintreten. Wenn sie wirklich Christus folgen, wird es nicht windstill um sie sein, denn er geht voran – zu den Wölfen. Darüber läßt der Herr seine Kirche nicht im Unklaren.

Er sagt ihr das aber nicht, um sie zu erschrecken. Sie soll gerade in dieser Situation seiner Fürsorge gewiß sein. Er will sie im Martyrium besonders begnadigen. Darum fügt er zu den Sendeworten die großen Segensworte: „Wenn sie euch überantworten werden, so sorget nicht, wie oder was ihr reden sollt; denn es soll euch in der Stunde gegeben werden, was ihr reden sollt. Denn ihr seid es nicht, die da reden, sondern eures Vaters Geist ist es, der durch euch redet" (Mt. 10,19 f.). Und die Segensworte münden in eine Seligpreisung: „Wer aber bis an das Ende beharret, der wird selig" (Mt. 10,22). Diese Verheißungen waren in allen Verfolgungszeiten ein Licht der Kirche. Ihre Erfüllung wurde nicht nur immer wieder erfahren, sondern stärkte die Leidenden auch in ihrer Treue zum Glauben.

In Jesu Sende- und Segenswort und in seiner Seligpreisung der Beharrenden treten uns die Grundzüge einer Theologie des Martyriums im Neuen Testament entgegen.

1. Unbeirrte Nachfolge führt ins Leiden. – Die Christen der ersten Zeit rechneten von vornherein damit, daß der Glaube unter Bedrohung gelebt werden muß. Sie wußten es nicht nur aus der Weisung Jesu, sondern sahen sich auch beständig vor diese Tatsache gestellt. Was sie in der Öffentlichkeit zu sagen hatten, rührte an deren heiligste Gefühle, an die Allgewalt des Staates, an die Sünden der Mächtigen und an die leichtfertige oder fromme Einstellung der Massen. Wer daran rührt, wird verfolgt und zum Schweigen gebracht. Oft genügte auch schon das andere Verhalten der Christen in bestimmten Lebensentscheidungen oder ihre andere Einstellung zu bestimmten Lebensfragen, um sie verächtlich zu machen. So kam es, daß die Apostel den Gegensatz der Umwelt zur Gemeinde Jesu fast als normale Lage betrachteten. Vielfach verfaßten sie ihre Schriften und Briefe auch unter dem unmittelbaren Eindruck von Martyrien. Die Offenbarung des Johannes stellt wohl als Ganzes eine Trostschrift für eine Märtyrerkirche dar. In ihr wird Christus der „getreue Zeuge" (1,5 und 3,14), sozusagen der „Erzmärtyrer" genannt. Aus diesen Zeugnissen geht eine völlig nüchterne Einschätzung der Stellung des Christen in der Welt hervor. Diese Einschätzung verliert nichts von ihrer Gültigkeit, wenn die Kirche, wie es heute ist, Frieden mit der Welt geschlossen hat. Wo das Bekenntnis zu Christus nur ein einziges Mal wirklich und zur richtigen Stunde ausgesprochen wird, ist die alte, urchristliche Situation wieder da: Wie Schafe unter den Wölfen! So kann das Leiden geradezu ein Kriterium echter Verkündigung und Nachfolge sein.

2. *Die Leidenden werden in geheimnisvoller Weise von Christus gehalten.* – Die Standhaftigkeit der Märtyrer wirft die Frage nach der Kraft auf. Woher haben schwache Menschen das Vermögen, bis ans Ende zu beharren? Diese Frage entsteht aber auch, wenn außerhalb des Glaubens an Jesus für eine Überzeugung gelitten und gestorben wird. Ein Mensch kann so erfüllt von seiner Sendung sein, daß er dafür willig stirbt. Von daher hat man auch das christliche Martyrium zu deuten versucht und in ihm eine heldische und mutige Lebenshingabe für eine persönliche Überzeugung gesehen.

Diese Deutung geht am Wesen des Zeugentodes nach biblischem Verständnis vorbei. Auch die Märtyrer selbst hätten sie zurückgewiesen; denn die Furcht vor der Verleugnung begleitete viele von ihnen bis zuletzt. Keiner konnte sich seines Standhaltens gewiß sein. Ihre Stärke beruhte vielmehr auf Gottes Kraft und war die Furchtlosigkeit der Gottesfürchtigen. Nicht sie hielten die Treue, sondern Christus in ihnen. In geheimnisvoller Weise wurden sie von ihm unterstützt und gehalten. Er war die Macht der Ohnmächtigen.

Das trat schon auf ihrem Todesweg in den Christenprozessen der Verfolgungszeit zutage. Die frühe Gemeinde muß von der Art und Weise, wie die vor Rathäuser und Schulen Geschleppten dort Zeugnis von ihrem Glauben ablegten, einen tiefen Eindruck erhalten haben. Das konnte nicht ihr eigenes Wort, sondern nur das in ihnen wohnende Wort Christi, der Heilige Geist gewesen sein. Derselbe Geist war es auch, der als Mut, Geduld und Tapferkeit im Leiden nach außen sichtbar wurde. Deshalb konnte die Offenbarung sagen: „Sie haben überwunden durch des Lammes Blut und durch das Wort ihres Zeugnisses" (12,11); oder m. a. W., in der Gemeinschaft Jesu haben sie gelitten, geendet und gesiegt. Er war ihre Stärke und wird es sein, wo einer für ihn leidet.

Das echte Martyrium ist nie eine Leistung des Menschen, sondern Gnade. Gnade ist es einfach deshalb, weil die Furchtbarkeit des Leidens den Jünger überfordert, wenn er nicht von seinem Herrn gestärkt, getragen und gehalten wird. Im Martyrium ist Christus in den Schwachen mächtig.

3. *Das Leiden in der Nachfolge führt zum Frieden.* – Wer wegen des Evangeliums gefangen und getötet wird, gilt nach apostolischer Auffassung als Kämpfer. Er kämpft, wie es der Epheserbrief aus-

drückt, „nicht mit Fleisch und Blut, sondern mit Fürsten und Gewaltigen" (6,12), d. h. mit demselben übermenschlichen Gegner, mit dem Jesus letzten Endes gerungen hat. Darum werden die gemordeten Heiligen, wenn der Kampf hinter ihnen liegt, wie ihr Herr, im Frieden Gottes sein. Im Bewußtsein dessen heißt es von Stephanus, der unter Steinwürfen sterbend für seine Bedränger betet: „Und als er das gesagt, entschlief er" (Apg. 7,59). Die Märtyrer gehen heim, denn Christus hat sie zu wiederholten Malen seliggepriesen.

In späterer Zeit – die Ansätze zeigen sich freilich schon bald – wurden sie über Gebühr und mit manchen Entgleisungen verehrt. Man stellte ihr Sterben über das der anderen Christen, man schrieb ihm sühnende Bedeutung zu und hielt sie für himmlische Fürsprecher. Dazu erteilt das Neue Testament seine Berechtigung nicht. Es erlaubt auch nicht, daß man sich zum Martyrium drängt. Das kam in den ersten Christenverfolgungen häufig vor. Man darf nicht mit eigener Kraft nach der Krone des Lebens greifen. Dazu ist das Sterben zu ernst.

Wenn aber die unbeirrte Nachfolge ins Leiden führt und die Leidenden in geheimnisvoller Weise von Christus gehalten in seinem Frieden sterben, dann sind sie bei Gott. „Wer überwindet, dem will ich geben, mit mir auf meinem Stuhl zu sitzen, wie ich überwunden habe und mich gesetzt mit meinem Vater auf seinen Stuhl" schrieb der Märtyrertheologe der Apokalypse (3,21). Daran hielt die Gemeinde Jesu unbedingt fest.

IV.

Im Laufe der Kirchengeschichte zeigte sich allerdings, daß man in den Zeiten, die der Kirche günstig waren, die biblischen Zeugnisse und Verheißungen für Verfolgte schnell vergaß. Oft mußten einer Kirche erst schwere Einschränkungen und Verhaftungen auferlegt werden, um sie wieder auf das dafür bestimmte Wort aufmerksam werden zu lassen.

Man hat den Eindruck, daß Gott in dieser Hinsicht gerade an der Christenheit des 20. Jahrhunderts arbeiten will und muß. Darauf deuten die Christenverfolgungen der letzten Jahrzehnte und der jüngsten Zeit. Sie suchten heim die Kirchen: in Armenien (1894–1916), in Assyrien (1895 bis 1933), in Sowjetrußland (1917–1936), in China (1925–1927), in Mexiko (1926–1938), in Rotspanien (1936–1938), in Rotchina und auf dem Balkan seit 1945 und in der DDR seit 1949. Da die christlichen Kirchen in Deutschland auch während des Dritten Reiches z. T. stark angefochten wurden, stehen unsere Glaubensbrüder im Osten Deutschlands seit 1933 in einem nahezu ununterbrochenen Kirchenkampf.

In all diesen Ländern wurden den bedrängten Christen die Worte des Neuen Testaments über das Martyrium wieder leuchtend. Einer schrieb aus dem Gefängnis das Psalmwort: „Ich freue mich des Weges deiner Zeugnisse wie über allerlei Reichtum." Er verstand seine Gefangenschaft nicht als Anlaß zur Resignation, sondern als Anlaß zur Freude; denn er erfuhr wie die Apostel, daß Gott dem Evangelium neue Türen öffnet, wenn er seine Jünger auf den Christusweg stellt.

Es gehört aber zu den bedrückenden Tatsachen, die wir jetzt wieder in greifbarer Weise erleben, daß die Erinnerung an Verfolgungszeiten sehr schnell verblaßten bzw. das Martyrium einer Kirche von den benachbarten Christen überhaupt nicht oder nur schwach zur Kenntnis genommen wird. Dieses Schicksal widerfuhr vielen bedrängten Kirchen. Es droht heute auch den Christen im Osten. Fühlen sich aber schwer angefochtene Glaubensgenossen von ihren Brüdern vergessen oder verlassen, dann wächst ihre Einsamkeit ins Unendliche. Aus diesem Grunde fordert das Neue Testament unermüdlich dazu auf, den Menschen, die um Christi willen leiden, das Bewußtsein zu geben, daß die Gemeinde liebend, hoffend und betend hinter ihnen steht. Um das tun zu können, muß man eine innere Beziehung zum Martyrium haben.

Eine innere Beziehung zum Martyrium gewinnt man, wenn man in ihm des Glaubens Not und des Glaubens Sieg erkennt. Dabei handelt es sich zwar um völlige Gegensätze, die sich im Grunde ausschließen, die aber zugleich das Wesen des Martyriums gültig beschreiben.

Die Not des Glaubens kann jeder sehen. Sie läßt sich, fast möchte man sagen, statistisch erfassen. – Äußerlich besteht sie darin, daß die geistliche Versorgung der Gemeinden eingeschränkt bzw. unterbunden und das einzelne Gemeindeglied isoliert wird. Häufig geschieht das zum Zwecke einer politischen Bewirtschaftung der Seele. Die Isolierung kann bis zur Verhaftung und Ermordung gehen. Jedenfalls soll das gottesdienstliche und gemeinsame Leben der Christen zerschlagen werden. Die Einengung der Verkündigung, die Ohnmacht der Kirche und die persönliche Gefährdung der Bekenner wirken auf die Dauer wie ein lähmender Bann. – Innerlich besteht die Not des Glaubens darin, daß sich die Verfolgten von Gott verlassen, unter den Menschen vereinsamt und dämonischen Mächten preisgegeben fühlen. Gewöhnlich bringt das Martyrium über einzelne Menschen und ihre Familien eine solche Drangsal, daß auch die Herzen vieler Glaubenden erstarren und an Gottes Liebe zweifeln. Diese Zeiten bringen immer zugleich einen großen Abfall vom Glauben mit sich.

Wenn es gilt, um Christi willen zu leiden und zu sterben, lichten sich die Reihen. Dann stehen die Ausharrenden oft ganz allein. Sie kommen sich nicht nur völlig vereinsamt, sondern auch dämonischen Mächten preisgegeben vor. Das ist vielleicht die schwerste Anfechtung. Der Feind ist zynisch, überlegen, kalt. Er greift die Christen nicht als Gläubige, sondern als Saboteure und Spione an. Seine Gesetze sind derart, daß man immer schuldig wird und die Schulderpressung ist satanisch. – Von Gott verlassen, unter den Menschen vereinsamt und dämonischen Mächten preisgegeben, das ist die Not des Glaubens.

Kann man angesichts dieser Not noch von einem Sieg des Glaubens sprechen? Die Glaubensnot sieht man. Man kann sie jedenfalls ahnen. Den Sieg des Glaubens vermag ein unbeteiligter Zuschauer nicht zu erkennen. Nur ein Mensch, für den Christus das Licht geworden ist, nimmt ihn wahr. Denn darin besteht des Glaubens Sieg: der Unglaube macht blind, der Glaube verleiht Augen. Das brachte ein russischer Maler in ungewöhnlicher Weise zum Ausdruck. Sein Bild stellt eine Erschießung von Christen dar; aber die Exekutoren haben keine Augen. Nur die geöffneten Augen des Glaubens sehen, daß alles, was es an Heldentaten und Standhaftigkeit im Leiden der Christen gibt, Wirkungen des Siegers Christus sind. Das Martyrium ist ein leuchtendes Beispiel von der lebendigen Wirksamkeit Jesu Christi in der Welt. Ihm geben wir die Ehre und nicht den Menschen, wenn wir die Märtyrer ehren. Träger des Sieges Christi sind sie auch deswegen, weil Gott das Sterben in der Nachfolge um Jesu willen rechtfertigt. Wenn es in der Offenbarung Kapitel 6 heißt, daß den Märtyrern ein weißes Kleid gegeben wird, dann bedeutet das: was sie gelitten haben, so sinnlos es aussieht, ist nicht sinnlos, sondern wird von Gott gerechtfertigt. Der Metropolit Benjamin rief bei seiner Hinrichtung seinen Anklägern zu: „Lebt wohl ihr Toten; ich gehe ins Leben!" Das ist der Sieg des Glaubens.

V.

Im Martyrium wird eine Kirche gesegnet. Deshalb stellt es eine Verheißung für sie dar. Das kommt schon dadurch zum Ausdruck, daß die Märtyrer etwas über ihre Zeit und Gegenwart Hinausweisendes haben. Ein russisches Sprichwort sagt: „Beim Zerpressen der Oliven gewinnt man Öl und das Öl leuchtet." Die Märtyrer leuchten. Sie sind gerade in ihrer absoluten Preisgegebenheit und Ohnmacht vollmächtige Zeugen des lebendigen Gottes. Daher ist bei der Frage nach der Vollmacht der Kirche ihre Stellung zum Leiden von besonderer Wichtigkeit.

Über die Bedeutung des Leidens für das geistliche Leben der Kirche hat Paulus, der unter Nero selbst Märtyrer wurde, das Tiefste geschrieben. Er sprach von einem Maß des Leidens, das der Gemeinde bestimmt sei und zu dessen Erfüllung er durch die an ihm geschehenen Mißhandlungen beitrage. Damit brachte er eine seelsorgerliche Weisheit zur Geltung, die es heute zu erneuern gilt: Damit die Gemeinde Jesu auch wirklich Gemeinde bleibe und in ihrem geistlichen Leben nicht der Verflachung anheimfalle, braucht sie ein bestimmtes Maß an Leiden. Sonst wird sie von Christus losgerissen und zum Treibholz vieler Strömungen. Erst das Leiden verankert sie fest im Wort Gottes. Darum wird sie durch Leiden gesegnet und bei Christus bewahrt.

Neben der Vertiefung des geistlichen Lebens besteht der Segen des Martyriums auch in der Verminderung dessen, was Kirchen und Konfessionen trennt; zum Beispiel standen sich die griechisch-orthodoxe und die evangelisch-lutherische Kirche in Rußland bis zum ersten Weltkrieg als fremde Welten gegenüber. Im Martyrium wurde diese gegensätzliche Haltung grundlegend überwunden und das Trennende ganz klein. Der gemeinsame Besitz trat leuchtend hervor. Eine ähnliche Annäherung erfuhren die evangelische und katholische Kirche in Deutschland durch ihr gemeinsames Geschick im Dritten Reich. Diesen Segen des Leidens sollten die Christen der großen Konfessionen nicht vergessen, sondern dankbar bewahren.

Dann werden wir auch die Jahre der Ruhe als Gnade und als Raum zur Vorbereitung auf schwerere Zeiten erkennen und nützen. Es geht ein besonderer Segen auf eine Kirche aus, die betend und sich an der Schrift orientierend um Klarheit über das Blutzeugnis ringt. Daher lasse Christus, der Herr, seine Jünger da, wo er war, also zunächst in Not und Kampf und dann bei dem gen Himmel Erhöhten. Er verleihe uns die Treue der Nachfolge, unbedingten Gehorsam und ein ungebeugtes Bekenntnis. Er versage unserer in öffentlichen Ehren stehenden Kirche die Ehre des Kreuzes nicht, damit sie seine Kirche bleibe.

Die Freude der Beichte

In der evangelischen Kirche vollzieht sich seit einiger Zeit eine Bewegung zur Beichte hin. Man hat aber den Eindruck, daß sie sich immer noch mehr im theologischen Gespräch abspielt als im Leben der Pfarrer und Gemeindeglieder. Man erinnert sich, daß „in besonderen Fällen" auch beim evangelischen Pfarrer gebeichtet werden kann, denkt dabei aber mindestens an ein Verbrechen. In der Praxis ist es auch leider so, daß nicht alle Pfarrer auf das Beichtehören vorbereitet und dazu in der Lage sind.

Unabhängig davon ist die Einzelbeichte eines der gnädigsten Angebote Gottes. Man darf zwar den Christenstand eines Menschen nicht danach beurteilen, ob er die Einzelbeichte übt. Wer aber von ihr Gebrauch macht, erfährt in seinem Leben und in seinem Glauben eine unerhörte Befreiung und eine ungeahnte Freude; denn die Beichte hat es mit der Freude zu tun.

Beichte geschieht, wenn ich im Gebet meine Sünden vor Gott hinlege (Psalm 51). Auch das gemeinsame Bekenntnis der Schuld im Gottesdienst bzw. vor dem Abendmahl ist eine Beichte. Um Einzelbeichte aber handelt es sich erst dann, wenn ich vor einem anderen Christen konkrete Sünden, die mich beschweren, aufdecke und benenne und wenn er mir darauf ausdrücklich die Vergebung im Namen Jesu zuspricht. Das ist die Einzel- oder Privatbeichte.

Diese Beichte ist eine besonders wichtige Form der Buße, d. h. der Hinkehr zu Gott. Deshalb steht über einem Beichtenden auch das Wort Jesu von der Freude, die im Himmel herrscht über einen Sünder, der Buße tut (Luk. 15,7). Etwas von dieser himmlischen Freude ist bereits auf der Erde spürbar bei dem, der gebeichtet hat, dem vergeben worden ist. Die Freude Gottes zieht mit der Vergebung bei ihm ein.

Das Einziehen dieser Freude verwehren häufig einige ungelöste Fragen, die uns nicht zur Einzelbeichte kommen lassen: Wann soll und darf man die Einzelbeichte in Anspruch nehmen? An wen kann ich mich mit dieser Bitte wenden? Wie bereitet man sich auf eine Beichte vor? Es gibt noch viel mehr Fragen, die wir gerne beantwortet hätten. Aber das Nachdenken über diese wenigen könnte ein Anfang und vielleicht sogar eine Ermutigung zum Beichten sein.

I. Wann soll und darf man die Einzelbeichte in Anspruch nehmen?

Es gibt kein Gesetz des Glaubens, das uns zwingt, privat zu beichten. Die Einzelbeichte ist freibleibendes Angebot Gottes und zusätzliche Hilfe zu den anderen Formen der Beichte. Deshalb besteht die Möglichkeit, daß Christen ein Leben lang mit der Beichte im Gottesdienst, im Gebet und vor dem Abendmahl auskommen. Dagegen ist nichts einzuwenden.

Es kann aber geschehen, daß klar erkannte Schuld bzw. etwas, das uns wirklich bedrückt, sich langsam oder plötzlich wie ein lähmender Bann auf unser Leben legt. Daß dieser Bann sich unter Umständen bis ins Körperliche erstreckt, wußte bereits der 32. Psalm zu berichten. Klar erkannte Schuld belastet in jedem Fall. Ebenso beschweren uns Dinge, bei denen Schuld und Leid ungeklärt ineinandergehen. Oft reichen dann Gebet und allgemeine Beichte nicht mehr aus, um uns zu entlasten. Wenn wir das Gefühl haben, daß das begangene Unrecht größer ist als die aufrichtende Kraft des gehörten und gebeteten Wortes, größer auch als die im Beichtgottesdienst erteilte Absolution, dann sollten wir unsere Zuflucht zur Einzelbeichte nehmen.

Es kommt außerdem fast in jedem Leben vor, daß man mit einer Sünde oder Gebundenheit behaftet geht, von der niemand weiß. Sie Gott zu sagen, ist verhältnismäßig leicht; sie einem Menschen anzuvertrauen, unüberwindlich schwer. Man kommt nicht los von der Bindung, und die Verzweiflung steigt. Man lebt unter den Leuten. Man spielt seine Rolle. Sie ahnen nichts. Aber die Einsamkeit wächst. Schuld isoliert. Niemand nimmt sie einem ab. Wenn wir das Gefühl haben, daß uns eine konkrete Sünde, von der wir uns nicht befreien können, abgenommen werden muß, dann sollen wir sie in einem Beichtgespräch ausliefern und beim Namen nennen.

Schuld isoliert nicht nur von den Menschen; sie isoliert auch von Gott. Das tritt besonders dann in Erscheinung, wenn man am Anfang eines neuen Wegabschnittes (Ortswechsel, berufliche Veränderung, Eheschließung, bei einer bevorstehenden Operation usw.) um Gottes Geleit bitten möchte. Da soll mit dem bisherigen Lebensraum zusammenhängendes Unrecht und Versagen nicht mit hinübergehen in den neuen Lebensraum. Steht aber nach wie vor etwas zwischen uns und Gott, dann fällt es uns außerordentlich schwer, auch innerlich neu anzufangen, und unsere Bitte um Gottes Begleitung bleibt kraftlos und leer. Zu den Dingen, die uns wie ein Schatten folgen und den Lebensnerv abschnüren können, gehört auch unverschuldete Schuld, z. B. wenn im modernen Straßenverkehr ein Mensch, ohne daß wir etwas dazu können, durch uns zu Schaden kommt. Wenn wir das Gefühl haben, daß wir von bestimmten Tatsachen in unserer Vergangenheit oder von unverschuldeter Schuld nicht loskommen, sollen wir uns durch eine Einzelbeichte zu einem neuen Anfang verhelfen lassen.

II. An wen kann ich mich mit dieser Bitte wenden?

Jeder Christ kann mir diesen Dienst tun. In der Regel aber wird es ein Pfarrer oder eine Vikarin sein. Das hat seinen einfachen Grund darin, daß das Beichtehören mit zu ihrem Auftrag gehört.

Wenn ich eine Einzelbeichte begehre, muß ich mir darüber klar sein, daß es sich um etwas anderes handelt als lediglich um ein Sich-Aussprechen. Jedes echte Seelsorgegespräch kann zum Beichtgespräch werden. Die Übergänge sind fließend und im einzelnen nicht festzulegen; aber der Unterschied zwischen Beichte und Sich-Aussprechen muß aufrechterhalten werden. Eine Beichte lege ich erst dann ab, wenn ich mich mit meinen Worten zu Verfehlungen bekenne und sage, was mich als Schuld bedrückt.

Wer eine Beichte hört, handelt in Gottes Namen. Er ist das Ohr, dessen sich Gott bedient, um uns anzuhören, und er ist der Mund, den Gott gebraucht, um uns mitzuteilen, daß wir freigesprochen sind. So ist die Beichte unabhängig von der Beschaffenheit des Beichtigers. Er ist nicht ihr Herr, auch wenn es nach außen so scheint, sondern Gottes Diener durch sie.

Trotzdem ist es nicht unwichtig, wer dieser Mensch ist, der die Beichte hört. Es muß ein seelsorgerlicher Mensch sein. Das ist noch mehr, als wenn man sagt, daß man zu ihm Vertrauen haben kann. Es bedeutet nämlich, daß er selbst in der Seelsorge Christi steht. Er weiß dann, daß er selber zutiefst der Vergebung bedürftig ist und daß alle Sünde, die ihm eröffnet wird, der Möglichkeit nach auch bei ihm vorhanden ist. Er wird sich nie entrüsten, nie entsetzen, sondern so sehr seine Worte die Sünde Sünde sein lassen und nicht verkleinern, werden sie doch alle im Dienste des Lösens und der Barmherzigkeit Gottes stehen. Bei solchen Menschen soll man beichten.

Aus diesem Grunde verträgt die Frage nach dem Beichtvater keine gesetzliche Regelung. Es kann, aber muß nicht der zuständige Gemeindepfarrer sein. Man darf auch zu einem anderen gehen, den man vielleicht nicht einmal persönlich kennt, sondern nur in einer Predigt oder in einem Vortrag gehört hat. Eine Einzelbeichte ist es sogar wert, daß man eine größere oder kleinere Reise zu ihr macht, um das Beichtgespräch mit einem Pfarrer führen zu können, von dessen geistlichen Fähigkeiten man überzeugt ist. Hermann Bezzel pflegte z. B. bei dem damaligen Dekan von Ansbach zu beichten und fuhr dann mit dem Nachtschnellzug nach München zurück.

Innerhalb der Familie sollte man nicht beichten; man soll einander vergeben und tragen. Das heißt nicht, daß z. B. Eheleute einander nicht mitteilen sollten, was sie als Belastung, als Schuld oder Verfehlung empfinden; denn nur wenn einer des anderen Last weiß, kann er sie mit ihm tragen; und nur wenn einer des anderen Schuld kennt, kann er ihm vergeben. Aber die Einzelbeichte sollte nicht von einem Glied der Familie erbeten bzw. abgenommen werden. Das ist zu sagen, weil es Pfarrer gibt, die ihre Frauen bitten, den eigenen Mann als Seelsorger und Beichtvater zu erwählen. Es gibt zwar keinen theologischen Grund, dies zu verbieten. Aber vom Gefüge einer Ehe her gesehen, kann es auch nicht gutgeheißen werden. Oft geht es ja um Schuld und Leid innerhalb dieser Ehe. Darüber kann eine Beichte nur vor einem Menschen abgelegt werden, der außerhalb des Familienkreises steht. Die spannungsvolle Belastung der Pfarrersehe heute verlangt geradezu in vielen Fällen ein solches Beichtgespräch, in dem es nicht nur um Bekennen und Vergeben, sondern um ausgesprochene Seelsorge geht. Viele Pfarrfrauen leben in großer geistlicher Einsamkeit.

III. Wie bereitet man sich auf eine Einzelbeichte vor?

In der Beichte findet eine Enthüllung des Menschen statt. Wunde Stellen werden aufgedeckt. Ihre Berührung tut weh. Daher wohnen Scham und Furcht in jedem, der sich anschickt, seine Fassaden preiszugeben. Dann ist es sehr hilfreich, wenn man sich sagen läßt: „Denke daran, daß der Beichtiger dich in deiner Armseligkeit und Schwäche nicht verachtet, sondern versteht; denn er ist selbst durch eigene Not und Sünde angefochten und hat die Not und Sünde vieler anderer Menschen gehört." (Aus der Anleitung für die Einzelbeichte im EKG Ausgabe Bayern, Seite 645.)

Es hilft aber noch viel mehr, wenn man zugleich auf das Geschenk blickt, das einem zuteil werden soll. Der mich ganz persönlich meinende Zuspruch der Vergebung stellt eine solche Befreiung, Entlastung und Freude dar, daß schon auf dem Weg zur Beichte die Furcht nicht das letzte Wort haben darf. Aber man muß sich schon jetzt üben, diese Gabe innerlich anzublicken, da die Fähigkeit, Sorgen, Schmerzen und Sünden gedanklich zu umkreisen, geradezu als Naturtalent erscheint. Wir sollten dieses Naturtalent nicht pflegen, sondern uns mehr darin ausbilden, auf den vergebenden Herrn zu schauen (Hebr. 12,2).

Gerade dann werden wir uns durchringen können, in der Beichte klar, konkret und unverschleiert zu reden. Wir werden uns darauf rüsten, nur von unserer und nicht von anderer Leute Sünde zu sprechen; auch nicht im Sinne allgemeiner Sündlichkeit, sondern wir werden unsere Vergehen gegen Gott und Nebenmenschen ausdrücklich nennen. Oft genügt es schon, den Bereich zu berühren und namhaft zu machen, in dem wir unsere Fehltritte getan haben. Genügt es nicht, wird uns vom Hörer unserer Beichte behutsam und barmherzig der Weg gebahnt. In der Vorbereitung bitten wir Gott um den Mut zu einem offenen Bekenntnis.

Die Ordnungen der Einzelbeichte, die in einigen neuen Gesangbüchern mit unwesentlichen Verschiedenheiten stehen, gehen fast alle auf Luthers Formular im Kleinen Katechismus zurück. In der Vorbereitung macht man sich den Vorgang der Einzelbeichte zu eigen und stellt sich darauf ein, daß im Anschluß an das Beichtgespräch nach dieser Ordnung gehandelt wird. Wo nach dem Formular der Beichtende noch einmal mit eigenen Worten seine Schuld zusammenfaßte, kann von ihm statt dessen auch ein aus dem Beichtgottesdienst bekanntes Sündenbekenntnis gesprochen werden.

Ob die Einzelbeichte in der Sakristei oder im Amtszimmer des Pfarrers stattfindet, ist an sich unwichtig, wenn nicht einer der Beteiligten auf diesen oder jenen Ort Wert legt. Ebenso verhält es sich mit den Fragen, ob man bei den auf das Gespräch folgenden Stücken knien, stehen oder sitzen und ob der Pfarrer einen Talar anhaben soll oder nicht. Diese Fragen lösen sich meistens aus der Situation heraus und brauchen niemand vor einer Einzelbeichte zu bedrängen. Der Beichtiger kennt sie. Er wird auch in den äußeren Dingen behilflich sein; denn in einer Stunde, die im Dienste des Lösens steht, ist alles Erzwungene, Verkrampfte und übertrieben Feierliche fehl am Platze.

So vorbereitet kann man sich aufmachen und zur Beichte gehen. Wer sich nicht so vorbereiten kann, weil er einen plötzlichen Entschluß zur Einzelbeichte faßt oder eine sich bietende Gelegenheit ergreift, soll es ebenso getrost und freudig tun. Scham und Furcht zu überwinden, um Vergebung zu erlangen, bleibt nicht ungesegnet. Was dann an Schuld und Sünde hergegeben wird, deckt Gott, der Herr der Beichte, barmherzig zu. Es versinkt zugleich im Schweigen des Beichtvaters, das ein Abbild der mächtigen Vergebung Gottes ist. Ein Ausbruch aus der Welt der Verderbensmächte ist gelungen.

Dieser ganze Weg durch die Beichthemmungen hindurch in die Stunde des Bekennens hinein und bis hin zur empfangenen Vergebung steht im Zeichen der Freude. Das ist mit wirklichem Nachdruck gesagt. Wer sich einmal zur Einzelbeichte durchgerungen hat, nimmt sie meistens leichter ein zweites Mal, öfter oder regelmäßig in Anspruch. Die Entlastung, die sie vermittelt, muß man erfahren haben, um sie schildern zu können. Sie ist wie eine Heimkehr ins Vaterhaus (Luk. 15,11 ff.). Darüber herrscht Freude im Himmel und auf Erden.

Christliche Meditation

Zugänge durch die Geschichte

I. Schwieriges Wort und einfaches Tun

„Meditation" ist ein schwieriges Wort. Für Meditation interessieren sich heute viele Menschen. Sie halten sie für ein Medikament. Deshalb nimmt die Zahl der Bücher, die darüber veröffentlicht werden, beständig zu. Die meisten informieren über asiatische Meditation. Sie enthalten umfangreiche und komplizierte Anleitungen, die in der Tat brachliegende Kräfte unseres Menschseins entbinden können. Aber um bis dahin zu gelangen, braucht man entweder eine außergewöhnliche Willenskraft oder eine Bekehrung. Das Zauberwort „Meditation" ist fast immer religiös bestimmt, vor allem, wenn es in den Fernen Osten weist. Hinter ihm verbirgt sich eine Vielzahl von Heilswegen als Angebot an die westliche Welt.

Etwas anders verhält es sich mit der christlich geprägten Meditation. Sie ist ein einfaches Tun. Zwar wurde auch über sie inzwischen eine beträchtliche Anzahl von Büchern geschrieben. Wir treffen sie in katholischen Buchhandlungen häufiger an als bei uns. Das hängt damit zusammen, daß die katholische Kirche ihre Verbindung zur christlichen Meditation besser bewahrte als die evangelische Christenheit. Aber ihre Vielfalt ist nicht so verwirrend groß und hat bei allen Unterschieden einen einheitlichen Charakter. Es handelt sich dabei um ein Nebeneinander von verschiedenen Ausdrucksformen innerhalb einer Einheit, die durch das Bekenntnis zu Jesus Christus gegeben ist. Meditation in diesem Rahmen steht deshalb als eine Möglichkeit gestaltgewordenen Glaubens grundsätzlich immer allen Christen offen.

Wir bezeichnen sie am besten als „Nachsinnen". Das heißt: Es ist etwas da, das ich nicht erst zu erstellen brauche. Darauf kann ich – anderes ausschließend – meine Gedanken richten. Ich komme zur Ruhe. Ich schaue es an. Ich denke ihm nach. Alles ohne Anstrengung, gelassen, gelöst! Ich lasse mich auf etwas ein. Es geht mich persönlich an. Das ist Meditation. Im Raum des christlichen Glaubens war dieses „Etwas", dieser Mittelpunkt oder Gegenstand der Meditation von Anfang an Christus bzw. die Schrift. Wenn wir die Ursprünge begreifen wollen, dann müssen wir uns vor jedem Meditierenden „die aufgeschlagene Bibel denken – die niedergeschriebene, die auswendig gelernte oder diejenige, die durch unzählige unterirdische und offen zutage liegende Zuströme der Tradition an ihn herangetragen wird" (J. Sudbrack, Motive – Modelle für ein Leben als Christ. Würzburg 1970, 149 f.).

Diese christliche Meditation tritt uns in der Verschlüsselung ferngerückter geschichtlicher Geschehnisse entgegen. Vielleicht vertiefen sie unser Verständnis oder eröffnen uns einen neuen Zugang?

II. Der größte Theologe des Mittelalters verstummt

Gewöhnlich werden als geschichtliches (und gegenwärtig noch wirksames) Beispiel für die katholische Meditation die „Geistlichen Übungen" des Ignatius von Loyola (1491–1556) angeführt. Sie reicht aber viel weiter zurück. Sie begegnet uns schon in der Mönchsregel des Benedikt von Nursia (um 540). In ihr steht: „Was aber an Zeit nach dem Nachtstundengebet bleibt, werde von den Brüdern, die nach den Psalmen oder den Schriftlesungen Verlangen haben, für Betrachtung (meditatio) verwandt." Das Wort ist bereits geprägt: In der Betrachtung wendet sich der Nachsinnende von der Vielheit der Möglichkeiten ab. Er konzentriert sich auf eine einzige; z. B. von 16 Psalmversen auf einen oder zwei. Er sucht das Bild; daher „Betrachtung". Er wiederholt, holt das, was sich entziehen will, immer wieder heran. Er geht damit um, umkreist es. Er überläßt sich. Es dringt in ihn ein. Es wohnt in ihm (Kol. 3,16 a). So gingen die Mönche und die meditierenden Christen mit der Bibel um: vereinfachend, beschauend, wiederholend, sich überlassend.

Nun wird die Meditation durch die Tradition zu Thomas von Aquin (1225 bis 1274), dem größten Theologen des Mittelalters getragen. In der Nähe seines Lebensendes steht ein merkwürdiges Ereignis. Als er am 6. Dezember 1273 vom Gottesdienst in seine Zelle zurückkehrte, legte er die Feder aus der Hand und erklärte: „Alles, was ich geschrieben habe, erscheint mir wie Spreu – verglichen mit dem, was ich geschaut habe und was mir offenbart worden ist." Dabei blieb es. Er sprach nur noch das Notwendigste. Der große Lehrer des Abendlandes war stumm geworden. Was ihn wie der Anfang des Lebens in Gott durchdrang, rührte die Menschen seiner Umgebung mit dem Schauer des Geheimnisses an.

Es ist unmöglich, dieses Ereignis von der Übung der Meditation in seinem Leben zu isolieren. Auskunft gibt er darüber in seinem Hauptwerk, der „Summe der Theologie". Dort hebt er „erwägen" und „betrachten" voneinander ab. Ich erwäge, wenn ich von der Beachtung des Vielfältigen her auf die Wahrheit schließe. Ich betrachte, wenn ich über Einem zur Ruhe komme. In dieses Stillwerden kann das Betrachtete eingehen. Der zeitliche und räumliche Abstand schwindet, und ich komme in eine Gleichzeitigkeit mit dem Inhalt meiner Meditation. Das Ziel dieses Sichsammelns und Nachsinnens über einem Bibelwort oder über einer Tatsache des Glaubens ist die „contemplatio veritatis", das Anschauen der Wahrheit. Es bündelte sich bei Thomas gegen Ende seines Lebens wie in einen Blitz. Von da ab verstummte er.

Vorher hatte er gesagt: „Wer oft meditiert, betrachtet die Größe und Güte Gottes und die Menge der Wohltaten, die er ihr verdankt. Wer oft meditiert, denkt über seine Fehler nach und wird sich seiner Armseligkeit bewußt. Die Betrachtung ... bewahrt vor Anmaßung und läßt den Menschen ... sich Gott unterwerfen."

III. Das Herabsteigen aus dem Kopf ins Herz

Wir Menschen des Westens haben ein Problem: Wir können wenig schweigen. Wir werden von Wortmassen überflutet. Wir zerreden alles und erleben nichts. Wir glauben an die Allmacht der Gedanken. Das „Herzliche", d. h. alles, was uns im Ganzen anspricht, ist zurückgetreten. Wir leiden unter einer Verarmung an Wärme, Aufmerksamkeit und Verständnis füreinander. Die Überbewertung des Denkens und die Unterbewertung des Erlebens haben uns auch die Möglichkeit genommen, Gott zu erfahren. Auf diesem Hintergrund gewinnt unsere Überschrift den Charakter einer Anrede oder Ermahnung, die aus der Meditationsauffassung des Christlichen Ostens und der Orthodoxen Kirchen zu uns kommt: „Herabsteigen aus dem Kopf ins Herz!"

Tichon von Sadonsk (1724–1783), ein Lehrer des geistlichen Lebens in Rußland, schreibt: „Wer sich um echte Beschaulichkeit müht, achtet auf das Herzensinnere. Er lebt in Betrachtungen, die sein Herz erwärmen und zu innerer Wandlung aufrufen. Beginne morgens dein Tagewerk mit dem Gebet, Lesen des Wortes Gottes und Überdenken des Gelesenen. Bete zunächst anhaltend, und bringe deine führenden Nöte in schlichten Worten, voller Vertrauen vor. Sodann lese das Evangelium und die Apostelbriefe und überdenke das Gelesene in Bezug auf dich selbst. Solches Lesen festigt das Gebet. Beide ernähren und stärken die Seele. Gut wäre es, Gedanken, die beim Lesen kommen, aufzuschreiben." In diesen Sätzen verbirgt sich eine kleine, nach wie vor verwendbare Ordnung des täglichen Gebets: Beten, Lesen, Überdenken; oder anders angeordnet: Lesen, Überdenken, Beten. Mit

„Überdenken" ist Nachsinnen, Meditieren gemeint. Tichon schlägt vor, sich dabei Aufzeichnungen zu machen. Ein gerade für die Ein- übung in die Meditation nützlicher Rat! Hinter dem ostkirchlichen Verständnis der Meditation steht eine besondere Anschauung über die Ruhe. Sie wurde praktiziert und bewahrt in der schon in der alten Kirche anhebenden Bewegung des Hesychasmus, die ihren Namen von dem griechischen Wort für ruhende Beschauung hat. Was die Hesychasten wollen, besagt am besten ein Psalmwort: „Meine Seele ist stille zu Gott" (Ps. 62,2). Zwei Schritte führen dahin: Ich lege mei- ne Sorgen ab, es wird still auch in meinen Gedanken. Ich wende mein Herz ganz zu Gott; es verweilt im Gott-Gedenken. Im Dienst dieser beiden Schritte steht das – inzwischen auch bei uns stärker beachtete – Jesus- oder Herzensgebet. Es heißt: „Herr Jesus Christus erbarme dich meiner", wobei die ersten drei Worte mit dem Einatmen, die letzten drei Worte mit dem Ausatmen verbunden, in vielmaliger Wiederho- lung laut oder leise gesprochen, später nur noch im Geiste gebetet werden. Tatsächlich wird über diesem Wieder-Holen des Namens Jesu der Geist still und die Welt in uns befriedet. Das Gedenken Got- tes wacht über Geist und Leben.

IV. Martin Luther als meditierender Mensch

Die evangelisch geprägte Meditation ist Nachsinnen über dem Bi- belwort. Die Pfarrer nennen deshalb das Nachdenken zwischen Text- erklärung und Predigtniederschrift auch Meditation. Aber ist das richtig, wenn sie sich dabei überlegen, was sie der Gemeinde sagen? Hatten wir nicht bei Thomas gehört, Meditation sei auf das An- schauen der Wahrheit hin angelegt und bei Tichon „ ... überdenke das Gelesene in bezug auf dich selbst!"? Die Zwecklosigkeit, das Sichlösen von allem und das Sichüberlassen gehören zu ihrem Wesen. Wissen wir etwa nicht mehr recht, was Meditation bedeutet? Ist in der evangelischen Kirche an ihre Stelle die rational-reflektierende Texterklärung getreten? Wir müssen letztere, wenn wir die Texte wirklich verstehen wollen, bei uns lassen und behalten. Aber wir müssen auch den Anschluß an unsere eigene Geschichte in der Medi- tation wiedergewinnen.

Wir finden ihn im Leben Martin Luthers (1483–1546). Schon in seiner ersten Vorlesung über die Psalmen (1513/15) sprach er dar- über: „Meditieren heißt ernst, tief und sorgfältig denken, eigentlich im Herzen wiederkäuen. Meditieren ist gleichsam ... in der Mitte verweilen oder von der Mitte und dem Innersten bewegt werden. Wer also innerlich und fleißig denkt, klagt und überlegt, der meditiert." Aus anderen Äußerungen erfahren wir etwas über sein persönliches Verhältnis zur Meditation. Sie wurde durch die Tradition der Mystik und der Mönche zu ihm getragen und zwar als eine Weise des Nachsinnens über das biblische Wort, die sich methodisch, d. h. in gemessenen Schritten vollzieht. (Die Silbe „med" in Meditation deutet auf Maß.) Dann aber unterwarf er auch sie der reformatorischen Grundeinsicht: Nicht wir, sondern Gott ist zu uns vorgedrungen. Wir können uns nur bereiten zu seinem Empfang, uns seinem Kommen im Wort der Wahrheit stellen. So ist Meditation bei Luther ein methodisch erfolgendes, vertieftes Hören und Sehen, um bereit und verfügbar zu sein für Gott, um sich von ihm bestimmen, verändern und führen zu lassen.

Wie sie praktisch aussah – er hat sie wohl täglich geübt – entnehmen wir seiner berühmten Schrift: „Eine einfältige Weise zu beten für einen guten Freund" (1535). Sie enthält eine Anleitung zum nachsinnenden und betrachtenden Gebet. Fünf Schritte lassen sich erkennen: Sich vorbereitend tritt er mit der *Bitte*, d. h. mit Geboten, Glauben, Psalmen, Sprüchen und Vater Unser, die er mündlich spricht, vor Gott. Dann betrachtet er die Gebote einzeln (oder was es sonst aus der Bibel sein mag) und macht „ein vierfaches gedrehtes krentzlin" daraus: eine *Lehre*, einen *Dank*, eine *Beichte*, ein *Gebet*; d. h. er fragt über jeden Satz: Was habe ich zu vernehmen? Wofür habe ich zu danken? Was habe ich zu bekennen? Wofür habe ich zu bitten? Mit dem *Gebet*, das zum „Kränzlein" (das sind Schritte der Meditation) gehört, hört er auf.

Vermutlich hat Luther täglich so meditiert.

V. Meditation als Möglichkeit für die Gemeinde

Meditation ist ein Modewort. Aber es zeigt, wie alles Modische, auch ein Bedürfnis an: Bedürfnis nach Vereinfachung, Sammlung und Lebenssinn. Immer mehr Menschen merken: Unsere Lebenswelt wird ständig komplizierter. Das dauernde Umflutetsein vom Geräusch verlangt nach Stille. Überfluß, auch im Geistigen, verleiht noch keinen Sinn. Die in unseren Kulturkreis eindringende fernöstliche Meditation verspricht zu helfen. Sie bietet Vereinfachung, Sammlung und Sinngebung an. Es sei nicht in Abrede gestellt, daß sie dies zumindest partiell, d. h. teilweise auch kann.

Als Christen aber wissen wir, daß Jesus Christus den Anspruch erhob, die Antwort auf die Frage nach dem Sinn selber zu sein (Joh. 14,6). Deshalb sammelt die christliche Meditation den Menschen und seine Sinne auf ihn hin. Ihm verfügbar, für ihn bereit zu sein, ist das

Eine, das not ist (Luk. 10,42). Es macht die undurchschaubare Welt durchsichtiger und nimmt ihr etwas vom Bedrohlichen. Das ist auch der Grund, warum wir uns mit der christlichen Meditation in ihrer Geschichte befaßten; denn im Ferngerückten liegt eine Gabe an die Gegenwart. Die Meditation der Väter und der Glaubenden vor uns kann, wenn wir es wollen, zu einer Möglichkeit für uns selber, zu einer Möglichkeit für die christliche Gemeinde werden. So etwa könnte es geschehen:

1. Vorbereitung zum Nachsinnen. – Wir nehmen uns irgendwann – es genügt für den Anfang einmal pro Woche – eine viertel oder eine halbe Stunde Zeit. Bevor wir in diese Zeit eintreten, wählen wir uns einen biblischen Text. Es sollte, da wir uns von der Vielheit zum Einfachen wenden, ein biblisches Einzelwort sein. Das ist die Vorbereitung.

2. Meditation. – Nun beginnen wir die Meditation und lehnen uns dabei an Tichon und Luther an. Sie besteht aus: Sichsammeln, Lesen, Überdenken, Beten

a) Wir sammeln uns. – Ich lasse meine Gedanken und Sorgen kommen und wieder gehen. Es wird still in mir. Ich wende mein Herz zu Gott. Ich verweile und weiß, daß er mich sieht.

b) Wir lesen das gewählte Wort. – Ich schlage meine Bibel auf. Ich lese leise, aber mit Bewegen der Lippen. Ich versuche, vollkommen aufmerksam zu sein. Vielleicht schreibe ich die Gedanken, die mir dabei kommen, in ein paar Sätzen auf.

c) Wir überdenken das Gelesene. – Ich weiß nun das, was ich gelesen habe, fast auswendig. Ich frage: a) Was wird mir gesagt, und wie ist es zu verstehen? b) Wofür habe ich zu danken? Was tut Gott für mich? c) Was habe ich zu bekennen, und wo bin ich betroffen? d) Wofür habe ich zu bitten? Was muß ich tun? Ich verweile dabei.

d) Wir beten darüber. – Ich weiß häufig nicht, was ich beten soll. Jetzt wird mir das Gebet gegeben. Ich antworte einfach und wandle mein Nachsinnen oder einen Gedanken daraus um in ein Gebet.

3. Nachsinnen und Gebet. – Man kann für Meditation auch Betrachtendes Gebet sagen; denn sie ist ein Sichsammeln vor Gott, ein Stillwerden auf ihn hin und ein Nachsinnen vor seinen Augen. Wir werden dabei die Erfahrung machen, daß unsere Gedanken abschweifen oder daß das Gelesene sich entzieht. Dann holen wir es wieder („wiederholen" es) und bemühen uns um erneute Aufmerksamkeit. Alles gelöst, alles gelassen! Wir wollen nichts. Wir warten.

VI. *Meditation und Welt*

Die Meditation oder das Nachsinnen ist nach evangelischem Verständnis ein Sichbereiten für Gott; ein intensives Horchen und Warten. Ich warte, daß Gott zu mir spricht. Ich nehme es auch an, wenn er schweigt. Ich hatte bisher auch wenig Zeit für ihn. Nun habe ich Zeit und warte. Ich nehme mir vor, häufiger für ihn Zeit zu haben. Ich mache die Erfahrung – so verheißen es wenigstens die Schrift und die Väter –, daß er sich nicht entzieht. Er ist mein Gott, und ich gehöre zu ihm, ob er spricht oder schweigt. In Christus ist er immer für mich. Ich mache die dritte und größte Erfahrung: Ich entdecke ihn überall. Die ganze Welt wird durchsichtig und läßt ihn sehen. Diese schwierige und vor ihm flüchtende und ihn verschweigende Welt! Ich werde offener, mehr und mehr geöffnet, bereit auch für die Welt, für die Menschen, mit denen ich es zu tun habe und für die Dinge, die mir anvertraut sind. Ich beginne zu sehen. Ich sehe die Schöpfung. Ich erfahre ihren Herrn. Ich spüre den Geist. Nachsinnen, Meditieren, Gottes Wort überdenken öffnet die Augen. Ein russischer Mönch sprach im Sterben: „Der Christ sollte wie die Cherubim ganz Auge werden."

Gebet und Gebetserhörung

Praktische Theologie des Betens

In den Tagebüchern des französischen Schriftstellers Julien Green findet sich folgende Eintragung: „Weniger von den Büchern abhängen, mehr beten. Das große Buch ist das Gebet." (Zit. nach W. Nigg, Was bleiben soll. Zehn biographische Meditationen, Olten 1973, S. 143) Ein Buch schlägt man auf. Es enthält Aufschlüsse, es erweitert den Horizont und vertieft die Einsichten. Das Gebet – ein großes Buch. Julien Green formuliert damit ein wesentliches, von Luther stark empfundenes Merkmal des Betens: das Gebet als Eröffnung von Wissen, das Gebet als Erkenntnisquelle. Zugleich verwahrt er sich – gewiß unbewußt – gegenüber einer protestantischen Schwäche: zu viel Bücher, zu wenig Gebet! Es sollte wohl umgekehrt sein!

Ich möchte diesen Anstoß aufnehmen und dies als das Ziel ansehen: vom Nachdenken über das Gebet zur Erneuerung seiner Praxis zu gelangen. Setzte ich hinzu: und von da wieder zu neuem Nachdenken, dann hätten wir jenes von Friedrich Schleiermacher für die Praktische Theologie erhobene Prinzip der zirkulativen Reflexion von Theorie und Praxis vor Augen, ein Prinzip, das auch für eine Praktische Theologie des Betens gilt. Mit anderen Worten: die Praktische Theologie begleitet bis unmittelbar vor die Ausübung des Betens. Sie wird dann selbst praktisch und holt unmittelbar hernach die Ausübung wieder reflektierend ab. Sie ist die Wissenschaft vom tatsächlichen und vom seinsollenden Lebensvollzug der Kirche. Was sie so interessant, so umfassend und daher für uns beinahe zur Überforderung macht: sie setzt beim vorhandenen Tatsächlichen, sie setzt also empirisch ein – natürlich das geschichtliche Gewordensein der Dinge und die gegenwärtigen geistigen Bedingungen mitbedenkend. Sie konfrontiert das Tatsächliche dann mit den Lehrgehalten der biblischen und systematischen Theologie, und sie entwirft daraufhin eine neue, zeitgerechtere und – wenn es gut geht – verbesserte Praxis.

Was wir über die Praktische Theologie dargelegt haben, gilt nun auch für eine Praktische Theologie des Betens als einer Teilaufgabe derselben. Sie wird beim vorhandenen, tatsächlichen Beten einsetzen, sie wird dazu die zeitbedingten Kontexte bedenken, auch die Erschwerungen und Erleichterungen des Betens, so wie wir sie heute haben. Sie wird dann das tatsächliche Gebet mit seinen gegenwärtigen Bedingungen biblisch-dogmatisch durchdenken, und sie wird schließlich ganz praktisch reden bis unmittelbar vor die Ausübung. Dies alles wird nur exemplarisch geschehen können, d. h. anhand ausgewählter Beispiele.

I. Was ist ein Gebet?

Seinem Wesen nach gehört es, wenn es nicht als gottesdienstliches vollzogen wird, in die Stille. Dorthin, in die Kammer, hat es Jesus (Mt. 6,6) auch verlegt. Die Kammer ist der Mehlschuppen, der einzig verriegelbare Raum des palästinensischen Hauses. Wenn ein Mensch die unsäglichsten Kümmernisse seines Lebens vor Gott hinlegt, tut er es allein. Es ist die Grenze der Gebetsgemeinschaft. Heute wird das Gebet zum Teil durch die Christen selbst an die Öffentlichkeit gezerrt und zum Gegenstand der Berichterstattung gemacht. Bischöfe, Päpste, Brautpaare und Sportler ließen sich beim Beten filmen – die zeitgenössische Variante der Mt. 6 genannten Beter auf den Gassen. Als der Motorradartist Evel Knievel sich über die Schlucht katapultieren ließ, habe ein Seelsorger – ich weiß nicht, ob es ein kirchlicher oder sektiererischer war – mit ihm gebetet, daß Amerika sein Haupt vor Knievel neige. Die öffentliche Diskussion, auch die theologische, ist deshalb geradezu geladen vom Mißbrauch des Gebets.

Das gebietet um so dringender, beim rechten Gebet einzusetzen. Zwei kurze Beispiele:

1. *„Himmlischer König, du heiliger Geist, du Geist der Wahrheit, der du allgegenwärtig bist und alle Dinge erfüllst, du Quell aller Güter und Ursprung alles Lebens, komm und nimm Wohnung in uns. Reinige uns von allem Bösen und errette unsere Seele um deiner Barmherzigkeit willen."*

2. *„O Herr, mache mich zum Werkzeug deines Friedens, daß ich Sand bin im Getriebe der Welt, daß ich ein Unruheherd bin in der Masse der Gleichgültigen, daß ich störe dort, wo alles so unmenschlich reibungslos abläuft. Herr, ich weiß, daß dein Wort auch mir gilt, daß ich für dich mehr bin als eine Laune der Natur . . . Herr, auf dich traue ich, laß mich nicht zuschanden werden."*

Zwischen diesen beiden Gebeten liegen etwas weniger als 1600 Jahre. Das erste stammt von Johannes Chrysostomus (347–407), das zweite aus einem Neujahrsgottesdienst in Berlin-Schlachtensee 1967. Beide sind unschwer als Gebete zu erkennen. Als Gebete zu erkennen sind sie erstens an ihrer Sprachrichtung. Weder verbleibt der betende Mensch meditierend bei sich selbst, noch wendet er sich lediglich seinem Nebenmenschen zu, sondern die Gebete sind geprägt und durch-

zogen von einer über die Menschenwelt hinausgreifenden Adressierung, gerichtet an einen außerhalb des menschlichen Bereichs Vernehm-
menden. Diese Gebete sind als solche zweitens an ihrer Anrede zu erkennen. In ihr verdichtet sich die Sprachrichtung zur Namensnen-
nung. Im ersten Gebet wird der erhöhte Christus modalistisch in vierfacher Variierung als Heiliger Geist angesprochen, das Gebet gewinnt
dadurch plerophoren Charakter. Im zweiten Gebet läßt die dreimali-
ge, über den Text verteilte Anrede „Herr" offen, ob Gott oder Christus gemeint ist. Die Tendenz läßt auf Christus schließen; die Psalm-
reminiszenz „Herr, auf dich traue ich" redet Gott selber an. Ergebnis: Es handelt sich um Gebete an den dreieinigen Gott. Diese Gebete
sind drittens an ihrem Inhalt als Gebete zu erkennen. Das erste Gebet
macht gewichtige Aussagen über Gott; das zweite ist darin zurückhaltender. Es ist anthropologischer akzentuiert und nicht so theologisch wie das erste. Das gilt auch für den Gehalt seiner Bitten. Das
eine ist ganz aus biblischer Sprache geformt: „Reinige uns von allem
Bösen", „Errette unsere Seele". Viele von uns empfinden solche Sprache heute als allgemein, unkonkret und traditionell. Das andere Gebet – und dies gilt es zu beachten – steht zwar auch in der Kontinuität biblisch-christlichen Betens, es schließt mit einem Psalmvers:
„Herr, auf dich traue ich" und beginnt mit einer Zeile aus dem bisher
Franziskus zugeschriebenen Gebet: „O Herr, mache mich zum Werkzeug deines Friedens." Wir halten fest: Christliches Beten wird erkennbar in Sprachrichtung, Anrede und Inhalt, an der Kontinuität
mit denen, „die den Namen unseres Herrn Jesus Christus anrufen an
jedem Ort, bei ihnen und bei uns" (1. Kor. 1,2).

Aber dann geht das zweite, unsere Zeit entstammende Gebet seinen
eigenen Weg, macht die Gegenwart zum Inhalt der Bitte und wird
persönlich, individuell und konkret: „Laß mich Sand im Getriebe
sein, Unruheherd, daß ich störe dort, wo alles so unmenschlich reibungslos verläuft." Ein informierter Mensch, der geistesgegenwärtig
lebt und überlegt, was getan werden muß, bittet Gott, er möge sein
menschliches Handeln zu seinem eigenen machen, zu seinem eigenen,
göttlichen und sein göttliches Wort auch ihm gelten lassen. Das Aus-
einandertreten von Sprechen mit Gott und Stehen im Leben ist hier
aufgehoben. Der Beter möchte handeln im Einklang mit dem Ange-
rufenen, Vernehmenden.

In diesen Gebeten, sie sind als gottesdienstliche, d. h. von der Gemeinde angeeignete zu denken, beziehen sich Menschen bejahend auf
Gott. Bejahend selbst, wenn sie, wie in den Klagepsalmen und An-
fechtungsgebeten, mit ihm kämpfen. Wie immer, so ist auch hier die
Sprache Kundgabe der Tiefe. Sie kommt aus dem innersten Bedürfen
des Menschen und seiner Seele; aus ihr, aus dem Innen erhebt sich ein

Wort. Sprache, auch die der Gebete, teilt nicht nur etwas mit, sondern ist Selbstmitteilung. Sie offenbart etwas zutiefst Inwendiges als „Äußerung" nach außen: sie äußert, daß sich ein Mensch mit seinem Sein auf Gott bezieht, daß er glaubt. Mk. 9 werden Beten und Glauben auch synonym gebraucht. So kann Beten im weitesten Sinn glaubendes Dasein sein, Gott entsprechen wollen. Und es ist möglich, das Leben in all seiner Gebrochenheit und Entfremdung – ich würde nicht wagen, so zu formulieren, wenn es Paulus nicht täte – als Liturgie zu leben. So ist Luthers Auffassung, daß der Beruf, das Leben Gottesdienst sei, zu verstehen: als tiefes, durchgängiges Entsprechen. Aber dieses Entsprechen ist wahrhaftig und konkret und vor der Verbiegung in sich bewahrt nur, wenn es sich immer wieder in Akten des Sprechens konkretisiert und verdichtet. So können wir zusammenfassend formulieren: Beten ist Berichtigung unseres Verhältnisses zu Gott durch Anrufung seines Namens.

II. Das Gebet als Problem

Klar und unüberbietbar einfach sprach Jesus die Problemhaftigkeit des Betens an: „Bete zu deinem Vater, der im Verborgenen ist." Daß der Adressat der Anrufung weder gesehen noch gehört, nur geglaubt, darin allerdings auch erfahren werden kann, begründet das Gebet als Problem. Und es behält diesen Charakter, weil Gott im Verborgenen bleibt. In einer Zeit langsamen, aber unaufhaltsamen Herausgehens aus der Kathedrale und im Zusammenhang mit zunehmender Distanzierung von dem in christlichen Überlieferungen ausgelegten Leben kommt es zu einem Abbau des Gebets und zur Aushöhlung seiner Sitte. Entsprechende Stimmungen schleichen auch durch die theologischen Systeme. Und mehr und mehr beschwert das Gebet das Gerücht, daß Gott tot sei oder sich zurückgezogen habe und nicht einmal im Verborgenen als Gegenüber existiere. So breitet sich merklich-unmerklich, aber wir spüren es alle, ein Verstummen aus. Daß Gott tot sei, sich zurückgezogen habe und nicht als Gegenüber existiere, sind Aussagen über Gott. Sie deuten Probleme der Gotteslehre an, die das Denken des modernen Menschen ernst nehmen will. So ist man versucht zu folgern: wenn wir uns heute mit der Gottesfrage so schwer tun, dann ist es kein Wunder, daß wir solche Schwierigkeiten mit dem Beten haben. Nun sind Aussagen über Gott, über den ja kein Mensch, auch die Theologie nicht, wie über einen beschreibbaren Gegenstand verfügen kann, immer nur so weit wahr, wie sie vom einzelnen und von der Gemeinde verwirklicht werden: nicht lediglich gedacht, also nur gedanklich verwirklicht, sondern im lebendigen, unerzwungenen, bejahenden Sichbeziehen auf Gott; denn dies ist ja, wie wir gesehen haben, Gebet. „Deshalb werden die Hindernisse, die bei diesem auftreten, durch die Gotteslehre widergespiegelt" (R. Schäfer, Gott und Gebet. Die Gemeinsame Krise zweier Lehrstücke; in ZThK 1968, S. 117–128). Ich möchte also die herrschende These: Weil uns Gott problematisch wurde, wurde das Gebet zum Problem (mit R. Schäfer) umkehren und sagen: Der Grund der gemeinsamen Krise von Gott und Gebet ist nicht primär in der Lehre von Gott, sondern in der Praxis, Übung und Lehre vom Gebet zu suchen.

Wir erproben unsere These an einem modernen Gebet. Es ist entnommen dem Werkbuch Weihnachten 1972. *„Gott laß den Frieden kommen, den du in Jesus von Nazareth kommen lassen wolltest. Gib, daß wir diesen Frieden stiften und erhalten. Gib, daß wir diesem Frieden Raum geben. Das Kind von Nazareth, das es nicht sein durfte, rechnet mit uns. Es zählt auf uns. Wenn es sich nur nicht verrechnet hat. Die Rechnungsprüfung ist fällig, heute noch, sonst ist das Fest hinfällig."* Zunächst ist wichtig, daß es sich hier wirklich um ein Gebet handelt. Die Richtung wird durch die zweimal erscheinende Bitte „gib" erkennbar. Sie konkretisiert sich in der Anrede „Gott". Wie sieht nun, um die Inhaltsfrage zu stellen, die mit diesem Gott hergestellte Beziehung aus? Angesprochen wird der, der in Jesus den Frieden kommen lassen wollte. Er wolle aber nun geben, daß wir diesen Frieden stiften und erhalten. Begründet wird diese Bitte, diese Aussage mit dem Hinweis: Das Kind, das als gegenwärtig gedacht wird, rechnet mit uns. Falls es sich verrechnet, ist das Fest hinfällig. Welche Gotteslehre wird hier praktiziert? Gott und das Kind sind der Grund, daß wir Frieden stiften und erhalten. Abgesehen von der Einengung des biblischen Friedensbegriffes wird hier das Evangelium instrumentalisiert und zur Handlungsveranlassung gemacht. Gott wollte den Frieden kommen lassen. Verrechnet er sich mit uns, dann wird das Fest hinfällig. Damit aber wird das Faktum der Christgeburt als in der Geschichte geschehenes Heilsereignis nicht ernst genommen und der Gedanke genährt, die Menschwerdung Gottes finde in unseren Taten statt. Zwar protestiert dieses Gebet gegen eine Haltung, die sich der in Jesus verkörperten Menschlichkeit Gottes entzieht und nimmt sie für diese in Pflicht. Aber es begrenzt Gottes in Christus gesprochenes Wort und spricht an ihm vorbei, so sehr es sein mag, daß es ein elementares Lebensgefühl des modernen Menschen anspricht. Das verfehlte Entsprechen mutet die Anstrengung Gottes dem Menschen zu.

Die Analyse dieses Gebetes hat folgendes erbracht: Während das überkommene, traditionelle Beten das bekennende Element betont, vielleicht verstärkt und dadurch in gewissem Sinne die Menschen und

die Welt verliert, tritt im gegenwärtigen neuen Beten das protestie-
rende Element stark und bewußt hervor, so daß es – obgleich an ihn
gerichtet – Gott fast verfehlt. Dementsprechend drängen einige
theologische Reflexionen und Entwürfe über das Gebet auf eine radi-
kale Weltbezüglichkeit. Walter Bernet, Gert Otto und Dorothee Sölle, die seine weltlose Sprache und binnenkirchliche Thematik besonders kritisieren, widersprechen vor allem dem gedankenlosen Beten,
das zu nichts führt und sich von der Verantwortung für das Gegenwärtige und Politische dispensiert. Bernet definiert es als Reflektieren, Situieren und Erzählen, und zwar ausdrücklich nicht vor einem
personalen Gegenüber. Für Otto ist es identisch mit der Suche nach
verantwortlicher Lebensgestalt, und Dorothee Sölle versteigt sich –
von Heinz Zahrnt scharf widersprochen – zu der Aussage, nach einem personalen Reifeprozeß habe es der Mensch nicht mehr nötig,
Gott anzurufen und ihn um Hilfe zu bitten. Daran wird deutlich,
daß sich gegen die Bitte, die ja Abhängigkeit zum Ausdruck bringt,
der Haupteinwand richtet. Es sei nicht wahrscheinlich zu machen,
daß sich durch sie am Lauf der Dinge auch nur das geringste ändert.

III. Gebet und Gebetserhörung

Erbauliche Reden über das Beten setzen häufig mit Gedanken über
seine Erhörung ein. Obgleich sie sehr gewichtige Schriftworte für sich
haben, entgehen sie nicht der Schwierigkeit, daß fast alle Erhörungen
bzw. die Erfahrung von solchen natürlich erklärt werden können;
denn Erhörungen sind Deutungen von Widerfahrnissen aufgrund des
Glaubens. Über diese Schwierigkeit geht man gewöhnlich mit Bei-
spielsgeschichten hinweg, die Gebetserhörungen belegen sollen. Man
verkennt dabei, daß die Zahl der negativen Ausgänge, wenn wir uns
schon auf der Ebene der Geschichten bewegen, die der aufgebotenen
positiven bei weitem überwiegt. Das bloße Vorhandensein, die succes-
sio orationis von den Psalmen bis zu Jörg Zinks „Wie wir beten können" und die gewiß schriftgemäße Versicherung der Erhörung reichen noch nicht aus, um das Gebet zu begründen.
Die Begründung des Gebetes muß vielmehr in Gott selber liegen,
und zwar liegt sie im grundsätzlichen Vorausſein Gottes, in seiner
Zuwendung als Schöpfer und Erhalter und in der Tatsache, daß Gott
in Christus zuerst gesprochen hat und weiter spricht. Eine kurze Auslegung des ersten, im Munde des Menschen erscheinenden Sprechens
(Gen. 2,23) soll das belegen: Als Gott die erschaffene Gefährtin zum
Menschen führte, sprach der Mensch: „Das ist doch Bein von meinem
Bein und Fleisch von meinem Fleisch." Der sprachlichen Form nach

handelte es sich hier um einen Ausruf des Erstaunens, um einen Akt des Entgegennehmens und um eine Antwort auf das Bringen. So tritt also der erste Gebrauch der menschlichen Sprache, der heilen Sprache, in unseren Gesichtskreis als Entsprechen. Wir erkennen in diesem Gebrauch die angemessene Betätigung der Bestimmung, die Gott seinem letzten Geschöpf gab: ihm als Ebenbild gegenüberzustehen, selbständig und doch auf ihn bezogen und in ein sprechendes Verhältnis zu ihm gesetzt. Dem bald darauf nicht mehr entsprechenden Menschen bringt der sein Gegenüber suchende Gott unaufhörlich neue Erweisungen zu, zuletzt den Christus, in dem er sich selber in die Entfremdung bringt, um die Entfremdeten in die Entsprechung heimzuholen. Dies meint Erlösung.

Beten ist also das Wiederanbrechen der Entsprechung. Sie hat viele Sageweisen und Seinsweisen. Man wird aus 1. Tim. 2,1, wo einige aufgezählt sind: „Bitte, Gebet, Fürbitte, Danksagung", keine Stufenfolge herauslesen dürfen. Sie haben alle ihr Recht und ihre Zeit. Aber welche wir auch wählen und welche sich gemäß der inneren Verfassung des Betenden auch nahelegt, es liegt in diesen Formen des Betens, des Entsprechens offenbar etwas Anstößiges, Ärgerliches, von emanzipatorischen Tendenzen nicht zu Vereinnahmendes. Ich meine dies, daß alle Sageweisen des antwortenden Entsprechens Ausdruck absoluter Angewiesenheit sind, weshalb die Bitte als Untergrund und Bodensatz alles Betens erscheint. Und eben darin ist das Gebet Berichtigung unseres stets sich entfremdenden Verhältnisses zu Gott durch Anrufung seines Namens. Im Bekenntnis zu dieser Angewiesenheit bekennt es Gott als den Grund alles Seins und ist darin zutiefst realitätsgerecht.

Die Bitte als dem Gebet wesentlich innewohnend beschrieb Rolf Schäfer in einer Tübinger Habilitationsvorlesung. In eingehender Analyse deckte er im Verhalten des Menschen ein überbegriffliches Abhängigkeitsbewußtsein auf, ein Grundgefühl dafür, daß das Ich samt seiner Welt sich einem Grund und Abgrund verdankt. Aus diesem Sichgetragenwissen entstehe zuweilen ein schweigendes Verehren, eine Art philosophischen Dankgebetes, das etwas von dem Grund und Abgrund, den der biblische Glaube Gott nennt, weiß, ohne es zu wissen, der Begegnung mit ihm harrt. In dieses schweigende Verehren – ich möchte hinzufügen: das nicht nur auf Sichgetragen-, sondern auch auf Sichausgesetztwissen beruht – gehe das menschliche Planen, Wollen und Wünschen als Bitte mit ein. Christlich gesprochen heißt das: Absolut angewiesen auf den Schöpfer, der sein Geschöpf von Minute zu Minute erhält, kommt menschlichem Beten die Bitte wesensgemäß zu. Sie ist seiner Bedürftigkeit – „Seele" im Alten Testament heißt: das schlechthin Unstillbare – am angemessensten.

Gerade aber, wenn der Glaube im Bittgebet einer bedrängenden Situation begegnet, folgt oft die Verweigerung. Der betende Mensch macht die Erfahrung des entgegenstehenden und im Schweigen verharrenden Adressaten. Gottes Wille scheint unbeweglich. Rätselhaft beschwerende Bibelperikopen halten das fest: Gen. 32, wo Gott wie ein Dämon den Mann niederringt; Jes. 1: „Wenn ihr auch eure Hände ausbreitet, verberge ich doch meine Augen vor euch, und wenn ihr auch viel betet, erhöre ich euch doch nicht." Mt. 15, wo Jesus mit bestürzender Unerbittlichkeit der bittenden Frau widersteht. Ähnliche Erfahrungen, ich gebrauche den Begriff der Erfahrung hier als Summe des Mitgeteilten, ließen sich häufen. Wir machen sie selbst. Haben also die Bestreiter des Bittgebetes recht? Kann ein Theologe auf eine solche Frage anders antworten als: Nein, sie haben nicht recht? Ein Theologe kann anders antworten, denn er hat nicht sich zu artikulieren, sondern Gottes Wort zu durchdenken und zu deuten. Die Bestreiter haben recht. Kein Argument wird ihnen gewachsen sein. Sie haben recht, weil das Gebet nach Gottes providentia auch in der bedrängenden Situation Entsprechung, nicht sein Er-Hören, sondern – ich wage das Wort kaum auszusprechen und zu gebrauchen – unser Ge-Horchen sein soll. Sie haben recht, weil wir gerade angesichts ihrer Bestreitung erkennen können, wie sich der Inhalt des Bittgebetes durch Gottes Schweigen und ihr Rechthaben wandelt. Er wandelt sich in die Bitte um den Glauben, d. h. um den unbeirrten Glauben an Gottes Zuwenden und Zukommen auch und gerade in der bedrängenden Situation. Darum beginnt das christliche Urgebet, das Gebet des Herrn, in der ersten Bitte mit der Formulierung: „Geheiliget werde dein Name." Dies wäre auch der leitende Inhalt der Fürbitte. So findet also im Gebet, in der Zurückführung der menschlichen Sprache auf ihren Ursprung – psychologisch gesprochen – eine Übertragung statt: die Einung mit Gottes Willen, seine Übernahme.

Aber was heißt Willenseinung? Was heißt Einwilligung? Die Bestreiter haben dann unrecht, wenn sie Gott nur als mächtiges Einzelwesen ansehen und nicht auch als den Grund der Dinge, der uns alles zubringt und uns als sprechendes Gegenüber will. Obwohl er weiß, was wir bedürfen, ehe wir ihn bitten (Mt. 6,8), will er das Bittgebet, weil es unser Verhältnis zu ihm berichtigt in allen Dingen. „Das Gebet muß immer wieder, wenn es wahr sein soll, vom egoistischen Wunsch ausgehen. Aber es bleibt nicht dabei stehen. Im Ringen mit der das Erbetene verweigernden Übermacht öffnet sich eine Erfahrung, die Kierkegaard so beschreibt: Der Beter zieht aus in den Streit und siegt damit, daß Gott siegt. Unserem Willen erscheint Gott als gegnerischer Wille. Und das Gebet ist der Ort, an dem sich unsere Kraft hinaufsteigert zur Ergebung." „Ergebung" aber nennen wir

„die Kraft, den zerstörerisch erscheinenden übermächtigen Willen in
die eigene Lebendigkeit aufzunehmen." „So wird also das Bittgebet
enden, nicht mit der Wandlung des göttlichen, sondern des menschlichen Willens, und damit hat sich ein Stück des Weltlaufs auf der
Bahn bewegt, welche sonst zu den unbeweglichsten unter der Sonne
gehört." (R. Schäfer, aaO., S. 127) Diesem Gebet sind die großen Zusagen gewidmet, von denen der Jesus der Evangelien sprach.

Damit haben wir den Punkt erreicht, an dem es möglich ist, direkt
(und nur kurz) auf die Erhörung einzugehen. Wo einer, zum Antworten berufen, tatsächlich betet, wird ihm die Erfahrung der Erhörung zuteil. Ich gebrauche aber jetzt einen anderen Begriff von Erfahrung als den der Summe des Mitgeteilten. Wir verstehen unter Erfahrung Folgendes: Es begegnet mir ein Ereignis, ich erlebe etwas.
Und wenn ich fähig bin, dieses Ereignis, dieses Erlebnis in etwas Vor-
gängiges, in eine traditio, in eine Überlieferung, in ein Bedeutungssy-
stem einzuordnen, dann entsteht Erfahrung. Unter Erfahrung verstehen wir also ein Ereignis, das in vorgängige Zusammenhänge einge-
ordnet und infolgedessen gedeutet werden kann. Wenn Gott etwas
tut, wird er es nie öffentlich einleuchtend als sein Werk erkennbar
tun, sondern nur dem Glauben wird es als solches wahrnehmbar sein.
Deshalb sind Beispielgeschichten über Gebetserhörungen nicht überzeugend, denn ihre Wahrheit kann nicht übertragen werden. Nur
mein Glaube wird im natürlichen Geschehen – und nun ist auch der
nicht mehr fallende Stein natürlich – Erhörung glauben. Übertrag-
bar ist, vermittelt werden kann nur das andere: die Erfahrung des
Schweigens Gottes, als fielen unsere Worte zurück und wir blieben
mit ihnen allein. Das ist die Krise des Betens; und nun wird das ganze System von Einwänden erneut virulent. Demgegenüber bleibt einzig, sich an das Vorausein und die Zukunft des sich uns Zuwenden-
den zu halten und nicht aufzuhören, unser Leben in sein Schweigen
hineinzusagen. Die letzte und eigentliche Erhörung kommt dann,
wenn wir uns ganz ausgesagt haben und im Tode verstummen. Dann
sind wir angekommen bei dem, der uns schweigend und im Glauben
erkennbar antwortend zuhörte. So ist Beten fortgesetztes Hineinsagen, Hineinsprechen unseres empfangenen Lebens in das Geheimnis
Gottes, aus dem wir es täglich neu empfangen, bis wir angenommen
werden. So setzt sich, indem wir beten, auf dem Grunde der Zeit die
Ewigkeit ab. Dazu aber muß Beten getan werden.

IV. *Zur Praxis des Betens*

Ich beziehe mich zunächst auf ein Wort, in dem noch einmal die Schwierigkeit des Betens angesprochen wird, Röm. 8,26: Der Geist nimmt sich unserer Schwachheit an. Wir wissen ja nicht, was wir beten sollen, wie es sich gehört. Da tritt er selbst für uns ein. Es wird hier also erneut vom Problem des Betens gesprochen, aber nun ist es eingefaßt in die Anwesenheit und Arbeit eines für uns Eintretenden und Unterstützenden. Wir sollten nie vergessen, so dachte Paul Tillich den Satz des Paulus weiter, daß wir, wenn wir beten, etwas tun, was vom Menschen aus unmöglich ist. Wir sprechen mit jemandem, der nicht irgendein anderer ist, sondern der uns näher ist, als wir uns selber sind. Aus dieser Erkenntnis heraus gibt Paulus eine geheimnisvolle Lösung der Frage nach dem rechten Gebet. Es ist Gott selbst, der durch uns betet, wenn wir zu ihm beten. Gott selbst in uns ist das, was mit dem Wort „Geist" gemeint ist. „Geist" ist ein anderes Wort für den gegenwärtigen Gott mit seiner erschütternden, lebenspendenden und umwandelnden Macht. Etwas in uns, das wir nicht selbst sind, vertritt uns vor Gott. Dies führt zu Anfängen. Es ist unumgänglich, einen bewußten Anfang im Beten zu setzen. Wir willigen dann ein in den Willen Gottes. Anfänge auch im Beten müssen immer wieder gesetzt werden. Zwar kommt es vor, daß wir wie von selbst zu einer Erneuerung unseres Betens gelangen, aber dann stehen wir vor der Aufgabe, das Neue festzuhalten und zu bewahren, d. h. es bewußt und bejahend in das Leben hineinzunehmen. So oder so; es ist unumgänglich, daß unser Wille zur Wirklichkeit wird. Dies geschieht durch bewußte Akte zu merkbaren Zeiten.

1. Akte des Anfangs: Akte des Anfangs sind: sich sammeln und „das Gebet der Armen". Ich muß mich auf das Gebet der Armen beschränken. Es geht von der Schwierigkeit zu beten aus. Ich entnehme es Renée Voillaume, Mitten in der Welt. Es heißt: „O Herr, ich kann nicht beten. Nimm mich so, wie ich bin. Ich biete mich dir dar." Die Unfähigkeit zu beten ist eine Form der geistlichen Armut. In der Verfassung gänzlicher Unfähigkeit zum Beten machen wir diese zum einzigen Thema des Gebets und bieten uns Gott dar. Es ist dies ein Gebet ohne jegliches Mittel. Nichts habend machen wir unseren Mangel zum Mittel der Darbietung. Es kann überall, vor allem, wenn wir liegen, gesprochen werden. Selbst wenn es über Wochen hin das einzige ist, was wir vermögen, kann es zum Anfang neuen Betens werden.

2. Einfache Ordnungen: Es ist gut, wenn das Gebet nicht nur allein steht, sondern eingebettet wird in andere Vollzüge. So kennen wir es vom gottesdienstlichen Gebet. Andere Tätigkeiten umgeben es dort, und wir sind auch als Betende nicht allein. Deshalb lebt das Beten des einzelnen von dem der versammelten Gemeinde. Es bedarf aber einfacher Ordnungen. Eine solche Ordnung lautet: Lebenswort, Schriftlesung, Gebet. Sie ist als tägliche Verbindlichkeit zu denken. Unter Lebenswort verstehen wir ein für eine oder zwei Wochen gewähltes kurzes Bibelwort, das wir mit uns tragen, z. B. Jes. 8,23: „Es wird nicht dunkel bleiben über denen, die in Angst sind." Die Schriftlesung hat vielerlei Probleme. Es halte sie jeder, wie er am besten kann. Das Gebet stützt sich dann auf das Gelesene, Bedachte oder auch auf das Lebenswort; es bestehe aus Bitte, Fürbitte und sei eher kurz, aber von absoluter Aufmerksamkeit.

3. Formen des Betens: Es gibt deren viele. Sageweisen nannten wir sie vorhin: Dank, Fürbitte, Klage, Anbetung, Lob, Bekenntnis usw. – Vom betrachtenden Gebet sei noch kurz die Rede. Wir brauchen es dringender denn je, da wir auseinanderzufallen drohen in eine Vielzahl von Rollen, die wir verkörpern müssen. Das betrachtende Gebet bedarf eines Zeitraumes von mindestens 15 Minuten Stille. Es beginnt mit dem Sich-Sammeln, und wir werden erkennen, daß es erhebliche Mühe kostet, nur wenige Minuten ganz bei sich selbst zu sein und vollkommen stille zu werden. Wir konzentrieren dann unsere Gedanken auf das Lebenswort oder auf ein entsprechendes anderes und lassen, nichts wollend, aber alles erwartend, in uns vorbei und zu Gott ziehen, was kommt. Wir werden viel sehen und hören. Aus Konzentration und Kontemplation wird endlich das schweigende Gebet werden, das sich ohne Worte in tiefster Ruhe auf den lebendigen Gott bezieht. Diese Ruhe ist der eigentliche Quellort vernünftiger Aktion.

V. Beten und Arbeiten

Hierzu nur ein paar Schlußsätze. Beten heißt: Ich berichtige mein Verhältnis zu Gott durch Anrufen seines Namens. Arbeiten heißt: Ich tue etwas, um mein Leben und das anderer zu unterhalten, wofür ich Lebensunterhalt empfange. Wenn wir beides trennen, überlassen wir die Arbeitswelt ihren eigenen Gesetzen und machen das Gebet zur Insel, zerstören also die Durchlässigkeit. Man kann zwar arbeiten ohne zu beten, dann wird aber selbst das Tun des Guten zu einem Weg, der immer weiter von Gott wegführt. Man kann aber nicht beten ohne zu arbeiten, denn Glauben und Beten sind Mittel, mit deren Hilfe Gott die Arbeit und die Welt durchdringt. Wir dürfen nicht mehr zwischen gottesdienstlichem Tun und weltlichen Tätigkeiten trennen, so sehr sie eigene Werke sind; zwischen Stille vor Gott und öffentlichem Wirken, so sehr jedes seine eigene Zeit hat. Es war nicht Christus, der diese Trennung verursachte, sonst wären ihm die Mönche näher als die Fabrikarbeiter. Er will da und dort verborgen und zugegen sein. Und wenn wir nicht mehr arbeiten können, dann ist das Gebet und ist die Fürbitte unsere Arbeit, ohne die – ich gebrauche die Worte Alexander Solschenizyns am Schluß von „Matrjonas Hof" – „kein Dorf bestehen kann. Und keine Stadt. Und nicht unser ganzes Land." (A. Solschenizyn, Im Interesse der Sache. Erzählungen, Neuwied 1970[7], S. 56)

Der Beruf des Pfarrers und die Praxis des Glaubens

Zur Frage nach einer neuen pastoralen Spiritualität

Unser Thema ist ein pastoraltheologisches. In der Pastoraltheologie haben wir ein altes und wieder auflebendes Teilgebiet der Praktischen Theologie vor uns. Als ihren Gegenstand bezeichnen wir, was zum Beruf des Pfarrers gehört und seine Person betrifft. Die Literatur darüber wächst immer mehr. Ich habe nicht alles gelesen, da ich berufstätig bin. Was ich gelesen habe, ist in der Diagnose großartig, in der Therapie weithin ratlos. Wo Lösungen angeboten werden, da empfiehlt es sich, „Lösung" vielfach wörtlich zu nehmen. Sie binden den Beruf des Pfarrers anderswo an. Darin aber liegt der Kern des Problems: Wo binden wir unser Leben und den darin ausgeübten Beruf an?

In den letzten Jahren erfolgte eine Öffnung für diese Frage. Das Interesse verlagerte sich von der Identität zur Spiritualität des Pfarrers. Auch durch die Geisteslage, zumindest der westlichen Welt, geht eine Wendung nach innen. Für die Christenheit darf das keine Alternative sein. Die Wendung nach außen bleibt ihr aufgegeben. Aber sie setzt inwendiges Leben voraus. In Erkenntnis dessen stellt sich die Frage nach einer glaubwürdigen Gestalt des Sichverlassens neu.

I. Die Sorge um die geistliche Formung

Im Dekret VII des Zweiten Vatikanums „Über die Ausbildung der Priester" heißt es: „Die geistliche Formung soll mit der wissenschaftlichen und pastoralen Ausbildung eng verbunden sein... Sie sollen angeleitet werden, Christus zu suchen: in der gewissenhaften Meditation des Gotteswortes, in der aktiven Teilnahme an den heiligen Geheimnissen der Kirche, vor allem in der Eucharistie und im Stundengebet ... und in den Menschen, zu denen sie gesandt werden ..., damit sie ... die Gesinnung des Betens erwerben."[1] Ein Einführungskurs zur „Grundlegung des persönlichen Glaubens des Studierenden"

---

[1] Dekret über die Ausbildung der Priester, in: K. Rahner/H. Vorgrimler, Kleines Konzilkompendium. Freiburg 1972[8], HB 270, 299 f.

und zur „Festigung der geistlichen Berufung" ist dafür vorgesehen[2]. Über dieses Dekret, das sich vor allem in Teil IV ausdrücklich der geistlichen Bildung widmet, urteilen Karl Rahner und Herbert Vorgrimler: „Das Dekret läßt viele Wünsche offen" – aber seine „Realisierung in Seminaren wie Fakultäten wäre sicher dazu geeignet, das Antlitz der Kirche zu erneuern."[3]

Im Gegensatz dazu wurde in einem Dutzend Bänden über „Reform der theologischen Ausbildung" diese Dimension überhaupt nicht gesehen. Stattdessen haben wir halb- oder inoffizielle Äußerungen wie die folgende vor uns: „Wenn Theologie im strengen, rationalen Sinn als Wissenschaft bestimmt werden soll, müssen alle vorwissenschaftlichen und dogmatischen Bestimmungen ausgeschlossen werden. Theologie ... ist deshalb nicht: Wissenschaft von Gott, von der Offenbarung Gottes, vom Wort Gottes. Gott kann kein Gegenstand wissenschaftlicher Arbeit sein und darf auch nicht als unbestimmbare Größe eingeführt werden, von der dann andere Aussagen abgeleitet werden. Es ist vielmehr Aufgabe theologischer Wissenschaft, die gesellschaftlich greifbaren Formen der „Rede von Gott" kritisch zu überprüfen... Theologie als Wissenschaft ist dann eine Form der Fortführung der klassischen Religionskritik."[4]

Wie es dazu kam, weiß fast niemand mehr. Liegen die Wurzeln schon in der Reformation? Wie kam es zur Vernachlässigung der geistlichen Formung? Ich kann dazu jetzt nur einen Hinweis geben. Es ist bekannt, daß es in der katholischen Kirche eine „geistliche oder aszetische Theologie" gibt. Sie steht seit 1931 im kirchlichen Studienplan und hat augenblicklich schwer um ihren Bestand zu kämpfen. Es ist aber unbekannt, daß zur alten Praktischen Theologie eine „theologia ascetica" gehörte. Dabei handelte es sich um eine „Übungslehre", der es im Anschluß an die alte Trias „meditatio, oratio et tentatio" um Betrachtung, Gebet und Anfechtung ging. Als nach dem Dreißigjährigen Krieg für ein neues, besseres Ethos des Pfarrerstandes gesorgt werden mußte, erschien sie bei J. A. Quenstedt (1617–1688) als „ethica pastoralis" und wurde auf den geistlichen Stand eingeengt. Nun erblühte die Pastoraltheologie, deren späte Früchte die großen Darstellungen von Claus Harms, Wilhelm Loehe und Hermann Bezzel sind. Die „theologia ascetia" aber verfiel erst ins Erbauliche und dann bei Schleiermacher unter dem gerechten Verdikt der Unwissenschaftlichkeit aus. Der Begriff „Asketik" verschwand bzw. tauchte unter und flüchtete sich in die theologische und philosophische Ethik. Dort wurde er von Immanuel Kant bis Ri-

---

[2] AaO., 291.   [3] AaO., 292.
[4] W. Herrmann, Evangelische Theologie, in: G. Mangel/K. Walter, Kritischer Studienführer. Köln 1973, 83.

chard Rothe gebraucht. Mit Richard Rothe ging die Asketik, längst umgeformt ins Ethische, zu Ende. Vielleicht war Johann Friedrich Flatt (1759–1821) in Tübingen der letzte, der eine Asketik gelesen hat. Das Ergebnis: Seit 150 Jahren ist die geistliche Formung von der wissenschaftlichen und pastoralen Ausbildung der evangelischen Theologie gelöst. Gewiß, es gab einzelne Gestalten unter den theologischen Lehrern, wie z. B. Julius Schniewind, die in sich eine geistliche Theologie verkörperten. Aber aufs Ganze gesehen wurde und wird der evangelische Theologiestudent nicht mehr in wissenschaftlich geordneter Form eingeführt in den Vollzug des Glaubens. Wie aber können wir Pfarrer sein, ohne daß ein geistlich geformter Glaube unser Leben prägt? Und wie können Gemeinden christliche Gemeinden sein, wenn sie nicht erfahren, was geistliches Leben in praktischer Verwirklichung ist?

II. Auf der Suche nach Einheit von Beruf und gelebtem Glauben

Unter Beruf verstehen wir diejenige Tätigkeit, die unsere Lebenskraft zu wesentlichen Teilen beansprucht und deren Ertrag der Gemeinschaft zugute kommt. Heute ist die berufliche Beanspruchung so stark, daß sie sich der Verwirklichung eines geistlichen Lebens widersetzt. Das gilt auch vom Beruf des Pfarrers. Wir müssen uns deshalb mit seinem Berufsbild befassen.

Die Rede vom „Berufsbild" hat einen dreifachen Sinn. Sie meint, was in unserer Vorstellung, auch Zielvorstellung, existiert, was in Erscheinung tritt und was als Abbild von etwas Verborgenem wahrgenommen werden kann. Wie man sich den Beruf des Pfarrers vorstellt, darüber herrscht – von sozialphilosophischen Verformungen einmal abgesehen – in der Literatur fast so etwas wie Einigkeit: a) Die Distanz zwischen Pfarrern und Mitarbeitern, die sich bis hinein in den Gottesdienst spürbar macht, soll abgebaut werden. b) Es ist nötig, zu einer übersichtlichen Aufgabenteilung in der lokalen Gemeinde zu kommen; konkret: Verteilung von Unterricht, Seelsorge, Diakonie, Jugendarbeit usw. auf die mitarbeitende Gemeinde. c) Welche Aufgaben übergemeindlicher Art sind und welche auf der Gemeindeebene durchgeführt werden können, ist deutlich herauszuarbeiten. d) Übergemeindlich bewährte Arbeitsformen wie Konfirmanden-, Elternund Trau- oder Taufseminar können in die ortsgemeindliche Arbeit übernommen werden. e) Dadurch ergibt sich mehr Spielraum, Freizeit und Phantasie für den einzelnen Pfarrer. Man könnte das den gegenwärtigen Sollgehalt des Berufsbildes nennen.

„Berufsbild" bezeichnet nun aber auch das, was in Erscheinung tritt. Studiert man z. B. die Pfarrstellenausschreibungen in den kirchlichen Amtsblättern, dann wird der positive Eindruck einer reichen und universalen Berufsaufgabe sofort überlagert durch das Gefühl totaler Überforderung. Der Pfarrer, der für diese vakante Stelle gewünscht wird, muß nahezu alles können, also ein wunderbarer Mann sein. Ernsthafter gesprochen: Die Fülle der auf ihn zukommenden Erwartungen sind schlechthin erdrückend. Nimmt man das darin enthaltene Bild ernst, dann muß man sagen, sie drücken jeden Freiheitsraum, in dem die verschiedenen Erwartungen auf ihre Angemessenheit hin überprüft werden können, ein. Es ist dann kein „Spielraum" mehr für den einzelnen Pfarrer vorhanden, aus dem heraus er die an ihn ergehenden Anforderungen erfüllen, zurückweisen oder in Ruhe vorbereiten kann. Dieser Deutungsraum für seine Rolle, d. h. für die Fülle der ihm entgegengebrachten Erwartungen, ist aber unerläßlich für den Pfarrer. Gerhard Wurzbacher äußert dazu: Es ist „der genuine Entfaltungsraum der Freiheit, des Personalen innerhalb des Sozialen; hier liegt der Entfaltungsraum der Urteilsfähigkeit wie des Wertbewußtseins als eines unentbehrlichen Maßstabes zur Betätigung der schöpferisch-menschlichen Fähigkeit zu abweichendem Verhalten, Nonkonformismus, zur Erfindung, zur Änderung wie Bewältigung seiner Umwelt"[5]. Es wird also alles davon abhängen, ob es den einzelnen und allen Pfarrern gelingt, jenen Raum zu schaffen, der zur Rollendeutung befähigt und in ihm jene Erfahrungen zu machen, die zur geistlichen Urteilskraft und zum pastoralen Wertbewußtsein führen. An dieser Stelle wird das Soziologische hilfreich für unser Problem.

Nun endlich kann vom dritten Sinn dessen, was im „Berufsbild" schwingt, gesprochen werden. Ihn hört der abendländische Theologe nicht mehr heraus; denn er hängt mit der Theologie des Bildes zusammen. Im Bild wird sichtbar, was sonst unzulänglich ist. Bild heißt: verborgene Wirklichkeit wird faßbar und zwar zeichenhaft. Auf „Berufsbild" bezogen bedeutet das: Der dritte Sinn weist auf das hin, was faßbar ist von der Berufung und von der Nötigung. Während bei Predigern und Theologen das Berufungsbewußtsein schwindet, entdecken es die großen Schriftsteller neu. Sie reden so von ihrem Beruf, als sei eine über sie gekommene Nötigung zu sprechen, zu handeln und zu schreiben, das eigentliche daran. Friedrich Dürrenmatt spricht von einer „Überwältigung, um es genauer zu sagen, denn jedes Schreiben ist ein Waffengang. . ." Auch Paulus sprach von Nötigung; die Propheten ohnehin. Sind wir, gemessen daran, in geradezu bürgerliche Kategorien hinabgesunken? Was von der Überwälti-

---

5 G. Wurzbacher, Der Pfarrer in der modernen Gesellschaft. Soziologische Studien zur Berufssituation des evangelischen Pfarrer. Hamburg 1960, 12.

gung faßbar wird und Gestalt annimmt, was sich von der Nötigung einkörpert in Lebensgestalt und Sprachgestalt, das ist „Berufsbild" im dritten Sinn.

III. Die Pluralität der Theologie und die Einheit im Fundamentalen

Wenn wir im Fundamentalen einig wären, könnten wir plural sein, ohne uns beständig zu verletzen. Unter Pluralität verstehen wir (nach einer Erklärung von Wilfried Joest) das Nebeneinander von verschiedenen Ausdrucksformen innerhalb einer Einheit. Dagegen bezeichnet Pluralismus die alternative Verschiedenheit von Standpunkten aufgrund abwesender Einheit; nur noch das formale Thema ist gemeinsam. Pluralität gibt es in der Bibel und später. Pluralität ist im Theologischen und Spirituellen nicht Schicksal, sondern Notwendigkeit. Sie gibt Raum für „Confessionen"; d. h. für wechselnde geschichtliche Gestaltwerdungen des Bekenntnisses zu Gott in Jesus Christus. Sie setzen aber die Einheit im Grundlegenden voraus. Pluralismus hingegen führt zu einander ausschließenden Differenzen im Fundament. Sie sind nicht notwendig; haben aber etwas Schicksalhaftes. Pluralität belebt, Pluralismus ohne Einheit zerstört die Kirche. Gibt es Differenzen im Fundament?

Zur gottesdienstlichen Praxis gehört die Zuwendung zu dem als persönliches Gegenüber verstandenen Gott im Hören und Beten. Fundamentale Differenzen bestünden gegenüber theologischen Aussagen und Entwürfen, die Gott nicht mehr als persönliches Gegenüber lehren würden. Zur gottesdienstlichen Praxis gehört auch die Zuwendung zu Christus und zwar zu ihm als lebendigen, gegenwärtig wirkenden Herrn. Fundamentale Differenzen bestünden gegenüber theologischen Aussagen und Entwürfen, die Jesus als Vergangenen behaupten und seine Auferstehung lediglich als Ausdruck seiner geschichtlichen Wirkung verstehen. Zur gottesdienstlichen Praxis gehört endlich, daß wir unsere Werke unterbrechen und uns dadurch zum Schöpfer Himmels und der Erde bekennen. Fundamentale Differenzen bestünden gegenüber theologischen Aussagen und Entwürfen, die die Sache des Glaubens in sozialen und politischen Aktivitäten aufgehen ließen und die gottesdienstliche Versammlung als Unter-uns-sein mit Trauern über unsere Versäumnisse und Appell zu neuem Tun ansehen[6].

Wir wüßten uns davon getrennt, weil hier die Schrift, insonderheit das Neue Testament, ungeachtet aller sonstigen Undeutlichkeiten, unüberhörbar eindeutig redet. Wir verdanken gerade der historisch-kri-

---

[6] Die Gedanken dieses Absatzes verdanke ich einem Vortrag meines Kollegen Prof. D. Wilfried Joest.

tischen Erforschung des Neuen Testamentes die Bestätigung und Herausarbeitung dieser durchgehenden Eindeutigkeit: „Claritas scripturae."

Gott will mit uns eine Beziehung haben, zu der er sich unsere willentliche Zustimmung erbittet. Die anfänglichen Zeugen und die ihm folgende Geschichte des Glaubens haben hier in der einfachsten und weitesten Form von Hören und Beten gesprochen. Christus Jesus will auf Erden und in der Zeit leibhaft werden und sich in der Gemeinde als sein Leib geben. Die anfänglichen Zeugen und die ihnen folgende Geschichte des Glaubens haben hier in der einfachsten Form von Versammlung oder Zusammensein gesprochen. Versammelt im Heiligen Geist ereignet sich die Begegnung Gottes in Christus Jesus mit uns. Die anfänglichen Zeugen und die ihnen folgende Geschichte des Glaubens haben hier in der einfachsten und weitesten Form von der Konsequenz des Bekennens und Tuns gesprochen.

Dies also wäre das sich Durchhaltende, wären die Mandate, wäre das Unentbehrliche! Formulieren wir es in merkbaren Stichworten: Hören, Beten, Zusammensein, Bekennen und Tun. Oder in Form eines fundamentaltheologischen Satzes: Als Christ oder in der Nähe des Auferstandenen leben heißt: auf Jesu Wort hören, ihm im Gebet antworten, mit der in seinem Namen sichtbar versammelten Gemeinde zusammensein, sich dazu bekennen und dies alles im Tun und Leben bewähren. Wir verstehen dies als eine theologisch mögliche Antwort auf die einfache Frage: Was ist ein Christ?

IV. Über die Verwirklichung des Unentbehrlichen

Was die Verwirklichung betrifft, so könnte man manchmal meinen, wir seien am äußersten Rand des Christlichen angelangt. Nun wird fühlbar, daß nicht nur die den einzelnen überfordernde Berufsrolle und der Pluralismus ohne Einheit das geistliche Leben ins Ungemessene erschweren, sondern auch der Bruch mit der historischen Kontinuität des gelebten Glaubens. Ohne darüber jetzt nachdenken und sprechen zu können, seien drei Prinzipien für die Verwirklichung des Unentbehrlichen genannt: 1. Sie müssen unter den Bedingungen des Berufs, d. h. der Zeitumstände im weitesten Sinn, in die Tat umgesetzt werden. 2. Sie müssen, so sehr sie für alle Christen gelten, von den Pfarrern als unerläßlich für Einheit anerkannt werden. 3. Sie müssen im Anschluß an die Tradition des gelebten Glaubens, d. h. im weitesten Sinn unter Berücksichtigung ökumenischer Erfahrungen, verwirklicht werden. Dies kann aber niemals die Aufgabe und die Einsicht eines einzelnen sein. Es ist das gemeinsame Bemühen

der Pfarrer, die doch im Grunde die Spirituale der Gemeinden sind,
gefordert.

Die anstehenden und gemeinsam zu erarbeitenden Fragen lauten in
der einfachsten Form: 1. Wie höre ich als Pfarrer selber auf Gottes
Wort? Wir sind in Gefahr, es nur noch auf die bevorstehenden Ver-
kündigungsaufgaben bezogen zu hören. 2. Welche Rolle spielt das
Gebet in meinem persönlichen Leben? Auch unter uns breitet sich ein
Verstummen und dadurch ein Verlust an Durchlässigkeit und Trans-
parenz aus. 3. Wo erfahre ich mich, obgleich ich Pfarrer bin, auch als
Gemeindeglied? Amt bedeutet zwar immer Einsamkeit; aber sie ist
ohne den an uns ergehenden Ruf aus der Vereinzelung zur Gemeinschaft nicht zu tragen. 4. Was bedeuten geistliche Ordnungen für den
Ablauf meiner Zeit? Auch wir partizipieren an der Pathologie des
Zeitgeistes, am provisorischen Dasein und bedürfen einer geistlichen
Strukturierung der Zeit. 5. An welcher Stelle in meinem Leben konkretisiert sich das Wort zum Werk? Wir können das Wort „Liebe" in
unseren eigenen Predigten nicht mehr hören, weil uns die Frage nach
seiner Verdichtung ins Sichtbare und Soziale überführt. – Es kann
sein, daß diese Gesichtspunkte da als zuviel und dort als zuwenig
empfunden werden. Sie sind auch nur als Anstöße gedacht. Die Antwort auf jede einzelne Frage muß auf der Ebene des einzelnen, auf
der Ebene der Familie bzw. einer Gruppe von Pfarrern, und sie muß
in und für die Gemeinde gesucht werden. Und wenn sie gefunden
wurde, muß sie von neuem gesucht werden, da der Heilige Geist als
Subjekt aller Spiritualität sich stets innerhalb der gegenwärtigen und
jeweiligen Wirklichkeit konkretisiert.

V. Der kommunitäre Gedanke unter Pfarrern und Gemeinden

Die Gesellschaft dringt vor, die Gemeinschaft schwindet. Ereignet
sich eine ähnliche Entwicklung in der Christenheit? Die Kirche in
Gestalt von Ökumene, Weltbünden und gebietsübergreifenden Lan-
deskirchen nimmt überhand. Die Tausende von nominellen Mitglie-
dern zählenden Ortsgemeinden rufen Gefühle der Unüberschaubarkeit und Anonymität hervor. Wird die Entstehung neuer und kleine-
rer Gemeinschaftsformen durch diese Entwicklung ausgelöst? Könnte
es sein, daß die große Zahl von Splittergruppen bis hin zu sektieri-
schen Erscheinungen, die nicht über Kommunikation reden, sondern
sie praktizieren, ein Alarmzeichen, einen Hinweis auf einen Mangel
darstellt, wie wir es an analogen Phänomenen der Gesellschaft sehen?
Befindet sich auch der verkirchlichte Mensch auf der Suche nach
wahrer Gemeinschaft?

Gewiß ist dies: Er befindet sich dabei auf festem Boden: „credo sanctorum communionem". Unter „communio" ist die Partizipation, das Anteilhaben und zwar sowohl an Heilsgütern als auch an „Heilsmenschen" zu verstehen. Dieser Sachverhalt läßt die „Gemeinde", wie wir sie heute kennen, gelten; er schafft aber auch Raum, wenn nicht sogar ein leises Neigen zur kleinen Gruppe intensiv gelebten Glaubens. Wir brauchen solche Gemeinschaften gänzlich unprätentiöser Art zur Ermutigung, Unterstützung und Korrektur derer, die in die gleiche Richtung fragen. Können wir im Ernst ohne das „mutuum colloquium" leben, ohne das konkrete Wissen, daß Wand an Wand oder zur selben Zeit oder nach der gleichen Ordnung ein anderer oder eine andere glaubt und betet? Wir brauchen die kommunitäre Form des Glaubens aus zwei Gründen mehr als frühere Generationen: Wir leben in einer säkularen, d. h. dieser Dimension total entfremdeten Gesellschaft, die bewußt oder unbewußt die Vereinzelung des Christen intendiert. Wir leben in christlichen Gemeinden, über deren Glauben und Erlösung wir nicht richten wollen, aber deren Form und fehlende Intensität uns „Nußschalen auf dem Meer der mobilen Welt" nicht mehr trägt. Wir sind spirituell ortlos, heimatlos, bindungslos!

Doch schon entstehen neue Räume, „Schiffe", in die Gott vielleicht auch uns sammeln will, die wir übernehmen oder als beispielhaft ansehen können. Zu denken ist hier an die Priesterbruderschaft der Kleinen Brüder Jesu im katholischen oder an die Kommunität „Casteller Ring" im evangelischen Raum, um nur zwei zu nennen. Bedeutsam ist daran, daß sich in der katholischen Kirche von jeher, im Protestantismus erst beginnend, diesen Zentren Gemeindeglieder anschließen, indem sie mitten in der Welt, d. h. unter den Bedingungen von Beruf und Familie zu lebende Verbindlichkeiten übernehmen. Zu denken ist auch an die noch unversuchte Möglichkeit, pastoralpsychologisch arbeitende Gruppen mit der pastoralen „praxis pietatis" zu verbinden. Statt des endlosen „intra nos" sollten Erfahrungen im Umgang mit Inhalten und Gestaltungsformen des Glaubens thematisiert und bearbeitet und vielleicht nicht zuletzt biblische Texte auch einmal die Mitte derartig achtsamer methodischer Gespräche werden. Fünf Pfarrer, die sich zusammenschließen und dies oder jenes tun, werden nicht ohne Segen und Erfahrung bleiben oder – wie man heute sagt – ihre pastorale Identität wiederfinden.

Ich schließe mit einem bedenkenswerten Wort Bonaventuras: „Niemand möge glauben, ihm genüge die Lesung ohne Salbung, die Spekulation ohne Hingabe, die Forschung ohne Verehrung, die Umsicht ohne Begeisterung, der Fleiß ohne Frömmigkeit, die Wissenschaft ohne Liebe, der Verstand ohne Demut, das Studium ohne die göttliche Gnade, die Beobachtungsgabe ohne die göttlich inspirierte Weisheit."[7] Soll die geistliche Theologie Theologie und Pfarramt durchdringen, so stehen uns große und ermutigende Aufgaben bevor.

[7] K. Rahner/H. Vorgrimler, aaO., 305.

Orte der Erstveröffentlichung

Brauchen wir eine neue Predigt?
D. Stollberg, Praxis Ecclesiae. München 1970, 281–294.

Zum Problem der sogenannten Predigtmeditation
H. Breit u. a., Die Predigt zwischen Text und Empirie. Stuttgart 1969.

Der Weg vom Text zur Predigt – gepredigt
Bisher unveröffentlicht.

Unsere Kasualpraxis – eine gottesdienstliche Gelegenheit!
Theologische Beiträge 1977, 2: 74–80.

Die Aufgabe der praktischen Theologie
E. Jüngel, H. Rahner, M. Seitz, Die Praktische Theologie zwischen Wissenschaft und Praxis. München 1968, 65–80.

Ist der Gottesdienst die Mitte der Seelsorge?
Bisher unveröffentlicht.

Was ist Seelsorge – und wie geschieht sie durch Gemeindemitglieder?
F. Gusche (Herausgeber), Mut zur Seelsorge. Wuppertal 1964, 61–72.

Überlegungen zu einer biblischen Theologie der Seelsorge
Bisher unveröffentlicht.

Braucht die moderne Gesellschaft die Seelsorge der Kirche? Überlegungen zum Verhältnis von Psychotherapie und Seelsorge
Diskussionen. Zeitschrift für Akademiearbeit und Erwachsenenbildung 1971, 13–15.

Das Altwerden des Menschen als Aufgabe der Seelsorge
Bisher unveröffentlicht bzw. nur auszugsweise.

Theologie angesichts des Todes
Theologische Beiträge 1973, 2/49–55.

Der alte Mensch und sein Tod
Bisher unveröffentlicht.

Der Fortschritt im Verhältnis von Seelsorge und Beratung und die bleibenden Aufgaben. Bisher unveröffentlicht.

Der Heilige Geist im Leben des Menschen
Das missionarische Wort 1969, 1: 3–14.

Das Zeugnis des Christen im nachchristlichen Zeitalter
H. C. von Hase u. a., Solidarität, Spiritualität, Diakonie. Stuttgart 1971, 141–151.

Askese und Freiheit zum Feiern
Bisher unveröffentlicht.

Das Martyrium – Verhängnis oder Verheißung?
W. Andersen (Hg.), Vom Dienst der Theologie an Amt und Gemeinde. München 1965, 97–104.

Die Freude der Beichte
Laetare 1962, 8/9: 198–202.

Christliche Meditation. Zugänge durch die Geschichte
Unser Auftrag 1976, 5: 96–100.

Gebet und Gebetserhörung. Praktische Theologie des Betens
Zeitwende 1975; 5: 279–288.

Der Beruf des Pfarrers und die Praxis des Glaubens
Bisher unveröffentlicht.